Freiheit digital

Die Zehn Gebote in Zeiten des digitalen Wandels

Freiheit digital

Die Zehn Gebote in Zeiten des digitalen Wandels

Eine Denkschrift der Evangelischen Kirche in Deutschland

Herausgegeben von der Evangelischen Kirche in Deutschland (EKD)

Bibliographische Information der Deutschen Nationalbibliothek
Die Deutsche Nationalbibliothek verzeichnet diese Publikation in der Deutschen Nationalbibliographie; detaillierte bibliographische Daten sind im Internet über *http://dnb.dnb.de* abrufbar.

Das Buch wurde auf alterungsbeständigem Papier gedruckt.

Cover: Anja Haß, Leipzig
Coverbild: iStock.com/Olezzo
Satz: druckhaus köthen GmbH & Co. KG, Köthen
Druck und Binden: CPI books GmbH, Leck

ISBN Print 978-3-374-06858-6 // eISBN (PDF) 978-3-374-06859-3 // eISBN (EPUB) 978-3-374-06860-9

www.eva-leipzig.de

Vorwort

Digitale Technologie gehört zu unserem Alltag: Für viele ist das Smartphone zum ständigen Begleiter geworden; digitale Technologien ermöglichen oder erleichtern im Straßenverkehr zu navigieren, mobil zu sein, medizinisch versorgt zu werden, sich zu informieren und mit anderen in Verbindung zu stehen. Die Bedeutung der Digitalisierung kann kaum überschätzt werden. Dabei ist die „Sprache" digitaler Technologie zunächst unscheinbar. Sie kennt nur die Ziffern 0 und 1. Diese geniale Einfachheit erlaubt es aber, Menschen aller Sprachen dieser Welt miteinander zu verbinden, Bilder und Filme auszutauschen, Informationen zu sammeln, um sie miteinander zu kombinieren und Prognosen zu erstellen, Menschen und Gegenstände zu vernetzen, komplexe Vorgänge zu automatisieren und gigantische Mengen an Daten zu verarbeiten – und das global, in jeder Kultur, gleichzeitig. Darin steckt ein schier unermessliches Potenzial: Wir können neue Formen des Zusammenlebens und des Austausches entwickeln, Bildungssystem und Arbeitswelt neu gestalten, bislang unbekannte Formen der politischen Partizipation und Geschäftsmodelle ermöglichen und so auch in Kirche und Diakonie auf neue Weise arbeiten.

Digitale Technologie und der gesellschaftliche Prozess der Digitalisierung sind epochale kulturelle Entwicklungen. Ihre Potenziale sind noch nicht ermessen. Entsprechend groß ist die Freiheit und entsprechend anspruchsvoll ist es, diese Freiheit in Verantwortung vor Gott und den Menschen auszuüben. Als Evangelische Kirche in Deutschland wollen wir dazu beitragen, diese epochale kulturelle Entwicklung zu verstehen und dabei die ethischen und religiösen Aspekte zu formulieren, die damit verbunden sind. Darüber hinaus geht es uns darum, aus evangelischer Perspektive ethische Orientierung dafür zu geben, wie wir alle digitale Kommunikation und Technologie verantwortlich gestalten und anwenden können. Digitalisierung kann unter bestimmten Voraussetzungen ein wichtiger Baustein einer umfassenden nachhaltigen Entwicklung sein, wie sie auch die Vereinten Nationen formuliert haben.

Kein Lebensbereich bleibt von Digitalisierung unberührt. Trotzdem, auf knappem Raum die wichtigsten Phänomene der Digitalisierung theologisch beleuchten zu wollen, ist ein ehrgeiziges Ziel. Dennoch unternimmt diese Denkschrift den Versuch dazu. Die Autorinnen und Autoren der Kammer für soziale Ordnung setzen sich darin mit der gegenwärtigen Bedeutung und Relevanz der Zehn Gebote auseinander – oder wie es nach dem Wortlaut der hebräischen Bibel genau heißt: der Zehn Worte. Im Wechselspiel zwischen Bibellektüre und Diskussion digitaler Technologien haben sie neue Perspektiven, befreiende Orientierungen und anregende Fragen gefunden.

Der historische Abstand zwischen dem Entstehungskontext der Zehn Worte und der Gegenwart ist enorm – das haben die Autorinnen und Autoren mit einbezogen. Und doch ist es erstaunlich und manchmal überraschend, welche Gesichtspunkte in den Blick kommen, wenn man wie hier jahrhundertealte Glaubensüberzeugungen auf Gegenwartsphänomene bezieht, auf eine Lebenswelt nämlich, die tief von der Digitalisierung geprägt ist: Manche lassen sich von der Digitalisierung ungebremst begeistern, andere sind heillos verschreckt. Während die einen Utopien erträumen, fürchten die anderen Unheil. Angesichts solch unterschiedlicher Einschätzungen helfen theologische Betrachtungen dabei, Phänomene realistisch und wirklichkeitsgerecht einzuschätzen. Das Bilderverbot aus dem religiösen Kontext etwa erschließt Kriterien für einen menschengerechten Umgang mit bildfokussierten digitalen Technologien. Biblische Worte zum Töten, zu Ehebruch, zum Falsch-Zeugnis-Reden eröffnen neue Perspektiven auf Erfahrungen mit autoregulativen Waffensystemen, in privaten und intimen Beziehungen im digitalen Raum, mit Chancen und Abgründen einer neuen Kommunikationskultur. Die Denkschrift gleicht einer zweifachen Entdeckungsreise: Die Zehn Gebote erschließen neue Sichtweisen auf Digitalisierung und ethische Orientierungen für deren Gestaltung. Zugleich erscheinen die Zehn Gebote in einem neuen Licht, wenn wir darüber nachdenken, wie sie dem Leben im 21. Jahrhundert Orientierung geben können, das von digitalen Technologien geprägt ist. Das Ergebnis dieser doppelten Entdeckungsreise ist ein zentraler Beitrag der evangelischen Kirche im öffentlichen Diskurs.

Zum digitalen Wandel gehört, dass wichtige Debatten und Diskussionen auch in digitalen Räumen stattfinden. Aus diesem Grund werden die Grundgedanken dieses Textes auch auf einer Website und in den sozialen Netzwerken sprachlich und bildhaft angepasst zu finden sein.

Ich danke den Mitgliedern der Kammer für soziale Ordnung für unverstellte Blicke auf digitale Praxis, sorgsame und abgewogene Argumentationen, kreatives Weiterdenken und die beständige Suche nach geistlichen Urteilen in theologischer Verantwortung. Ebenso danke ich den Gästen der Kammer, die unverzichtbare Expertise in dieses breite interdisziplinäre Feld eingebracht haben.

Der vorliegende Text wurde vom Rat der EKD als Denkschrift angenommen. Der Rat verbindet damit die Hoffnung, dass dieser Text Anschluss an öffentliche, wissenschaftliche und innerkirchliche Diskurse findet und dabei erkennen lässt, welche Positionen und Sichtweisen der evangelischen Kirche wichtig sind.

Hannover/München, im April 2021

Landesbischof Dr. Heinrich Bedford-Strohm
Vorsitzender des Rates der EKD

Inhalt

1. Einleitung

1.1 Freiheit bewähren – Zur Bedeutung der Zehn Gebote im Kontext der Digitalisierung

Die Digitalisierung verändert unsere Welt. Sie eröffnet neue persönliche und gesellschaftliche Gestaltungsspielräume, die bedeutende Freiheitsgewinne möglich machen. Die Digitalisierung bietet Chancen, aktuelle Herausforderungen besser zu bewältigen: den Umgang mit dem Klimawandel, eine transparentere Gestaltung pluraler Gesellschaften und die wirtschaftliche Zukunftssicherung. Die Freiheitsräume der Digitalisierung sind in der Corona-Krise besonders eindrucksvoll deutlich geworden: Wir können Freunde und Verwandte per Bildschirm „sehen", obwohl wir uns nicht besuchen können; die digitale Vernetzung im Gesundheitswesen hilft, die Ausbreitung des Virus zu verlangsamen; digitale Arbeits- und Einkaufsmöglichkeiten erleichtern ein Leben mit weniger persönlichen Begegnungen; individuell zugeschnittene Bildungsformate halten Bildungsprozesse unter veränderten Bedingungen aufrecht.

Die Krise hat aber auch die Grenzen digitaler Freiheit in besonderer Weise deutlich werden lassen: Man kann Gebärenden und Sterbenden nicht medial die Hand halten. Die Krise hat auch die freiheitsbedrohenden Möglichkeiten von Überwachung und Kontrolle vor Augen gestellt: Autoritäre Staaten können alle Bürgerinnen und Bürger digital erfassen. In der Krise wurde sichtbar, dass digitale Plattformunternehmen große wirtschaftliche Bedeutung und enorme soziale Gestaltungsmacht haben. Es hat sich zudem gezeigt, dass auch digitale Kanäle auf die körperliche Präsenz von Menschen, etwa auf Paketboten, Pflegekräfte und Ärztinnen angewiesen bleiben, die oft zu wenig entlohnt, beachtet und wertgeschätzt werden.

Diese wenigen Beispiele zeigen: Der digitale Wandel wirkt nachhaltig auf alle Lebensbereiche. Digitale Technologie ist eine „Querschnittstechnologie", die die gesamte Lebenswelt durchdringt, ähnlich wie der elektrische Strom seit dem Ende des 19. Jahrhunderts. Digitale Technologie verändert das Leben tiefgreifend und schafft zugleich die Voraussetzung für künftige Innovationen, die noch kaum absehbar sind. Diesen Wandel menschengerecht und sachgemäß zu gestalten, ist eine zentrale gesamtgesellschaftliche Aufgabe, in der ethische Orientierung notwendig ist.

Orientierung durch Tradition

Die evangelische Kirche beteiligt sich an dieser gesellschaftlichen Aufgabe: Sie zieht Orientierungsimpulse aus der jüdischen und christlichen Tradition, indem sie diese gegenwartssensibel auslegt. Gerade für den Prozess der Digitalisierung liegt es nahe, in dieser Tradition auf die Zehn Worte zurückzugreifen, da sie im hebräischen Original keine Befehlsform tragen. Denn diese Zehn Worte spiegeln orientierende Grunderfahrungen, die Menschen im Hören auf Gottes Gebot gemacht haben. Ihre Orientierungen lassen sich im Lichte heutiger Herausforderungen als Einsichten deuten, die auf die Frage antworten: „Wie leben wir unter den Bedingungen der von Gott geschenkten Freiheit?" Außerhalb des alttestamentlichen Kontextes, in dem wir von den Zehn Worten sprechen, verwenden wir die in der Tradition übliche Redeweise von den Zehn Geboten.

Eine Orientierung an den Zehn Geboten mit ihren vielfältigen lebensweltlichen Bezügen ermöglicht es, die unterschiedlichen Auswirkungen des digitalen Wandels aus unterschiedlichen Perspektiven in den Blick zu nehmen. Denn: „die" Digitalisierung gibt es nicht. Auch wenn sich in technischer Hinsicht einige Grundprinzipien darstellen lassen (vgl. dazu 1.2), können die jeweiligen Anwendungen sehr unterschiedlich zu bewerten sein. Die Orientierung an der biblischen Tradition der Zehn Worte zeigt Chancen und Konsequenzen des digitalen Wandels in zentralen menschlichen Lebensbereichen exemplarisch auf. Sie lässt aber das Themenfeld „Digitalisierung" nicht vollständig erschließen. Auch die Zehn Gebote bieten keine allumfassende ethische Orientierung für jeden Fall. Entsprechend streift auch der vorliegende Text einige wichtige Aspekte des digitalen Wandels nur, thematisiert manches gar nicht. Dennoch und gerade in dieser Konzentration macht der Text die tiefgreifenden Auswirkungen des digitalen Wandels mit ihren vielfältigen Möglichkeiten und Herausforderungen deutlich.

Die Zehn Gebote werden im Folgenden so nummeriert, wie dies in der reformierten und anglikanischen Kirche üblich ist. Diese Zählung räumt dem Bilderverbot ein eigenes Gebot ein (zweites Gebot), das im Kontext der Digitalisierung vielfache Anknüpfungspunkte bietet. Zudem trägt die Trennung der Gebote neun und zehn nach lutherischer Zählung im Kontext der Digitalisierung wenig aus – in beiden Geboten geht es um menschliches „Begehren". Die reformierte Zählung fasst beide Zusammenhänge im zehnten Gebot zusammen und kann deshalb gut gewählt werden.

Tradition der Befreiung

Die Zehn Worte haben ihren biblischen Ort im Kontext der Exodustradition. Diese Tradition erzählt, wie Gott Israel aus harter Fronarbeit und der Verfolgung als ethnischer Minderheit befreit. Am Sinai schließt der befreiende Gott dieser Erzählung zufolge einen Bund mit seinem Volk. Dazu gehört die Verpflichtung des Volkes Israel auf diese Gebote. Diese Worte sind als „Magna Charta der Befreiung" zu verstehen – so hat es prägnant der tschechische Theologe Jan M. Lochman ausgedrückt. Sie zielen darauf, die Freiheit zu sichern. Befreiung – das ist wie ein Vorzeichen vor der Klammer der Gebote zu interpretieren: Nur in diesem Horizont der biblischen Befreiungsgeschichte lassen sich die Worte in ihrem ursprünglichen Sinn verstehen. Leider haben Christinnen und Christen dieses Vorzeichen in Geschichte und Gegenwart oft an den Rand gedrängt oder gar vergessen, sodass sie als Gebote im Sinn eines teilweise rigiden Legalismus und Moralismus missverstanden haben. Werden sie in christlicher Perspektive gelesen, geht es vor dem alttestamentlichen Hintergrund dieser Zehn Worte auch in dem, was wir gemeinhin als die „Zehn Gebote" bezeichnen, um ein bestimmtes Verständnis der „Freiheit eines Christenmenschen"; es geht um die Bewährung dieser Freiheit.

Die Zehn Worte spielen bereits in der biblischen Überlieferung eine besondere Rolle: An zwei prominenten Stellen werden sie genannt – in der Aufzählung identisch, allerdings mit leicht veränderten Begründungen. Die direkte Anrede Gottes an die Menschen bringt die hervorgehobene Rolle der Worte zum Ausdruck. Sie haben als Ausdruck des Willens Gottes und gleichzeitig als allgemein menschliches Ethos in Judentum, Christentum und Islam eine besondere Bedeutung erhalten.

Kulturerbe und moralische Intuition

Wir stehen somit in einer Tradition, die das eigene Handeln im Gespräch mit den biblischen Weisungen gestaltet und reflektiert. Dabei fragen wir nicht nach eindeutigen Anweisungen, sondern forschen nach den Grundfragen im Verhältnis zu Gott und den Menschen. Von diesen Gesprächsversuchen und Fragen aus sind die Zehn Gebote weit über die evangelischen Kirchen hinaus in unser Kulturerbe hineingewachsen: Wenn Thomas Mann sie als „Quintessenz des Menschenanstands" beschreibt, steht er in diesem quasi-naturrechtlichen Verständnis durchaus in einer Linie mit Martin Luther. Dieser hatte wahrgenommen, dass sich Grundnormen in vielen Kulturen gleichen oder zumindest ähneln. Daraus zog er den Schluss, dass es eine Art „angeborene", von Gott in die Menschen gelegte Moral gibt. Heute spricht man besser und vorsichtiger von kulturell tief verankerten moralischen Intuitionen, die sich erfahrungsgemäß kulturübergreifend feststellen lassen. Diese Moral ist universal und gilt daher für jeden Menschen. Weil die Zehn Gebote Teil dieser Moral sind, gelten sie – so die Begründung Luthers – auch für Christinnen und Christen.

Tradition des Judentums

Die Zehn Worte sind in der Geschichte des Volkes Israel verwurzelt. Dennoch ist ihre Bedeutung in den Traditionen des Judentums weniger herausgehoben. Sie sind eher ein – sicherlich wichtiger – Teil aller 613 Gebote Gottes, der Tora. Vor dem Hintergrund der Dialog- und Lernerfahrungen mit dem Judentum in den letzten Jahrzehnten spricht sich daher auch der christliche Bibelwissenschaftler Rainer Kessler dafür aus, die Zehn Worte als Auftakt oder „Eingangsportal" zur Tora zu interpretieren. In der

Konsequenz dieser Überlegung stellen die Zehn Worte keineswegs eine „Summe" aller Gebote dar. Sie dürfen nicht gegen die umfassendere Ethik der hebräischen Bibel ausgespielt werden. Gerade die Sozialgesetze des alten Israel mit ihrem Solidaritätsethos und ihren Gerechtigkeitsvorstellungen können bis heute Impulse für sozial gerechtere Regeln vermitteln. In diesem Sinn kommt den Zehn Worten eine besondere Rolle zu. Wegen ihrer Allgemeinheit und weil sie eher grundlegende Aussagen machen, sind sie im Sinn von „Grundartikeln" zu verstehen, die freilich durch konkretere Regeln immer wieder präzisiert werden müssen. Ungeachtet des historischen Abstands bieten die Zehn Worte vielfache Möglichkeiten anzuknüpfen, denn sie sind nach vorne gerichtet: Sie ordnen die Zukunft Israels im Land der Freiheit – als grundlegende Orientierung, indem sie Grenzen setzen, um Freiheitsräume zu schützen und zu ermöglichen.

Neue Dekaloge

In dieser Perspektive lässt sich auch der Umgang Luthers mit den „Zehn Geboten" interpretieren. Immer wieder hat er auf diese Worte zurückgegriffen und sie aktualisierend im Horizont des Gebots der Nächstenliebe ausgelegt. Darüber hinaus hat er dazu aufgerufen, im Geist der Liebe auch eigenständig „neue Dekaloge" zu formulieren. Damit macht er es zu einer stets neu anzugehenden Aufgabe, die Verantwortung eines Christenmenschen zu konkretisieren. Die Gebote sind positive Herausforderungen des Handelns. Ihnen geht es nicht zunächst um ein Verbot schädigenden Verhaltens, wie es die Formulierung der meisten Einzelweisungen nahelegen („du sollst nicht"). Vielmehr zielen die Gebote auf eine helfende und fördernde Zuwendung zum Nächsten. Damit tut sich für Christinnen und Christen ein unabgeschlossener Horizont von Möglichkeiten auf. Sie sind frei, je nach Situation und Zeit, unter stets neuen Bedingungen aus dem Geist des Liebesgebotes heraus verantwortlich zu reagieren und zu handeln.

Resonanzen des Menschlichen

Verschiedentlich sind schon „Zehn Gebote der digitalen Ethik" (vgl. www.digitale-ethik.de/digitalkompetenz/10-gebote) oder ähnliche Formulierungen entwickelt worden. Zumeist wird dabei nur an die Zahl „zehn" als Symbol für Vollständigkeit angeknüpft und die Bekanntheit des religiösen Symbols genutzt. Der vorliegende Text versteht sich anders. Er geht von den biblischen Zehn Worten aus, die als die Zehn Gebote in unseren Sprachgebrauch eingeflossen sind, und fragt nach ihren *Resonanzen* in unserem gegenwärtigen, wesentlich von dem digitalen Wandel geprägten Kontext. Natürlich liegt zwischen der Zeit der Entstehung der biblischen Traditionen mit ihren gesellschaftlichen, sozialen und technischen Bedingungen und der Gegenwart ein historischer Abstand. Der vorliegende Text respektiert diesen Abstand und leugnet ihn nicht. Die ursprünglichen Formulierungen bezogen sich auf eine weitgehend agrarisch geprägte Lebenswelt. In einer patriarchalischen Gesellschaft richteten sie sich an erwachsene Männer als Adressaten. Dies festzuhalten ist wichtig, da es – anders als in vielen christlichen Traditionen – nicht um eine Unterweisung von Kindern oder Jugendlichen ging. Dementsprechend ist beispielsweise das „Elterngebot" in erster Linie nicht ein Ruf an kleine Kinder, ihren Eltern zu gehorchen. Vielmehr fordert es die Verantwortung *erwachsener* Kinder gegenüber ihren alt gewordenen Eltern ein, um diese materiell abzusichern und damit ihre Stellung in der Gesellschaft zu erhalten. In grundlegender Weise geht es dabei um die Sicherung des Generationenverhältnisses. Das ist gerade auch heute von höchster Relevanz.

Auf einer vordergründigen Ebene lässt sich die Bedeutung der Zehn Gebote freilich nicht einfach auf die Gegenwart übertragen. Auf einer tieferen Bedeutungsebene rühren die Zehn Worte aber an allgemein menschliche und zeitlose Grundfragen: „Wie sollen, wie wollen wir leben?" Es sind Fragen nach dem Woher und Wohin des Lebens und nach Verantwortung für Umwelt und Leben. Arbeit und Muße, Zukunftssicherung, Treue und Untreue, Wahrheit und Lüge, die Kontrolle von Kommunikation, der Ausgleich von Chancen und Lasten, der Schutz verletzlicher Gruppen, Zerbrechlichkeit und Vergänglichkeit des Lebens, gesellschaftliche Regulierungen von Haben und Besitz, von Ausgleich und von Schutz – alle diese Themen werden auch heute gesellschaftlich verhandelt, wenn es um eine Orientierung geht, wie wir in Zukunft in einer von der Digitalisierung geprägten Welt leben wollen. Hier sind die Zehn Worte offen für gegenwärtige Resonanzen.

Freiheit als Referenzpunkt ethischer Urteilsbildung

Der vorliegende Text schlägt Brücken von den alten Vermittlungen dieser menschlichen Grunderfahrungen zu heutigen Herausforderungen, indem er die Grundlinie der Zehn Worte weiterführt und die aktuelle ethische Urteilsbildung in die jüdische und christliche Tradition der Befreiung stellt. Die Grundfrage des Umgangs mit den Zehn Worten lautet dann: „Wie leben wir *unter den Bedingungen der von Gott geschenkten Freiheit*?" In einem diskursiven Prozess, Neues an Altem zu messen sowie das Alte neu zu deuten, beschreibt der Text das komplexe Wechselspiel von Sicherung und Bewährung dieser Freiheit aktuell neu, um darüber ethische Orientierungen zu gewinnen. Dabei kann sich auch ein neuer Blick auf die Zehn Worte einstellen. Im besten Fall geschieht dies alles, ohne als Moralisierung missverstanden zu werden.

Dieser Text expliziert beispielhaft Resonanzen zwischen gegenwärtigen Phänomenen der Digitalisierung und dem jeweiligen Gebot. Diese werden im Horizont eines Freiheitsverständnisses erläutert, das sich ebenfalls der biblischen Tradition verdankt. Es wird reflektiert, wie sich die Bedingungen der Möglichkeit von Freiheit in einer digitalisierten Welt verändern. Gleichzeitig geht es darum, wie der theologische Freiheitsbegriff so profiliert werden kann, dass die digitalisierte Welt angemessen in den Blick kommt und ihre besonderen Freiheitsmöglichkeiten verständlich werden. Der Text ist somit aus der spezifischen Perspektive des christlichen Glaubens heraus formuliert. Das schließt keinesfalls aus, dass die konkreten ethischen Schlussfolgerungen auch in anderen Perspektiven zu plausibilisieren sind.

Diese Ausarbeitungen verfolgen das Ziel evangelischer Ethik, wie es die Evangelische Kirche in Deutschland im Blick auf verschiedene Themen immer wieder durchbuchstabiert und zu bewähren versucht: Diskursräume öffnen, und zwar so, dass aus wissenschaftlichen Erkenntnissen, alltäglichen Beobachtungen und Lebenshaltungen sowie aus den überlieferten theologischen Grundsätzen ethische Richtungsimpulse entwickelt werden, die der individuellen Lebensführung wie auch gesellschaftlichen Regelsystemen Orientierung vermitteln und so je eigene Urteilsbildung ermöglichen. Gerade die ethische Bildung muss mit den Gestaltungspotenzialen der Menschheit Schritt halten, die gegenwärtig insbesondere durch den digitalen Wandel enorm erweitert werden. Dabei will die evangelische Kirche ihre Traditionen und Perspektiven einbringen. Auf diese Weise sucht sie zu zeigen, wie Verantwortung kommunikativ vor Gott und den Menschen auf gegenwartssensible Weise wahrgenommen wird.

Von Gott geschenkte Freiheit

Der evangelische Glaube versteht Freiheit als eine Gabe Gottes. Der Mensch kann seine Freiheit nicht selbst herstellen: Gott schenkt Freiheit. Gott, der Schöpfer, beruft den Menschen zur Freiheit, indem er ihn als sein Ebenbild zu einem Leben in Freiheit bestimmt. Das Christusgeschehen stellt diese Freiheit des Menschen in ein neues Licht. In Kreuz und Auferstehung wird einerseits die Gefährdung der menschlichen Freiheit auf eindrückliche Weise erfahrbar: Der Mensch kann die Freiheit verfehlen und missbrauchen. Andererseits eröffnet sich im Geschehen von Kreuz und Auferstehung neue Freiheit: Gott schenkt neues Leben in Freiheit. Das Christusgeschehen wird so selbst zu einem Befreiungsgeschehen. „Zur Freiheit hat uns Christus befreit!", bezeugt Paulus im Neuen Testament (Gal 5,1). Dieses Freiheitsverständnis knüpft an die Kernerfahrung der Sinai-Erzählung der hebräischen Bibel an, die berichtet, wie Gott Israel aus Unterdrückung und Ausbeutung befreit: „Ich bin der Herr, dein Gott, der ich dich aus Ägyptenland, aus der Knechtschaft geführt habe" – wörtlich: aus dem „Haus der Arbeit" –, so heißt es zu Beginn der Zehn Worte (Ex 20,2). Dass Gott auch von der bindenden Autorität insbesondere kirchlicher Mächte befreit, ist ein zentraler Impuls der Reformation, der heute evangelische Freiheit zur Grunderfahrung des Protestantismus hat werden lassen.

In diesem Verständnis gibt es Freiheit nur in schlechthinniger Bindung an Gott und in Relation zu anderen Menschen. Christliche Freiheit ist keine Freiheit von Bindungen. Als absolute, bindungslose Freiheit wäre sie missverstanden, denn diese gründet in Gottesferne wie in Entfremdung vom Anderen und von sich selbst. Christliche Freiheit ist Freiheit gerade in, aus und wegen Bindung an Gott – und sie ist Freiheit zur Nächstenliebe: Augustin fasst den Dekalog im Doppelgebot der Tora (Dtn 6,5; Lev 19,18), das von Jesus zitiert wird (Lk 10,27), zusammen: Gott und den Nächsten lieben.

Deshalb verwirklicht sich Freiheit im zwischenmenschlichen Bereich, in Gemeinschaft und in einer gemeinsamen Verantwortung für diese Welt. Sie kann sich somit nur in der wechselseitigen Anerkennung der Freiheit anderer und in dialogischer Verständigung mit ihnen vollziehen. Sie ist nicht in erster Linie eine negative Freiheit – frei von Einschränkungen –, sondern ist vor allem eine positive Freiheit, die zu einem bestimmten Handeln führt. Weil sich nur im Wissen um die erstrebenswerten Ziele des Handelns, also um die positive Freiheit, klären lässt, welche Handlungseinschränkungen als problematisch gelten müssen, hat im diskursiven Prozess einer ethischen Urteilsbildung die positive Freiheit stets Vorrang vor der negativen.

Die Bibel erzählt sehr konkret von Erfahrungen der Menschen mit ihrem Gott, Geschichten, in denen Menschen Freiheit verspielen oder bewähren. Dabei knüpfen die zentralen neutestamentlichen Aussagen zur „Freiheit in Jesus Christus" an die Überlieferung der hebräischen Bibel von der Befreiung aus dem Zustand der Knechtschaft ausdrücklich an: Der Knechtschaft in der Gottferne steht die Freiheit in der Bindung an und durch Gott gegenüber. Martin Luther, der eigentlich „Martin Luder" hieß, verstand die latinisierte Form seines Namens als Kürzel für „Eleutherios" – „der Befreite". Durch alle Jahrhunderte hindurch haben Menschen sich immer wieder auf die Überlieferung von der Befreiung aus der Knechtschaft in Ägypten und die Befreiung zum Leben durch Christus bezogen und darin Orientierung für ihr Leben und die Zukunft gefunden. Der hier vorgelegte Text geht davon aus, dass die Entwicklung und Anwendung digitaler Technologien als Ausdruck dieser Freiheit begriffen werden kann, eine Freiheit, die sich bewährt in Achtung, Wertschätzung und Respekt vor Gott und den Menschen und welche die Technik in den Dienst stellt für eine humanere Gesellschaftsentwicklung.

1.2 Digitale Technologie und digitaler Wandel – eine erste Verständigung

Jede Technologie eröffnet Möglichkeiten, den individuellen Alltag wie auch das gesellschaftliche, wirtschaftliche, politische, kulturelle und religiöse Leben zu gestalten – auch die digitale Technologie. Sie erweitert Freiheitsräume, schränkt sie aber auch ein. Um den Wandel durch digitale Technologie verantwortlich gestalten zu können, ist es wichtig, diese Technologie aus unterschiedlichen Perspektiven zu beleuchten: Wir müssen die Grundzüge dieser Technologie in technikwissenschaftlicher Hinsicht verstehen (a). Ein medientheoretischer Zugang erschließt wichtige Aspekte (b). Die Sensibilität für eine Sprache, die zu unterscheiden weiß, ob sie sich auf Menschen oder technische Gegenstände bezieht, ist nötig (c). Mit diesen Voraussetzungen lassen sich sowohl die Beziehungen zwischen Menschen und digitalen Geräten (d) wie auch der digitale Wandel als ein gesellschaftlicher Prozess beschreiben (e).

Digitale Geräte technologisch verstehen

Digitale Geräte zeichnen sich dadurch aus, dass sie Daten in dem binären Zeichensystem mit den Zeichen Null und Eins und Regeln der binären Logik verarbeiten. Sensoren digitaler Gerä-

Algorithmen

Die Auswertung digitaler Daten erfolgt über Algorithmen, d. h. formale Regeln, vor allem Rechenvorschriften oder Suchanweisungen, mit deren Hilfe große Datenmengen nach vorgegebenen Kriterien durchsucht und durch Mustererkennungen geordnet bzw. „sortiert" werden können. Um solche Handlungsvorschriften im digitalen Raum zu entwickeln, müssen diese in eine Vielzahl von Einzelschritten zerlegt werden, um sie sodann in eine logische Reihenfolge mit einer dualen Entscheidungsstruktur („Entscheidungsbäume" mit „Ja"- und „Nein"- bzw. 0-1-Ausgängen) zu bringen. Viele Programmierende arbeiten, je komplexer Algorithmen angelegt sind, nur an kleineren Einzelschritten, ohne den gesamten Kontext zu kennen. In einem weiteren Schritt können Algorithmen auf der Basis statistischen Lernens sich selbst optimieren, indem durch eine hohe Anzahl von Wiederholungen von Rechenschritten erfolgreiche Strategien verstärkt und fehlerhafte verworfen werden. Dieses bisweilen ungenau als „selbstlernend" bezeichnete Verfahren führt dazu, dass im Durchschnitt erfolgreiche Schlussfolgerungen als bewährt abgespeichert werden, da diese in den meisten Fällen – jedoch nicht immer – zur Lösung bestimmter Probleme führen. So kann bei automatisierten Übersetzungen ein Programm, je mehr Texte es verarbeitet und verglichen hat, durch den Kontext immer besser erkennen, ob es sich z. B. bei einer „Bank" um ein Sitzgerät oder ein Finanzinstitut handelt. Ähnliches gilt für Bild- oder Spracherkennung. Die Programmierung von komplexen Algorithmen wird zu einem wichtigen Faktor der Wirtschaft, häufig werden sie von Unternehmen als „Geschäftsgeheimnis" geschützt.

te (z.B. Tastatur, Mikrofon, GPS-Empfänger) erfassen Signale und wandeln sie in binäre Daten um. Algorithmen verarbeiten diese Daten, indem sie diese Daten mit gespeicherten Daten nach logischen Regeln verknüpfen. Daten aus einer solchen Datenverarbeitung steuern eine Aktorik[1], eine Datenausgabe an (z.B. Bildschirm, Lautsprecher, Motor, Sender). Die Daten-

1 Aktorik: Teilgebiet der Antriebstechnik. Aktoren wandeln vom Computer gesandte Befehle in mechanische Bewegungen, Druck oder Temperatur um.

Big Data

Big Data ist der Fachbegriff für die exponentiell anwachsende Menge digitaler Datenbestände. Definiert wird der Begriff oft durch die 3-V-Merkmale: Volume (extrem großer Datenbestand mindestens im Terrabytebereich), Variety (Vielfalt der Multimedia-Daten u.a. mit Texten, Bildern, Filmen) und Velocity (Geschwindigkeit der Auswertung der Daten). Bisweilen werden weitere Merkmale (Value im Sinn von Werthaftigkeit u.a.) zur Bestimmung hinzugezogen. Das wohl wichtigste Kennzeichen von „Big Data" ist die sich immer schneller vollziehende Vervielfachung der Datenmengen. Neben dem exponentiellen Wachstum der Datenmenge liegt ein weiterer grundlegender Unterschied von „Big Data" und traditionellen Datensammlungen in der automatisierten Datenverarbeitung durch Algorithmen. Bisher fragmentierte Datensätze lassen sich leicht integrieren und auswerten, sodass immer größere Datensätze für eine Vielzahl von wirtschaftlich, akademisch oder administrativ relevanten Verarbeitungssystemen für die Gewinnung neuer Daten und Anwendungsmöglichkeiten genutzt werden können.

verarbeitung durch Programme mit ihren Algorithmen sind als Herzstück digitaler Technologie zu bezeichnen. Mittels der Algorithmen können nach logischen Regeln Einzelfälle abgeleitet werden (deduktive Schlüsse), z.B. kann von sensorisch erfassten Positionsdaten eines Gerätes auf den Aufenthaltsort geschlossen werden. Ebenso können aus vielen erfassten und gespeicherten Daten (Big Data) mit gewissen Wahrscheinlichkeiten Schlüsse gezogen und neue Regeln aufgestellt werden (induktive Schlüsse). So können z.B. im Rahmen einer Gesichtserkennung aus Daten einer Kamera Muster erstellt und mit vorhandenen Daten abgeglichen werden.

Algorithmen können statisch sein, sodass sie bei identischer Dateneingabe zu jeder Zeit ein identisches Ergebnis ausgeben. Sie können aber auch veränderlich sein („lernende Systeme“, „maschinelles Lernen“, „deep learning“, „stochastisches Lernen", „künstliche Intelligenz"). Veränderliche Algorithmen berücksichtigen Ergebnisse vorheriger Datenverarbeitung und passen ihre Regeln mittels Wahrscheinlichkeitskalkülen an, sodass sich ihre Datenausgabe bei gleicher Dateneingabe im Zeitverlauf ändert. In diesem Fall ist keine Vorhersage der Datenausgabe bei bestimmten Eingabedaten möglich. Sogenannte „lernende Systeme" mit sogenannter „künstlicher Intelligenz" kommen z.B. beim automatisierten Fahren zum Einsatz, bei dem ein Fahrzeug während des Betriebes immer neue Daten aufnimmt und in Abhängigkeit dieser neuen Daten die Regeln seiner Datenverarbeitung ständig verändert, um seine Leistungsfähigkeit zu verbessern.

Grundsätzlich können alle Zeichensysteme, alle Alphabete und Zahlensysteme, alle Texte, Bilder und Filme global, kulturinvariant und in Echtzeit in binäre Daten übersetzt und miteinander gekoppelt werden. Über verdrahtete oder drahtlose (wireless) Datennetze können Daten grundsätzlich zwischen allen Gegenständen, Tieren und Menschen ausgetauscht werden, sodass sie datentechnisch miteinander verbunden sind („Internet der Dinge"). Diese globale, instantane (augenblickliche) Konnektivität (Verbundenheit) unterschiedlicher Menschen, Gegenstände und Zeichensysteme macht das schier unerschöpfliche und innovationstreibende Potenzial digitaler Technologie aus.

Digitale Geräte als Medien verstehen

Digitale Geräte sind ebenso wie alle anderen technischen Geräte (etwa Werkzeuge oder Fortbewegungsmittel) nicht bloß als Instrumente anzusehen, sondern wirken ihrerseits auf Einstellungen und Handeln der Nutzenden ein. Digitale Geräte sind Medien. Sie lenken die Aufmerksamkeit ihrer Nutzenden auf Handlungsmöglichkeiten (z.B. durch „nudging"[2] im Internet), sie führen zu bestimmten Wahrnehmungen (z.B. durch Suchmaschinen mit personalisierten Suchergebnissen), sie beeinflussen und formatieren auf diese Weise Auffassungen von Wirklichkeit und Sinn. Zugleich formen digitale Geräte im Zusammenwirken mit ihren Nutzenden Gewohnheiten der Alltagsgestaltung (z.B. Informationsgewinnung), Praktiken des sozialen Miteinanders (z.B. Familienkommunikation) und gesellschaftliche Ordnungen (z.B. globale Zusammenarbeit). Diese Gewohnheiten und Ordnungen wirken wiederum zurück auf das, was wahrgenommen und handlungsleitend wird. Auch für die Gegenwart und digitale Technologie gilt, was historisch betrachtet schon immer galt: Jede Epoche wird nicht nur von vorherrschenden „Ideen", sondern auch von jeweils vorherrschenden Technologien geprägt: das Mittelalter von Handwerk und Schriftlichkeit, die Zeit der Aufklärung von empirisch-naturwissenschaftlichem Denken und Buchdruck, die Zeit der Industrialisierung von Massenproduktion und -kommunikation, die Gegenwart von globaler digitaler Konnektivität.

Diese medientheoretische und -ethische Perspektive auf digitale Geräte zeigt, dass diese Geräte nicht ethisch neutral sind. Wenn Menschen diese Geräte bauen, gestalten und nutzen, treffen sie Entscheidungen, die ethisch relevant sind, weil sie Freiheitsräume erweitern oder einschränken.

Einige Beispiele mögen dies veranschaulichen: Bei einem Smartphone erfassen digitale Sensoren nur empirisch messbare

2 Nudging (engl. für anregen, lenken, formen) ist eine verhaltensökonomische Methode, bei der versucht wird, das Verhalten von Menschen auf statistisch wahrscheinliche Weise – nicht durch Verbote oder Gebote – zu beeinflussen.

Qualitäten wie akustische, optische und mechanische Signale. Nur diese Daten werden in binäre Daten umgewandelt und verarbeitet. Andere Kontextbedingungen, die bei nicht-medialer Wahrnehmung Stimmungen, Atmosphären und Emotionen erzeugen, bleiben aufgrund des digitalen Mediums systematisch ausgeblendet. Ein Smartphone fokussiert und lenkt damit die Aufmerksamkeit seiner Nutzenden auf bestimmte Aspekte von Wirklichkeit. So hat ein technisches Gerät Einfluss auf das Handeln. Wenn Menschen zum Beispiel über Smartphones mit Video telefonieren, ist zu fragen, in welchen Zusammenhängen diese medienbedingten Eigenschaften und Einschränkungen unerheblich oder förderlich sind (z.B. bei sachlichem Informationsaustausch) und in welchen anderen Zusammenhängen sie ungewollte Nachteile mit sich bringen (z.B. bei emotional geprägter Kommunikation). Kurznachrichtendienste, die die Eingabe von Nachrichten bis zu 280 Zeichen und die Verbreitung dieser Nachrichten in eine globale Öffentlichkeit erlauben, können einerseits Informationen zeitgleich global wahrnehmbar machen, andererseits erzeugen Nachrichten in so kurzer Form oft Missverständnisse und lösen nicht intendierte Emotionen aus. Über die Wirkungen bestimmen dabei die Wahrnehmungsbedingungen der adressierten Personen, zugleich aber auch die technischen Merkmale des digitalen Mediums, hier die maximale Zeichenzahl und die zur Verfügung stehenden Emoticons. Je nach Verwendungskontext und Verwendungsweise können Freiheitsräume erweitert oder auch beschnitten werden.

Auch die Datenverarbeitung digitaler Geräte mittels Algorithmen ist an der Wirklichkeitsinterpretation und -konstruktion beteiligt: Welche Daten werden als relevant angesehen und verarbeitet, welche Daten werden ausgeblendet? Was ist das Ziel der Datenverarbeitung? Wie und in welchem Kontext werden die Ergebnisse der Datenverarbeitung ausgegeben? Am Beispiel eines Prüfalgorithmus zur Kreditwürdigkeit potenzieller Kreditnehmender werden die Relevanz der Datenverarbeitung für die Konstruktion von Wirklichkeit und ihre sozialen Folgen deutlich: Berücksichtigt die algorithmische Prüfung der Kreditwürdigkeit nur die Einkünfte und die Vermögensentwicklung der letzten Jahre oder ergänzend etwa auch Geschlecht, sexuelle Orientierung, ethnische Merkmale, Sozialverhalten, Konsumverhalten, politische Ausrichtung? Führen die „Empfehlungen" eines solchen Algorithmus unmittelbar zur Annahme oder zur Ablehnung eines Kreditantrages oder dienen sie als Entscheidungshilfe für Mitarbeitende der Bank? Es zeigt sich: Die Datenauswahl durch Sensorik, die Datenverarbeitung durch Algorithmen und die Verwendungsweise der Ergebnisse der Datenverarbeitung interpretieren und konstruieren Wirklichkeit und wirken sich auf das individuelle Leben eines Antragstellers und soziale Ordnungen der Kreditvergabe in einer Gesellschaft aus. Die Gestaltung wie auch die Anwendung eines solchen digitalen Prüfalgorithmus kann Freiheit für Kreditnehmende wie -gebende fördern, indem Risiken genauer erfasst werden. Die Anwendung kann Freiheit auch einschränken, wenn irrelevante Daten erfasst, diskriminierende Regeln des Algorithmus angewendet oder notwendige personale Entscheidungen durch logische Schlussfolgerungen von Algorithmen ersetzt werden.

Eine technikadäquate Sprache verwenden – Mensch und Maschine unterscheiden

Neue Phänomene bringen neue Begrifflichkeiten und Unterscheidungen hervor – so auch in Diskursen über Digitalisierung. Damit eine Verständigung gelingt, ist eine Sprachkritik angebracht. Wichtig ist diese insbesondere bei der vielfach verwendeten Unterscheidung zwischen „real“ und „virtuell“. Unter „virtuellen“ Räumen werden Vorstellungswelten verstanden, die durch digitale Medien angeregt und durch Mediennutzende erzeugt werden. Sprachkritisch muss beachtet werden, dass diese „erdachten“ virtuellen Welten für nutzende Personen durchaus real sind – sie prägen Wahrnehmungen, Sichten auf Wirklichkeit, praktisches Handeln. Zudem unterscheiden sie sich nicht grundsätzlich von Vorstellungswelten, die durch das Erzählen von Person zu Person oder durch die Lektüre von Büchern oder Zeitschriften, also durch die Nutzung analoger Medien, entworfen werden. Das entscheidende Merkmal solcher Welten ist also nicht die Virtualität, sondern die Medialität der Kommunikation.

Wichtig ist Sprachkritik insbesondere dann, wenn digitale Geräte sprachlich an den Platz von Menschen zu treten scheinen, wenn sie beispielsweise als Denkprozesse oder wie Handlungen von Menschen beschrieben werden, weil sie bestimmte Aufgaben übernehmen (mit sogenannter künstlicher Intelligenz, z.B. bei Robotern). In diesen Fällen werden technische Vorgänge oftmals mit Begriffen bezeichnet, die bislang ausschließlich auf den Menschen angewandt wurden. So wird etwa Sensoren die Fähigkeit zugeschrieben, Dinge zu „erkennen“ oder „wahrzunehmen“. Von Algorithmen heißt es häufig, dass sie „lernen“, „entscheiden“ und „autonom“ agieren, dass sie (künstliche) „Intelligenz“ besitzen. Roboter werden als „handelnd“ beschrieben. Manche feuilletonistischen Beiträge zu digitalen Systemen mit sogenannter künstlicher Intelligenz erwecken den Anschein, als besäßen diese Systeme in Gegenwart oder naher Zukunft so etwas wie Bewusstsein. In diesem Diskurs ist es ratsam, nüchtern zu bleiben und sich an Erkenntnissen der Technikwissenschaften und anthropologischen Disziplinen (Anthropologie, Pädagogik, Psychologie, Psychosomatik u.a.) zu orientieren. Ein verantwortlicher Umgang mit digitaler Technologie setzt eine Sprache voraus, die zwischen Menschen und Maschinen unterscheidet, die also anthropologisch und technologisch informiert ist und nicht vorschnell anthropomorphe Begriffe auf technische Geräte anwendet, nur aufgrund äußerlich ähnlicher Vollzüge. Würden Mensch und Maschine mit denselben Begriffen belegt, etablierte dies ein reduktionistisches, technizistisches Menschenbild oder ein anthropomorphes Technikbild.

Vor diesem Hintergrund gilt es, sich den Gehalt *anthropomorpher* Begriffe bewusst zu machen, für digitale Geräte eine *technikadäquate* Sprache zu verwenden und die Unterschiede zwischen Menschen und Maschinen nicht durch gemeinsame Begriffe zu verwischen: Begriffe wie „erkennen" und „wahrnehmen" sind Begriffe für menschliche Tätigkeiten. Sie schließen ein, dass sich die gemeinten Vollzüge auf biographisch gebildete Überzeugungen beziehen, und setzen Bewusstsein voraus. Dazu gehören auch unverfügbare Aspekte, religiöser Glauben etwa. Digitale Geräte haben weder „biographisch gewonnene Überzeugungen", noch „Bewusstsein" oder „Gefühl", um Gottes Wort zu empfangen und Glaubensüberzeugungen auszubilden (vgl. Röm 10,17). Sie können kein kausales Wissen erzeugen, sondern „nur" hochstufige Korrelationen herstellen, Regeln der Datenverarbeitung nach Wahrscheinlichkeitsregeln weiterentwickeln. Gleiches gilt für die Begriffe „lernen", „autonom entscheiden" und „handeln": Alle diese Begriffe beziehen sich auf menschliche Tätigkeiten, bei denen sinnlich Wahrgenommenes mit biographisch gebildeten Überzeugungen verknüpft und mittels dieser bewertet wird. Dies setzt Bewusstsein und verantwortete Freiheit voraus. Wir können Algorithmen weder Bewusstsein zuschreiben noch unverfügbare Überzeugungen noch eine zur Freiheit notwendige Selbstreflexionsfähigkeit. Da öffentliche Diskurse die Grenzen zwischen Menschen und digitalen Systemen immer wieder verwischen, insbesondere wenn es um sogenannte „selbstlernende Systeme“ und Systeme mit sogenannter „künstlicher Intelligenz“ (KI) geht, sollen an drei Beispielen Ähnlichkeiten und Unterschiede zwischen Menschen und Maschinen besonders kenntlich gemacht werden:

Erstens: Beim Schach-, Go- oder Pokerspiel geht es für Mensch und Maschine darum, durch Anwendung eines endlichen Satzes von kombinierbaren Regeln erfolgreicher zu sein als ein Gegenüber. Sogenannte „selbstlernende Systeme von KI“ errechnen in hoher Geschwindigkeit, wie wahrscheinlich nächste Schachzüge sind, wie wahrscheinlich das Blatt der Mitspielenden aussieht und wie die Erfolgsaussichten unterschiedlicher eigener Strategien stehen. So kalkulieren diese Systeme auf Basis statistischer Regeln die erfolgversprechendste Strategie. Mit jedem Zug, der mehr oder weniger erfolgreich war, generieren sie neue Daten, die eine Verfeinerung der Wahrscheinlichkeitsberechnungen erlauben und so zu einer zielsichereren Wahl der Strategie führen. Sowohl digitale Systeme als auch Menschen wenden bei diesen Spielen logische Schlussregeln und Wahrscheinlichkeitskalküle an. In dieser Hinsicht agieren beide gleich. Allerdings sind die digitalen Systeme schneller und präziser in der Berechnung von Wahrscheinlichkeiten als Menschen.

Zweitens: Auf anderen Feldern unterscheiden sich Mensch und Maschine nicht nur in der Schnelligkeit, sondern auch in der Art der Fähigkeiten. Bei der Übersetzung eines Textes in eine Zielsprache generiert ein dynamischer Übersetzungsalgorithmus nach Regeln der Grammatik und statistischen Verteilungen einen Text in der Zielsprache. Die Basis dafür bilden die Daten vieler existierender menschengemachter oder maschinengenerierter Übersetzungen. Je mehr Texte als Datenbasis herangezogen, Übersetzungen durchgeführt und Korrekturen durch menschliche Übersetzende eingegeben werden, umso besser die Ergebnisse der automatisierten Übersetzung. Anders sieht es bei sprachlich anspruchsvollen Übersetzungen aus, von literarischen Texten etwa und insbesondere von Lyrik. Existierende Übersetzungen in ähnlichen Fällen auf einen neuen Fall anzuwenden, hilft hier nicht weiter. Vielmehr sind kreative, unableitbare Übersetzungsideen gefragt, die sich abduktiven, hypothesenartigen Schlüssen verdanken. Eine solche künstlerische Genialität kann die sogenannte künstliche Intelligenz nur simulieren, nicht aber generieren.

Drittens: Bei sozialen Robotern sind die Unterschiede zwischen Mensch und Maschine zwar besonders schwer zu erkennen, bei genauer Kenntnis der Technologie aber besonders deutlich. Ein humanoider Roboter, ausgestattet mit sogenannter künstlicher Intelligenz, erfasst beispielsweise die akustischen Signale der Sprache und die optischen Signale des Gesichtsausdrucks eines menschlichen Gegenübers. Ein Algorithmus kombiniert diese Daten mit anderen, gespeicherten Daten nach Regeln, die die Kommunikation zwischen Roboter und menschlichem Gegenüber bestimmen sollen. Drückt ein Mensch Freude aus, gehen damit bestimmte Sprachmuster und Gesichtsausdrücke einher, die sensorisch erfasst und algorithmisch verarbeitet werden. Der Algorithmus des Roboters kann so programmiert werden, dass der Roboter auf Freude des menschlichen Gegenübers mit Bewegungen und akustischen Signalen „reagiert", die vom menschlichen Gegenüber als „Freude" interpretiert werden.

Deutlich ist aber: Der Roboter „empfindet" keine Freude, hat kein „Gefühl" und „drückt" auch keine Freude „aus", sondern simuliert menschliche Aktionen, die vom Menschen in aller Regel als Freude interpretiert werden. Hinzu kommt: Ein Mensch hat die Freiheit, auf die Freude eines anderen Menschen ebenso mit einem freudigen Gesichtsausdruck oder aber mit dem Ausdruck von Neid oder Verhaltenheit zu reagieren. Diese Reaktion wird von seiner persönlichen emotionalen Disposition, seiner Stimmung, aber immer auch von seiner bewussten Einschätzung der Situation abhängig sein. Eine solche individuelle Freiheit, eine solche „individuelle", persönliche Disposition, ein Bewusstsein – all das „kennt" ein Roboter nicht. Roboter senden akustische Signale aus, die eine Stimme simulieren sollen und die als „Stimme" interpretiert werden. Roboter „bewegen" Bauteile, die einen Gesichtsausdruck simulieren sollen und als „Gesichtsausdruck" interpretiert werden. All das ist allein die Folge logischer Schlussregeln und statistischer Wahrscheinlichkeitsberechnungen und deren Umsetzung in technische Vollzüge. Wenn diese Ähnlichkeiten und Unterschiede zwischen Mensch und Maschine im Blick sind, ist deutlich, warum es beispielsweise in vielen Fällen zu verantworten ist, Systeme mit sogenannter künstlicher Intelligenz bei Sprachrobotern in Callcentern einzusetzen, in denen es um technische Informationsmitteilungen geht, während sehr kritisch geprüft werden muss, ob solche Systeme auch in der psychologischen Beratung oder gar der Seelsorge eingesetzt werden können: Wenn es ausreicht, dass ein digitales System auf bestimmte emotionale Phänomene entsprechend statistischer Häufigkeit reagiert, kann der Einsatz eines solchen Systems verantwortet werden. Wird jedoch erwartet, dass auf Emotionen und Äußerungen eines Gegenübers frei und nicht-automatisiert, individuell, kreativ, bewusst reagiert wird, bleibt der Mensch unersetzbar.

All diese exemplarischen Unterschiede ergeben sich aus einer anthropologischen und aus einer technologischen Betrachtung. Wenn diese Unterschiede zwischen Mensch und Maschine verwischt werden, kann dies Begeisterung und Hoffnungen oder auch Ängste und Befürchtungen auslösen, die in utopischen und dystopischen Narrativen ihren Ausdruck finden. Diese gründen dann jedoch nicht auf technologischen Realitäten, sondern auf sprachlichen Unschärfen und Sprachverwirrung. Sie erzielen mit ihrem Erregungs-, Begeisterungs- oder Empörungspotenzial in der Öffentlichkeit vielleicht eine hohe Resonanz, verdecken jedoch, wer eigentlich verantwortlich ist: Schreibt man digitalen Geräten Entscheidungsfähigkeit und Autonomie zu, bleibt die Verantwortung der programmierenden Personen unerkannt. Um eine solche Sprachverwirrung zu vermeiden, gilt es, technologisch informiert nur solche Begriffe zu verwenden, die den technischen Geräten gerecht werden: Sensoren *nehmen* nicht *wahr*, sondern *erfassen* aus der Wirklichkeit Signale und generieren hieraus Daten. Algorithmen *entscheiden* nicht *autonom*, sondern *automatisiert* oder *autoregulativ*. Sie sind nicht *intelligent*, sondern verarbeiten Daten durch logische Schlussfolgerungen und Wahrscheinlichkeitsberechnungen. Aktoren und Roboter *handeln* nicht, sondern *wirken* in ihrer Umgebung.

Mensch-Maschine-Beziehung

Die Beziehungen zwischen Menschen und digitaler Technologie sind je nach Art eines digitalen Gerätes und dem Verschmelzungsgrad zwischen Mensch und Technologie unterschiedlich. Entsprechend unterscheiden sich auch die Wirklichkeitskonstruktionen, die Selbstbilder und die daraus entwickelten Menschenbilder und das entsprechende Sozialverhalten. *Digitale Geräte, die äußerlich bleiben*, verändern Wirklichkeitswahrnehmung und das soziale Verhalten entsprechend der Spezifikation der Geräte: So beeinflussen etwa Smartphones das Freizeitverhalten, Auffassungen von Erreichbarkeit und das Kommunikationsverhalten unter Bezugspersonen und in der Öffentlichkeit. Humanoide Roboter, die in ihrer Gestaltung an menschliche Körper erinnern, haben den Charakter einer Aufforderung, sich ihnen gegenüber so zu verhalten, wie es ansonsten gegenüber Menschen üblich ist. Upload-Filter bewerten nach einer in Algorithmen eingeschriebenen Bewertung Dateien in urheberrechtlicher Hinsicht und blockieren ggf. das Hochladen dieser Dateien. Nutzende haben dabei keine Möglichkeit mehr, abzuwägen, ob ein Rechtsverstoß vorliegt. *Digitale Geräte, die zwar äußerlich bleiben, aber fest mit dem Körper verbunden werden* (z.B. Exoskelette, Prothesen, Brain-Computer-Interfaces), erweitern sinnliche Wahrnehmungen, Erfahrungen der Selbstwirksamkeit und die Teilhabe am gesellschaftlichen Leben, vermitteln aber zugleich Abhängigkeitserfahrungen. *Digitale Geräte, die implantiert werden* (z.B. Chips zur Personenerkennung, sensorgesteuerte Mikropumpen, Herzschrittmacher mit Funkverbindung zur ärztlichen Auswertung im Rahmen von Telemedizin, Stimulatoren im Gehirn), lassen in der Wahrnehmung der implantattragenden Technologie Leib und Seele verschmelzen. Eine solche Verschmelzung geht noch einen Schritt weiter, wenn biotische Gegenstände (z.B. Gewebe, Organe, sogenannte Biofakte[3]) digital gesteuert und im Körper implantiert werden. In all diesen Fällen werden Mensch und digitale Geräte bzw. Biofakte mittels einer kybernetischen Kopplung nach den Regeln der Technik (*cyb*ernetic *org*anism, „Cyborg“) verbunden – ob sie äußerlich bleiben, fest mit dem Körper ver-

3 Biofakte: Zusammensetzung der Worte Bios (griech.: Leben) und Artefakt (hergestellter Gegenstand).

bunden oder sogar implantiert werden. Die Grenze von Natur und Kultur, „natürlichem Körper“ und „digitalem Gerät“ oder digital gesteuertem Biofakt als Gegenständen technologischer Kultur wird verwischt. Das hat Einfluss auf das Selbstbild, auf das Menschenbild im gesellschaftlichen Diskurs wie auf soziale Praxis und soziale Ordnungen.

Mensch und Maschine stehen in Wechselbeziehungen, sodass als ethisches Subjekt der Mensch in den Blick kommt, der in seinem Selbst- und Weltbild immer schon von Technik beeinflusst und geprägt ist und vor diesem Hintergrund über die Gestaltung und Nutzung digitaler Technologie zu entscheiden hat.

Digitaler Wandel als technologischer und gesellschaftlicher Prozess

Der digitale Wandel ist nicht nur aus der Perspektive individuellen Handelns und individualethischer Überlegungen zu beleuchten. Er ist zugleich als gesellschaftlicher Prozess zu verstehen und sozialethisch zu interpretieren. Schon das Potenzial der digitalen Technologie mit ihrer globalen Konnektivität und Instantaneität nach einem kulturinvarianten binären Code wird als globales Potenzial und als Basis technologischen und wirtschaftlichen Handelns gesehen. Die Veränderungsgeschwindigkeit nimmt exponentiell zu: Firmen produzieren immer mehr digitale Geräte, die Datenverarbeitung wird kontinuierlich schneller, Datenspeicherkapazitäten nehmen zu und diese drei Faktoren verstärken sich gegenseitig. Das verstärkt den Einfluss, den digitale Technologie darauf hat, wie wir Wirklichkeit interpretieren, uns selbst sehen, soziale Praktiken verändern und Gesellschaften sozial ordnen.

Für eine sozialethische Analyse und Gestaltung des digitalen Wandels ist es unerlässlich, Akteure und ihre ethischen Orientierungen zu identifizieren, Interaktionen dieser Akteure sowie systemische Bedingungen zu beleuchten. So wird deutlich, dass der Prozess der Digitalisierung weder einer unbeherrschbaren Eigendynamik folgt noch schicksalhaft über die Menschheitsgeschichte hereinbricht. Der digitale Wandel ist ein globaler komplexer Prozess, an dem *Einzelpersonen* etwa als Entwickelnde, Konsumierende, politische und ökonomische Agierende mit ihren Überzeugungen und Zielsetzungen, *Organisationen* wie Unternehmen, Verbände, Forschungseinrichtungen, Nichtregierungsorganisationen mit ihren Interessen sowie *Institutionen* (Staaten und Staatenbündnisse) mit ihren rechtlichen Regelungen und ethischen Leitlinien beteiligt sind. Narrative haben dabei einen großen Einfluss, etwa die Narrative: „Digitalisierung bietet mehr Chancen als Risiken", „Industrie 4.0", „Smart City", „digitale Souveränität" oder die Vision des „Homo Deus". Der Charakter des digitalen Wandels als komplexer Prozess macht es unmöglich, ihn zentral zu steuern. „Verantwortliche Gestaltung" des digitalen Wandels heißt demnach, dass alle Entscheidungen der Einzelnen, der Organisationen wie der Institutionen verantwortlich vollzogen werden müssen, auch wenn keine „Steuerungszentrale" namhaft gemacht werden kann. Zu verantwortlichen Entscheidungen gehört jedoch, dass Verantwortungssubjekte identifiziert werden, ihre Voraussetzungen und Ziele in technologischer, ökonomischer, politischer, sozialer und kultureller Hinsicht hinreichend geklärt und einer ethischen Analyse unterzogen werden. Dazu gehört sowohl eine (Selbst-)Aufklärung über die ethischen Überzeugungen und Werte als auch eine Abschätzung und Bewertung der Auswirkungen der Entwicklung und Nutzung digitaler Geräte in ökologischer, ökonomischer, sozialer, kultureller, politischer

Hinsicht. Leitende Gesichtspunkte sollten dabei sein: Freiheitsräume erhalten, erweitern und aus verantworteter Freiheit handeln. Die Komplexität der Gestaltungsaufgabe ist zugleich ein Hinweis auf die Grenzen der Machbarkeit, auf Demut und – wenn nötig – auf Selbstbeschränkung als Voraussetzung verantwortlichen Handelns sowie auf Orientierung und Hoffnung, die letztlich unverfügbar sind und nur erbeten werden können.

2. Die Zehn Gebote und digitaler Wandel

2.1 Geschöpfliche Freiheit im Digitalen wahren und leben

Erstes Gebot: „Ich bin der Herr, dein Gott, der ich dich aus Ägyptenland, aus der Knechtschaft, geführt habe. Du sollst keine anderen Götter haben neben mir." (Ex 20,2f.)

„Das Internet ist für mich die größte emanzipatorische Erfindung der Menschheit seit der Erfindung der Schrift. [...] Es hat seit der Erfindung des Telegraphen und des Telefons nichts Vergleichbares gegeben, und das Netz schlägt diese Erfindungen ja noch, weil jeder mit jedem ganz nach eigenem Wunsch in Verbindung treten kann. Es ist ein verwirklichter Traum. Und jeder hat Zugang zu jedem. Ich bin eine begeisterte Anhängerin des Netzes. Und die schärfsten Restriktionen von Regierungen können immer auch von technisch Versierten umgangen oder ausgeschaltet werden. Das Netz ist demokratisch und subversiv zugleich. Es ist Gott."[4] (Elfriede Jelinek 2010)

„In nicht allzu ferner Zukunft könnten wir Übermenschen erschaffen, welche die antiken Götter nicht in ihren Instrumenten, sondern in ihren körperlichen und geistigen Fähigkeiten übertreffen. Falls und sobald wir dahin kommen, wird Göttlichkeit freilich so banal werden wie der Cyberspace – ein Wunder unter vielen, das uns als ganz selbstverständlich gilt."[5]

---

4 Elfriede Jelinek in Dialoge II: Glücklich ist, wer vergisst? Eine E-Mail-Korrespondenz zwischen Elfriede Jelinek und Rita Thiele, in: Artur Pelka/Stefan Tigges (Hg.), Das Drama nach dem Drama. Verwandlungen dramatischer Formen in Deutschland seit 1945, 2011, 409–416, hier: 415.

5 Yuval Noah Harari, Homo Deus. Eine Geschichte von Morgen, 2018, 81.

Der Cyberspace[6] als „Wunder“, das Internet „ist Gott“. Das schreiben Bestsellerautorin und -autor. Die Statements einiger CEOs der großen Silicon-Valley-Unternehmen übertreffen diese bildhaften Vergleiche teilweise sogar. Sie erzählen die Geschichte des Internet als Geschichte einer neuen, digital herbeigeführten „Heilszeit“. Dem stehen ähnlich dramatische Unheilsprophezeiungen gegenüber: das Digitale als Weg zur Selbstabschaffung des Menschen.

Viele Debatten um die gesellschaftliche Bedeutung der Digitalisierung pendeln zwischen Heils- und Unheilsprophezeiungen. Schnell ist vom „Überschießenden“, vom „ganz Anderen“ oder „Absoluten“ die Rede. Was entsteht durch die digitale Vernetzung? Wie wirkt diese Technologie? Woran liegt es, dass zu ihrer Beschreibung religiöse Bilder und Begriffe gebraucht werden? Mit diesen Fragen im Kopf lohnt es sich, neu über das erste Wort des Dekalogs nachzudenken.

a) Der Gott Israels befreit aus Knechtschaft

„Ich bin der Herr, dein Gott, der ich dich aus Ägyptenland, aus der Knechtschaft, geführt habe. Du sollst keine anderen Götter haben neben mir“ (Ex 20,2 f.), so lautet Martin Luthers Übersetzung des ersten Gebotes.

Zunächst fällt auf: Hier beschreibt Gott sich selbst. „Ich bin JHWH, dein Gott.“ Die Existenz anderer Götter und deren Macht werden nicht geleugnet, eher im Gegenteil. Die Anbetung vieler Gottheiten war in der Antike üblich. Deshalb wird hier hervor-

6 Das Präfix „Cyber“ stammt aus dem Griechischen und lässt sich mit „Steuerung“ übersetzen. Es beschreibt – in der Regel in Kombination mit daran anknüpfenden Begriffen – in digitalen Räumen stattfindende Kommunikationen oder Handlungen.

gehoben: Die Beziehung zu diesem Gott ist exklusiv. Doch das Verhältnis zum Gott Israels unterscheidet sich noch in einem anderen Punkt von den Vorstellungen, die in der religiösen Umgebung damals üblich waren. In diesem Verhältnis kommt es auf Wechselseitigkeit an: Der Gott Israels wirkt auf die Menschen ein und leitet sie an: *Ich habe dich geführt.* Menschen hören auf Gott, antworten Gott, lassen sich von Gott leiten. In dieser Wechselbeziehung geht es um Vertrauen. Gott glauben heißt Gott vertrauen. Bestimmend für diese Vorstellung ist: Wo Gott führt, verändert sich etwas. Gottes Führung hat eine Richtung. Es gibt ein Vorher und Nachher, ein Woher und Wohin. Aus extremer Unfreiheit und Sklaverei heraus erlöst Gott und leitet auf den Weg in die Freiheit. Also: Gott handelt in dieser Vorstellung als Person und die Beziehung zu ihm soll exklusiv sein – beides und alles, was daraus für das Zusammenleben Israels folgt, ist grundlegend für das jüdische – und dann auch das christliche – Selbstverständnis.

Vor diesem Hintergrund ist das *„neben mir"* in der Weisung „Du sollst keine anderen Götter *neben mir* haben" besser zu übersetzen mit *„an meiner statt"*. Das Gottesverhältnis ist ein Machtraum, aber nicht irgendein Machtraum: Gottes Macht eröffnet diesen Raum und es ist ein Raum der Freiheit, den Gottes Macht eröffnet. Das bedeutet umgekehrt: Jede Anbetung anderer Götter und deren Wirkmächtigkeit muss sich daran messen lassen, ob und welche Freiheit sie eröffnet.

Der Gott Israels schenkt Freiheit. Sich daran zu orientieren, eröffnet in biblischer Perspektive zugleich die Freiheit, sich den Mitmenschen und der gesamten Schöpfung zuzuwenden. Die Zehn Worte sind Konsequenz und Ermöglichung dieser Freiheit. In einer säkularen Sprache und zugleich von der biblischen Tradition stark geprägt, hat der Philosoph Immanuel Kant diesen Zusammenhang so zum Ausdruck gebracht: Für freie Menschen gelten mit Notwendigkeit nur diejenigen Gesetze, die selbst Ausdruck, Konsequenz und Ermöglichung von Freiheit sind.

b) Bibelauslegung: Menschen müssen ihre Freiheit bewähren

Die Kriterien des evangelischen Wirklichkeitsverständnisses stammen aus dem biblischen Erbe des Alten und Neuen Testaments und ihrer kirchlichen, insbesondere der reformatorischen Tradition. Ausgangs- und Zielpunkt aller ethischen Überlegungen ist dabei die „Bewährung in und zur Freiheit“, das Gottesverständnis und das Menschenbild sind untrennbar aufeinander bezogen.

Im Alten Testament wird erzählt, wie Gott das Volk Israel aus der Knechtschaft in Ägypten befreit. Das Volk Israel sieht sich folglich als Gottesvolk, das Gott zur Freiheit berufen und erwählt hat. Im Neuen Testament bestimmt Paulus die Geschichte von Christus entsprechend als Befreiung von allen Mächten, die den Menschen knechten (vgl. Gal 5,1). Die reformatorische Theologie sieht in dieser von Gott geschenkten Freiheit den Ausgangspunkt für die schöpferische Gestaltung des eigenen Lebens und des sozialen Lebens miteinander. Beide, Freiheit und Selbstbegrenzung, binden dabei an Gottes Willen und bilden so eine spannungsvolle Einheit. Wer im Unterschied dazu eine willkürliche, individuelle Freiheit auslebt und die Anderen aus dem Blick verliert, entfernt sich von Gott und verfehlt die Bestimmung des Menschseins, die in der Schöpfung angelegt und gewollt ist.

Was also bewahrt in und zur Freiheit? Zunächst ist maßgeblich, den Unterschied zwischen Schöpfer und Geschöpf zu beachten. Wer glaubt, weiß: Gott hat mich, meine Umgebung und Mitgeschöpfe als begrenzte Wesen erschaffen; ich bin bestimmt, „Ebenbild Gottes" zu sein. Wer sich selbst als Geschöpf versteht, erkennt an, dass das Leben eine Gabe ist. Der Mensch als Gottes Ebenbild weiß um seine Potenziale. Deshalb suchen Menschen zu entdecken und zu verwirklichen, was Gott will; deshalb wagen Menschen, aus geschenkter Freiheit zu handeln.

Diese geschenkte Freiheit ist gefährdet – vor allem dadurch, dass Menschen sich anderen „Göttern" zuwenden, die scheinbar Glück, Sicherheit und ein angenehmes Leben bescheren, aber keine Freiheit lassen. „Götter" in diesem Sinne meint alles, worauf sich Menschen verlassen und woraufhin sie ihr Leben orientieren, woran sie ihre „Herzen hängen": „Allein das Trauen und Glauben des Herzens macht beide, Gott und Abgott."[7] Im Horizont des ersten Wortes geht es darum, entsprechende Beispiele für solche Abgötter zu entdecken und ihre Glücksversprechen oder Machtansprüche zu entlarven: „Exempeln des Widerspiels"[8] zum befreienden Gott der Bibel in der Gegenwart. Neben Geld und Gut nannte Luther u. a. Klugheit, Gewalt, Herrschaft und Ehre. Christlicher Glaube betont die Unterscheidung von Gott und Welt, von letzten und vorletzten Dingen, gerade um den freien Gebrauch der Dinge der geschaffenen Welt sowie des kulturellen Wirkens der Menschheit zu ermöglichen und diese von falschen, überzogenen Erwartungen zu entlasten. Die Dinge dieser Welt sind zu nutzen und zu gebrauchen, nicht aber zu verehren.

---

7 Martin Luther, Der große Katechismus, in: Die Bekenntnisschriften der evangelisch-lutherischen Kirche, 1952, 560.

8 Martin Luther, Der Große Katechismus, a. a. O., 561.

Das erste Wort zielt somit auf die Wahrung der menschlichen Freiheit in der Beziehung zu Gott, zu den anderen Menschen und zu sich selbst. Das jesuanische Liebesgebot verweist auf den engen Zusammenhang dieser Dreifachbeziehung: „Das höchste Gebot ist das: ‚Höre, Israel, der Herr, unser Gott, ist der Herr allein, und du sollst den Herrn, deinen Gott, lieben von ganzem Herzen, von ganzer Seele, von ganzem Gemüt und mit all deiner Kraft' (Dtn 6,4–5). Das andre ist dies: ‚Du sollst deinen Nächsten lieben wie dich selbst' (Lev 19,18). Es ist kein anderes Gebot größer als diese" (Mk 12,29–31).

Die von Gott geschenkte Freiheit des anderen Menschen, des Nächsten, anzuerkennen, bedeutet dann, diese Mitmenschen gerade als Fremde und Andere zu achten: Menschen sind immer zunächst und auch Fremde, bergen ein Geheimnis, bleiben ein Rätsel. Darin begegnet Gott in Gottes Unendlichkeit. Das gilt auch für das Menschsein der eigenen Person: Ich bleibe mir im Letzten fremd. Die Unverfügbarkeit Gottes, des Anderen und der eigenen Person in gleicher Weise zu achten und diese Haltung alltagspraktisch auszugestalten, bleibt die große Herausforderung einer „Bewährung in und zur Freiheit".

c) Im Umgang mit digitalen Technologien gefährden und gewinnen Menschen Freiheiten

Digitale Technologien werden seit ihrem Entstehen kontrovers bewertet und diskutiert: Was bedeuten diese Technologien und eine durch Algorithmen gesteuerte Kommunikation für den Menschen, für menschliches Zusammenleben und für die Gestaltung von Gesellschaften und Politik? Wie wirken sie? Welche Bedeutung schreiben Menschen ihnen zu? Wie gewichtet man ihre Auswirkungen in ethischer Hinsicht?

Um das Phänomen des digitalen Wandels beschreiben zu können, greifen Befürworter wie Kritiker häufig religiöse Begriffe auf. Sie erzählen Geschichten, die nicht immer zu dem passen, was digitale Technologien und Organisationsformen tatsächlich ermöglichen (Christian Hoffmeister 2019, Robert Feustel 2018). Um solche religiösen Konturen und Mythen des Digitalen geht es hier.

Digitale Kommunikation ermöglicht Selbst-Erfahrungen der Entgrenzung

Wer digital kommuniziert, kann Entgrenzung und Grenzüberschreitungen erfahren: Echtzeitkommunikation rund um die Welt und Fernanwesenheit, Virtualität und Permanenz – all das macht möglich, was früher unmöglich schien. Digitale Kommunikation überwindet Grenzen früherer Erfahrungen, sie transzendiert diese Grenzen. So lassen sich diese Entgrenzungen als Transzendenzverweise verstehen. Das heißt auch: Wer digital kommuniziert, kann neue Freiheiten entdecken. Die Möglichkeiten von Lebensgestaltung scheinen sich zu vervielfachen. Menschen machen Erfahrungen, die an die Mystik erinnern: Das bis dahin als begrenzt erfahrene Ich offenbart sich als ein anderes. Dieses andere gilt es neu zu entdecken und zu gestalten. Wo dies geschieht, können Menschen freier werden. Insofern gilt für digitale Technologie: Nicht als solche, aber darüber, wie Menschen sie nutzen, kann sie ihren Nutzenden Erfahrungen von Selbst-Überschreitungen ermöglichen. Damit eröffnet die Nutzung digitaler Technologie einen tatsächlich neuen und bisher unbekannten Erlebnis- und Ermöglichungsraum.

Christlich lässt sich dieses Eröffnen so verstehen: Gott hat die Menschen als Gottes Geschöpfe dazu befähigt, die Welt zu gestalten. In dieser Befähigung ist die Tendenz angelegt, Grenzen zu überwinden, bisher Unmögliches zu wagen und sich selbst zu transzendieren. Entsprechend nutzen Menschen digitale Technologie zur Selbsttranszendierung. Dabei entsteht besagter Ermöglichungsraum. In diesem Sinn lässt sich die digitale Kommunikation auch als gottgegebener Möglichkeitsraum verstehen.

Digitale Kommunikation führt in Selbst-Erfahrungen der Abhängigkeit von einer unspezifisch wirkenden Macht

Anbieter wie Google, Amazon, Facebook, Apple und andere verarbeiten die Daten ihrer Nutzenden über Algorithmen und personalisieren ihre Angebote entsprechend. Dadurch entsteht der Eindruck, diese Anbieter wüssten schon, was einzelne User wollen und wollen werden, ohne dass sie es selbst wissen. Das weckt die Phantasie, diese IT-Unternehmen hätten die quasi-überirdische Macht, alles zu regulieren und in die menschliche Selbstbestimmung einzugreifen. Die Umschreibung „big data is watching you" drückt dies in Anspielung auf die Parole „big brother is watching you" in George Orwells Roman „1984" aus. Diese Erfahrung verunsichert Menschen und erzeugt Irritationen. Gegebenenfalls fühlen sich Menschen unsicher und unfrei. Für durchschnittliche User bleiben die algorithmischen Verfahren undurchschaubar und unüberprüfbar, sodass sie nur mit großem Vertrauen oder mit entschiedener Skepsis mit diesen Verfahren umgehen können. Bei der Nutzung digitaler Technologien entwickelt sich somit ein spannungsreiches Beziehungs- und einseitiges Abhängigkeitsverhältnis, das gravierend auf den Menschen und seine Freiheit wirkt. Die folgenden Abschnitte dieses Textes zu den Worten des Dekalogs werden diese Wirkungen in jeweils unterschiedlicher Schwerpunktsetzung beleuchten.

Generell lässt sich feststellen: Das Freiheitsverständnis der Moderne hat sich in den letzten Jahrzehnten mehr und mehr gewandelt: von einer Freiheit zur Wahl zu einem Zwang zu Wahl und Innovation. Dieses Freiheitsverständnis ist durch und durch ambivalent: Man kann nicht nur frei entscheiden, man muss selbstverantwortet wählen und sich kreativ entwerfen. Damit ist man dauernd dem Risiko ausgesetzt, sich falsch zu entscheiden oder zurückzubleiben. In dieser Situation eines emanzipierten und zugleich „erschöpften Selbst" (Alain Ehrenberg) erwarten Menschen von digitalen Technologien offenbar auch Entlastung.

Digitale Technologien verheißen eine bessere Welt

Die Nutzung digitaler Technologien verspricht scheinbar Erlösung. Ihre Gründer und Entwickler verbinden mit diesen Technologien Vorstellungen eines grundlegenden Wandels der globalen Gesellschaft und Lösungen für Menschheitsprobleme wie Armutsbekämpfung oder Krankheiten. Die technologisch in Gang gesetzte Entwicklung des Menschen „über sich hinaus" – so auch die Hoffnungen des Transhumanismus oder Posthumanismus – solle ein qualitativ neues, besseres gesellschaftliches Zusammenleben eröffnen. Erwartet wird ein „Homo Deus" (Harari 2018), eine „Polis der Solution" (Nachtwey/Seidel 2017). Diese Erwartung ist getragen von der Idee, dass es für alle sozialen Probleme eine technologische Lösung gibt, ja, dass alle gesellschaftlichen Probleme als technologische Probleme zu definieren und zu lösen sind. Die Anwendung und Entwicklung digitaler Technologie einschließlich ihrer unternehmerischen Vermarktung sind bislang eng verbunden mit dem Imperativ eines „Weltverbesserungs-", genauer: eines Optimierungsethos. Die Möglichkeiten zur Optimierung werden dabei zum

Teil mythisch überhöht. Das lässt sie in einem quasi-religiösen Licht erscheinen. Der moderne Fortschrittsoptimismus ersteht erneut in seiner technologischen, nunmehr digitalen Gestalt. Im Sinn einer techno-religiösen Geschichtsphilosophie verspricht dieser Optimismus die Überwindung aller Probleme und Nöte. Letztlich gipfelt diese Hoffnung „in der Idee der Singularität: jenem Zeitpunkt, an dem Technologien selbst das Ruder technologischer Weiterentwicklung übernehmen, das heißt, besser als Menschen dazu in der Lage sind, neue Technologie zu entwerfen, welche wiederum ihrerseits bessere Technologie entwerfen können“.[9]

Digitale Technologien können leicht alternativlos werden

Diejenigen, die digitale Technologien nutzen und entwickeln, setzen diese tendenziell universell und exklusiv ein. Was heißt das? Geht es darum, gesellschaftliches Zusammenleben zu organisieren, dann erscheinen digitale Technologien schnell als unentbehrlich. Sie zu nutzen oder nicht zu nutzen, ist kaum noch eine wirkliche Handlungsalternative.

Neben diese Universalität tritt der Aspekt der Ausschließlichkeit, der Exklusivität:

Digitale Technologien berechnen Lebenswirklichkeit. Sie sammeln und verarbeiten Daten über Personen, Lebensführung und Ereignisse, verarbeiten diese mit Algorithmen und berechnen so die wahrscheinlichste Zukunft. Alles Leben erscheint in dieser Perspektive als berechenbare und zu verrechnende In-

---

9 Oliver Nachtwey/Timo Seidl, Die Ethik der Solution und der Geist des digitalen Kapitalismus, 2017, 28.

formation. Auf diese Weise tritt die Berechen- und Vorhersagbarkeit als Letztbegründung auf, die alle anderen Erklärungs- und Weltdeutungsmuster entweder ein- oder ausschließt. Die Zukunft erscheint so als festgelegt, eben als berechenbar. Mit Kontingenz, der Möglichkeit, dass es auch anders kommen könnte, wird nicht gerechnet. Die Bewältigung von Kontingenz, etwa die Suche nach einem Sinn des Lebens, wird überflüssig. Quantifizierte Information wird zum neuen Credo und tritt an die Stelle des Umgangs mit dem Unverfügbaren.

Die Phänomene digitalen Wandels wecken starke Hoffnungen wie Ängste. Die in der gesellschaftlichen Öffentlichkeit diskutierte Alternative von Utopie oder Dystopie, von Segen oder Fluch kann als Ausdruck dieser machtvollen Effekte vermutet werden.

d) Das erste Gebot begrenzt und eröffnet Freiheit

Wir müssen das Verhältnis von Freiheit und Bindung, von Selbstbestimmung und institutioneller Ordnung immer wieder neu aushandeln und bestimmen. Solche Suche nach einer verantwortlichen Gestaltung der Freiheit bedeutet angesichts des digitalen Wandels eine neue Herausforderung. Dabei geht es darum, das menschliche, geschöpfliche Potenzial zu entziffern: das Potenzial, schöpferisch zu gestalten wie zu zerstören. Die Bindung an den biblischen Gott der Freiheit bedeutet nicht, zu einfachen Lösungen eines Entweder – Oder zu kommen. Im Glauben an den Gott der Freiheit wissen Menschen um Konflikte, Komplexität und die Ambivalenzen, die sich aus diesem schöpferischen Potenzial ergeben. Das verdeutlichen die biblischen Ur-Geschichten von technologischen Großprojekten in ihrer Zeit.

In christlicher Perspektive geht es darum, in öffentlichen Debatten Mythen als solche zu entlarven: Es ist ein Mythos, wenn von übermächtig wirkenden Technologien die Rede ist und sie mit dem Nimbus des Numinosen versehen werden. Wo digitale Technologien als überbordende Heilsverheißungen verstanden werden, die „Solution" versprechen, da bleiben tatsächliche Verantwortungs- und Abhängigkeitsverhältnisse im Verborgenen.

Hinter und mit dem Funktionieren von Algorithmen sind machtvolle Akteure, ihre Interessen und Motive oft kaum mehr erkennbar. Wo Diskurse digitale Technologien verselbstständigen und abkoppeln von ihren Urhebern – also denen, die sie entwickeln und gestalten –, da bleiben gesellschaftliche und ökonomische Interessen unsichtbar.

Das Selbst-Überschreitungspotenzial digitaler Technologien kann in der Entwicklung bis hin zu ihrer Nutzung die Vorstellung freisetzen, man könne sich der Endlichkeit entledigen und die eigene Begrenztheit aufheben. Technologische Erlösungsphantasien, wie die Idee des Transhumanismus, sind in theologischer Perspektive Ausdruck und Auswirkung von Selbstüberschätzung und Hochmut. Das Geschöpf Mensch setzt sich selbst als Letztinstanz und damit vermeintlich an die Stelle Gottes. Es versteht sich als unabhängiger Schöpfer und verfehlt letztlich seine Freiheit als Geschöpf.

Diese geschöpfliche Freiheit wird auch verfehlt, wenn eine scheinbare Eigengesetzlichkeit und Selbstmächtigkeit der Technik benannt und die Verantwortlichkeit von Menschen für die technologischen Entwicklungen nivelliert wird. Personen, die Informationstechnologien entwickeln oder mit Unternehmen bzw. Urheberschaften in der IT-Branche, verwenden häufig Anthropomorphismen – die künstliche Intelligenz „lernt“ oder „entscheidet autonom“. Solche Formulierungen verschleiern die Verantwortlichkeiten von Menschen. Sie geben vor, dass die ethische Letztverantwortlichkeit bei den Maschinen liegt. Umgekehrt werden Technizismen auf Menschen angewandt – die „Festplatte geht nicht mehr“ oder man muss sich erst einmal „uploaden“. Das lässt ein falsches Maß, eine Vermessenheit erkennen, die nicht nur Freiheitsspielräume erhöhen, sondern auf ihre Weise die Würde und Freiheit des Menschen auch unterminieren kann.

Jede Form der Verabsolutierung von technologischen Entwicklungen erweist sich letztlich als eine Verletzung der Würde und Freiheit des Menschen als endliches Geschöpf. Ein christlicher Grundgedanke lautet: Menschen stehen immer in der Gefahr, die von Gott geschenkte Freiheit zu verlieren. Das motiviert dort zur Kritik, wo Menschen technologische Prozesse in Gang setzen, die neue Formen von Zwang hervorbringen.

Zur Bestimmung des Menschen gehört dessen Auftrag, die Schöpfung zu bebauen und zu bewahren (Gen 2,15). Auch die Anwendung und Entwicklung digitaler Technologie ist daher in biblischer Perspektive Ausdruck geschöpflicher Freiheit. In ihr liegt die Chance, Welt verantwortlich zu gestalten. Dazu ist die Menschheit berufen. Die mit den digitalen Technologien verbundenen Hoffnungen einer neuen und besseren Welt, ohne Armut, unter möglichst weitgehender Bekämpfung von Krankheiten, können gut dieser Verantwortung entsprechen.

Allerdings gilt es dabei zu unterscheiden: Es gibt auch einflussreiche Deutungen, die digital basierten Technologien Omnipotenz unterstellen. Diese Deutungen weichen in einem wesentlichen Punkt von der christlichen Erzählung ab. Aus christlicher Sicht ist die Freiheit des Menschen immer auch begrenzt. Sie ist nicht ohne die Beziehung zu dem Gott denkbar, der zur Freiheit befreit. In dieser Haltung liegt das Kriterium, menschliche Selbsttranszendierung in ihrer Ambivalenz beurteilen zu können: Selbsttranszendierung kann als menschliche Weiterentwicklung im Sinne des Schöpfungserhalts fungieren oder als Vergottung und Hybris (Homo Deus) der Unterwerfung des Menschen durch den Menschen dienen. Hier liegt das Potenzial, gesellschaftliche Umbrüche auf ihre Ziele, ihre Möglichkeiten wie auf ihre Grenzen zu befragen und an ihrer Gestaltung in Freiheit mitzuwirken.

2.2 Für Identitätsbildung und freie Solidarität in digitalen Bilderwelten offen bleiben

Zweites Gebot: „Du sollst dir kein Bildnis noch irgendein Abbild machen …" (Ex 20,4)

a) Hinführung: Digitale Bilderwelten

Das sogenannte Richter-Fenster an der Südseite des Kölner Doms besteht aus mehr als 11.000 Quadraten in 72 Farbtönen, die der Künstler Gerhard Richter mithilfe eines digitalen Zufallsgenerators angeordnet hat. Das im Jahr 2007 in einer Messfeier eingeweihte Fenster wurde sehr unterschiedlich aufgenommen: Der damalige Kölner Kardinal Meisner meinte, die abstrakte Formgebung des Fensters drücke nicht den eigenen Glauben aus und gehöre eher in eine Moschee, sofern sie dem auch im Islam rezipierten Bilderverbot entspricht. Andere sahen in der Symphonie von Farben und Licht Hinweise auf die Fülle der Schöpfung und das vielgestaltige Wirken des Heiligen Geistes.

Bei Instagram werden jeden Tag rund 95 Millionen Fotos und Videos hochgeladen. Seitdem diese App[10] auf den Markt kam, ist ein Industriezweig entstanden, der durch Filter und andere Bearbeitungstools hilft, das eigene Bild zu verbessern. Das Programm „Facetune" optimiert nach mathematisch berechneten Schönheitsidealen die Gesichter. Infolgedessen lässt sich in den 2010er Jahren beobachten, wie immer mehr vereinheitlichte Gesichter auftauchen, vornehmlich von Frauen, zunehmend aber auch von Männern. Was die Bilder im Internet zeigen, wird auch im analogen Leben gewünscht und immer wieder durch plastische Chirurgie herzustellen versucht.

b) Bibelauslegung: Das Bilderverbot entsteht als religionsgeschichtliche Besonderheit Israels

Die Beziehung Gottes zu seinem Volk Israel ist einzigartig. Das Bilderverbot ist die erste und unmittelbare Konsequenz daraus: „Du sollst dir kein Bildnis (von mir) machen." Das hier verwendete hebräische Wort leitet sich von einem Verb ab, das Handwerkliches bedeutet: „Behauen", „Zurechthauen" bzw. „Schnitzen". In der Ursprungsbedeutung geht es um das Herstellen von Skulpturen und Statuen. Das Bilderverbot bezieht dies insbesondere auf den kultischen Bereich in Israel. Ein Kultbild steht somit in scharfem Kontrast zum biblischen Gottesverständnis. In religionsgeschichtlicher Perspektive stellt das eine Besonderheit Israels dar. In den altorientalischen Kulturen, exemplarisch in Babylon, steht im Zentrum jedes Heiligtums ein Kultbild, das Betrachtende in seinen Bann zieht.

---

10 App: Kurzform für Applikation (Anwendung) im Sinn von Anwendungssoftware.

Nach dem, was wir historisch wissen, gab es auch in der Antike nicht die Vorstellung, eine Statue der Gottheit sei selbst diese Gottheit. Die Statue oder das Bildnis galten lediglich als Garant für die Anwesenheit der Gottheit. Doch gerade diese Garantie verwehrt das Bilderverbot. Das ist konsequent: Bindet sich Gott selbst an die von Menschen erfahrene Freiheit, kann sich derselbe Gott nicht zugleich an ein figürlich darstellbares Zeichen binden und seine Existenz sinnbildlich darin verdichten lassen. Es gibt keinen Raum für Bildnisse für Gott, die Menschen gemacht haben. Der Platz für Gott, für die alles bedingende Wirklichkeit, muss leer bleiben.

c) Das Bilderverbot sichert die Freiheit Gottes wie die menschliche Freiheit

Das Bilderverbot des zweiten Wortes schließt in einer expliziten und langen Aufzählung alle denkbaren Formen der Gottesdarstellung aus (vgl. Ex 20,4; Dtn 5,8). So wird betont: Gott und Welt sind grundsätzlich unterschieden. Kein Teil der Welt eröffnet einen unmittelbaren Zugang zu Gott. Gerade das sichert Gottes Freiheit. Der biblische Gott ist nicht zu sehen, auch nicht in einem abstrakten Farbengemälde wie im Richter-Fenster des Kölner Doms, das bestenfalls auf die Schöpfung und das Wirken Gottes verweisen kann, nicht aber unmittelbar auf ihn selbst. Der biblische Gott ist zu hören. Keines der denkbaren Darstellungsbilder kann Gott entsprechen oder Gott gar erfassen. Aber Gott spricht Menschen an und sie berichten von dieser Erfahrung. Gottes Wort wirkt. Boten tragen es weiter. Gottes Wort teilt dem Volk insbesondere Gottes Willen mit. Danach sollen Menschen freiheitlich zusammenleben. Exemplarisch verdeutlicht dies die Geschichte, in der Gott sein Volk aus Ägypten befreit und Gottes Weisung markant in den Zehn Worten zusammenfasst.

Gott hat den Menschen zu seinem Ebenbild geschaffen und befreit: Der Mensch soll dem nicht-sichtbaren Gott entsprechen. In der christlichen Tradition stellt Christus in einzigartiger Weise dieses Bild Gottes dar, er ist „das Ebenbild des unsichtbaren Gottes" (Kol 1,15). Diese spannungsvolle Aussage markiert den besonderen Impuls der neutestamentlichen Botschaft: Gott ist unsichtbar und zugleich in Christus, dem fleischgewordenen Wort (Joh 1,14), sichtbar. Seit der antiken Christenheit haben Menschen diese Sichtbarkeit konkretisiert: Ikonenmaler haben stilisierte, figurative Christusikonen anbetend-malend geschaffen, für den Gottesdienst und für das persönliche Gebet. Eine komplexe Bildtheologie versucht diese Praxis in Abgrenzung zum Bilderverbot zu legitimieren. Dabei steht Christus als Urbild, Ikone Gottes im Zentrum. Für die Gläubigen ist es die Eröffnung einer Tür. Über die Schwelle vom Bild zum Urbild, vom *typos* zum *prototypos*, können sie mit ihren Blicken geradezu leibhaftig mit der göttlichen Wirklichkeit in Christus in Kontakt treten. Deshalb gebührt den Ikonen in den Ostkirchen eine besondere Verehrung. In den Westkirchen dienen sie vor allem pädagogisch als Lehrmittel, um die Gläubigen über das Wirken Christi zu orientieren. Die überbordende, drängende religiöse Bilderkultur des Spätmittelalters hat Christus an den Rand gedrängt. Das haben die Reformatoren scharf verurteilt. Die reformierte Tradition griff auf das alttestamentliche Bilderverbot zurück und verwarf figürliche Darstellungen völlig. Bis heute markiert das einen Unterschied in den christlichen, auch in den evangelischen Kirchen.

Gemeinsam ist allen christlichen Traditionen die Auffassung: Gott ist im Bild nicht verfügbar und das Bild Gottes auf Erden kann und soll letztlich nur der Mensch selbst darstellen. Der Bestimmung zum Ebenbild Gottes zu entsprechen – dieser

Prozess lässt sich im wörtlichen Sinn des Wortes als „Bildung" beschreiben. Der Dichter Johann Gottfried Herder hat das Bild Gottes verglichen mit der Struktur eines Marmorblocks, die den Künstler zu einer bestimmten Formgebung anleitet. Das Bild Gottes ist in jedem Menschen angelegt und soll sich mit Unterstützung von Lehre, historischer Erfahrung und unter dem Wirken des göttlichen Geistes in jedem Menschen ausbilden. Bildung zielt somit auf die Personwerdung aller Einzelnen, auf „Förderung und Entfaltung als ‚ganzer Mensch'", sie beinhaltet nicht zuletzt eine Werteorientierung und die Ermöglichung zu einem „Handeln im Horizont sinnstiftender Lebensdeutungen"[11]. Bildung ist in der Konsequenz des Bilderverbots als umfassende Menschenbildung zu verstehen. Als solche befähigt Bildung Menschen, ihre Freiheit recht zu gebrauchen.

In dieser Perspektive sind die vielen „Menschenbilder", in denen sich der Mensch spiegelt, denen er nacheifert oder mit denen er sich selbst rechtfertigen will, radikal zu kritisieren. Weil und indem Gott seine Freiheit sichert und zugleich für die Freiheit seines Volkes eintritt, soll der Mensch vor allen Bildern geschützt werden, die ihn versklaven – Idealen, Leistungsanforderungen, Optimierungszwängen. Solche Bilder schränken die Freiheit des Menschen ein. Sie sind allzu oft lieblos. Bertolt Brecht hat dies prägnant auf den Punkt gebracht: Auf die Frage an Herrn K., was er tut, wenn er jemanden liebe, antwortet dieser: Ich mache mir ein Bild, einen Entwurf von ihm und sorge, „dass er ihm ähnlich wird". – „Wer? Der Entwurf?" – „Nein", sagte Herr K., „der Mensch."[12]

11 Kirchenamt der EKD, Maße des Menschlichen. Evangelische Perspektiven zur Bildung in der Wissens- und Lerngesellschaft. Eine Denkschrift des Rates der Evangelischen Kirche in Deutschland, 2003, 89 f.

12 Bertolt Brecht, Kalendergeschichten, 1953, 106.

d) Die biblische Erzählung vom Goldenen Kalb spiegelt die Prägnanz des Bilderverbots

Das Bilderverbot schützt vor dem, was den befreienden Glauben gefährdet. Von einer solchen Gefährdung erzählt eine Geschichte, die im Alten Testament gleich auf den Auszug aus Ägypten folgt. Die Erzählung geht so: Mose stieg allein auf den Berg Sinai und blieb dort recht lange, weil er von Gott die Tafeln mit den Zehn Worten erhielt. Währenddessen wurde das Volk von einer tiefen Ungewissheit erfasst und „sammelte sich gegen Aaron“ (Ex 32,1), den Priester. Das Volk forderte von Aaron die Inszenierung einer „sichtbaren“ Gottheit. Die Unsichtbarkeit Gottes und das zeitweilige Verschwinden des Moses ließen eine Leere entstehen, die man nicht aushalten konnte und die unmittelbar gefüllt werden musste. Dabei ging es nicht um die Schaffung einer „anderen Gottheit“. Vielmehr sollte der Gott des Auszugs aus Ägypten anschaulich dargestellt werden. Insofern war es weniger ein Abfall, sondern mehr ein Verrat an dem befreienden Gott. Ein Verrat deshalb, weil das Goldene Kalb letztlich für einen Rückfall in überkommenes Denken stand.

Der Priester Aaron erfüllte den Wunsch des Volkes. Er organisierte sogleich die Inszenierung der sichtbaren Gottheit. Er ließ sich allen Goldschmuck bringen – dies war seinerzeit eine Art „Sparbuch“ und diente als Wertaufbewahrungsmittel – und bildete das gegossene Kalb. Der junge Stier oder das Kalb war ein Ausdruck für Jugendlichkeit, Kraft und Stärke, es symbolisierte Urkraft und Potenz. Das Kalb selbst darf man sich nicht als Abbildung Gottes vorstellen. Die Gottheit wurde vielmehr auf dem Kalb stehend und reitend imaginiert, das Bild des Kalbes hat insofern eher einen Verweischarakter. „Das sind deine Götter, Israel, die dich aus Ägyptenland geführt haben!“ (Ex 32,4), so meinte sich das Volk seines Gottes und damit auch seiner eigenen Identität versichern zu können.

Allerdings bedeutete dies eine Verwechslung. Man betete nun das an, was man in Ägypten als Ausdruck von Macht und Stärke kennengelernt hatte. Das Goldene Kalb wird in dieser Erzählung zu einer Karikatur des befreienden Gottes. Nach der Fertigstellung des Stierbildes baute Aaron einen Altar und kündigte ein Fest an, das Fest des Tanzes um das Goldene Kalb, welches die Ästhetisierung des religiösen Wunschbildes nach einem anschaulichen, verfügbaren Gott zum Ausdruck brachte. Ein Fest, um die eigene Stärke zu feiern.

Als in der weiteren Erzählung JHWH Mose auf das Treiben des Volkes aufmerksam machte, geriet dieser in Zorn und zerbrach die beiden Tafeln des Gesetzes (Ex 32,19). Der Wille des Gottes JHWH lag nun buchstäblich in Scherben, die Feier des Goldenen Kalbes verdrängte den Willen Gottes, der die Befreiung des Volkes bewahren sollte. Das sichtbare Symbol von Stärke und Macht sowie die weltflüchtige Ekstase standen gegen die Bewährung der Freiheit im Alltag.

Aarons Rechtfertigung gegenüber Mose klingt banal: Es war der Wille des Volkes. Das Volk erschuf sich seine Religion: „Opium des Volkes“ (Karl Marx). „Und ich warf es (das Gold) ins Feuer, daraus ist das Kalb geworden“ (Ex 32,24). Das Kalb, von ihm selbst gestaltet (vgl. Ex 32,4), soll nun gleichsam wie von unsichtbarer Hand geschaffen worden sein, als hätten anonyme Mächte das Volk und ihn getrieben. Die Erzählung vom Goldenen Kalb zeigt anschaulich und exemplarisch, welche Funktion „Religion“ und insbesondere die „Sakralisierung“ von idealisierten menschlichen Wunsch- und Selbstbildern erfüllen kann. Sie zeigt auch, wie sich Religion im Wechselspiel von solchen Wunschbildern und priesterlichem Handeln entwickeln kann. Indem das Goldene Kalb an die Stelle des unsichtbaren Gottes, die machtvolle, überwältigende Inszenierung an die Stelle der Ethik getreten ist, wird der befreiende Gott des Exodus verraten.

e) Bild-Inszenierungen können überwältigen in den Welten des Digitalen

Die Bilderwelten des Digitalen sind allgegenwärtig, einschließlich der Logos von Internetunternehmen, Emojis und anderer graphischer Darstellungen. Prägnante Inszenierungen von Macht, Größe und Schönheit wie auch abschreckende Darstellungen nehmen den Blick gefangen und dominieren die Aufmerksamkeit.

Eindrückliche und zugleich alltägliche Beispiele hierzu finden sich vor allem in Werbebotschaften, die im Netz omnipräsent sind. Dabei werden auch religiöse Elemente für quasi-kultische Präsentationen von Waren benutzt. Das dient dazu, eine religiöse Aura zu schaffen und so die Attraktivität von Produkten zu erhöhen. Die auf diese Weise als Idole inszenierten Waren fungieren wie religiöse Götter. Ihr Konsum verheißt Glück, Erfolg, Macht oder Selbstfindung. Die Welt der Werbung lässt sich als ein „Polytheismus der Marken“ (Norbert Bolz 2008) bestimmen, und jeder „Gott“ fordert hier seine Anbetung ein.

Werbende inszenieren Waren als Kultgegenstände. Das passiert insbesondere im Bereich von so genannten „Lifestyle-Produkten“. Je nach Generation und Milieu gehören elektronische Güter, nicht zuletzt der gesamte IT-Bereich dazu. Werbung verbindet mit diesen Produkten die Versprechen von Erfolg, Aktivität,

Dynamik, Kraft und Attraktivität. Diese Versprechen bringen ähnliche Grundhaltungen zum Ausdruck, wie sie ein junger Stier in der Antike symbolisiert hat. Dabei gehen Menschen heute – speziell in der Werbung – mit religiösen Traditionen häufig spielerisch um, wie es etwa der angebissene Apfel als Logo von Apple deutlich macht. In biblischer Perspektive hat das Essen der Frucht des Baumes der Erkenntnis den Menschen in dramatischer Weise die Augen geöffnet: Sie wissen nun, was gut und böse ist (vgl. Gen 3,2), sie sollen ihres „Bruders Hüter" (Gen 4,9) sein und sich vor Gott dafür verantworten.

Versuche einer weihevollen Sakralisierung von Hightech-Produkten gleichen demgegenüber einem Tanz um das Goldene Kalb. Die Feier von Erfolg, Kraft und Stärke, die Fixierung auf die Angebote der Warenwelt lassen Menschen ihre soziale Verantwortlichkeit vergessen. Der Tanz um das Goldene Kalb entrückt in eine Scheinwelt. Wenn Erfolg und die entsprechenden Statussymbole geradezu religiös verklärt und gefeiert werden, bleiben die Verlierer wirtschaftlicher und gesellschaftlicher Entwicklungen schnell auf der Strecke. Sie fühlen sich in letzter Konsequenz selbst an ihrem Elend schuldig oder versuchen, die Symbole von Erfolg und Stärke zu kopieren, in den sozialen Medien ebenso wie im „real life".

f) Digitale Selbstinszenierungen zwischen spielerischer Vielfalt und zwanghafter Festlegung

Die Sängerin Dolly Parton hat an einer weltweit diskutierten Foto-Challenge teilgenommen und dabei die Versuche der Selbstdarstellung in Social-Media-Kanälen spielerisch ironisiert: Sie veröffentlichte auf vier verschiedenen Social-Media-Kanälen vier verschiedene Bilder von sich – und zwar in der medial und sozial gewünschten Version der jeweiligen Plattform. So war sie bei LinkedIn in seriöser Businesskleidung, auf Facebook im Alltagslook, bei Instagram in Festkleidung und bei der Dating-App Tinder im sexy Outfit zu sehen. Ganz nach dem Motto: Ich bin die Person, die ihr jeweils erwartet und sehen wollt. Dem Beispiel folgten nicht nur Tausende Stars; es gab auch eine große Diskussion um die Fragen der Identität und der Selbstinszenierungen, wie sie im zehnten Gebot unter dem Aspekt der Suche nach Anerkennung noch einmal aufgenommen werden. Wer möchte ich in der digitalen Welt sein? Was treibt mich dabei an? Was möchte ich mitteilen?

In der digitalen Welt gibt es immer mehr Möglichkeiten, sich darzustellen. Deshalb wird diese Frage nach Formen der Selbstinszenierung in der digitalen Welt immer bedeutender. Durch den digitalen Wandel ergeben sich für wechselseitige Kommunikation in öffentlichen Foren neue Möglichkeiten: Menschen können digital interagieren, kommentieren oder diskutieren. Darin zeigt sich eine interaktive und partizipative Praxis.

Die Eröffnung „virtueller Realitäten“ ist dabei keine Erfindung der digitalen Technologie. Das beweist die Vielfalt utopischer Literatur, von Märchen, Fantasy-Literatur oder etwa von Science-Fiction-Filmen. Alle diese Medien lassen die Leserin oder den Zuschauer in „fremde Welten“ einsteigen und darin leben. Digitale Technologien vervielfältigen deren Anzahl und Formen und erleichtern den Zugang zu virtueller Realität. Vor allem geben sie den rezipierenden Personen mehr Möglichkeiten, aktiv in diese Welten einzugreifen. Bei der sogenannten erweiterten Realität (*augmented reality*, AR) geht es meist darum, dass in (Echtzeit-)Videos oder Bildern Textbausteine, Übersetzungen oder virtuelle Elemente eingeblendet werden, zum

Augmented Reality (AR) und Virtual Reality (VR)

Die „erweiterte" Realität beschreibt Formen einer computergestützten Wahrnehmung und zugleich Darstellung der Wirklichkeit, welche die reale Welt um digitale Inhalte erweitert. Solche Verfahren finden in der Arbeitswelt vielfache Anwendungen, indem z. B. durch digitale Brillen, die mit Sensoren verknüpft sind, bestimmte Bereiche der Wirklichkeit, die nur unter Gefahr oder gar nicht für den Menschen einsehbar sind, wahrgenommen und ggf. bearbeitet werden können. Demgegenüber bezeichnet die „virtuelle" Realität die Darstellung und zugleich ermöglichte Wahrnehmung einer vollkommen simulierten, computergenerierten Wirklichkeit in Echtzeit. Dadurch entstehen, etwa in komplex angelegten Computerspielen, Formen künstlicher Welten, in die sich der oder die Nutzende mit der entsprechenden technischen Ausrüstung hineinversetzen und in diesen Welten selbst aktiv werden kann.

Beispiel in der sogenannten Googlebrille oder auf dem Smartphone. Hier verschmilzt der digitale mit dem nicht-medialen Wahrnehmungsraum.

Betreibende eines digitalen Mediums erweiterter Realität können das Nutzungsverhalten komplett kontrollieren und nachvollziehen. Das erforderte eine neue Art von Datenschutz. Allen Nutzenden kann jeweils eine personenspezifische Datenidentität zugeordnet werden. Das legt jede Person auf genau das „Bild" fest, das die Datenverarbeitung von ihm oder ihr erzeugt hat. Es obliegt nun den jeweiligen Nutzenden, erstens zwischen der eigenen Identitätswahrnehmung und der Identitätszuschreibung durch die Datenverarbeitung zu unterscheiden und zweitens durch die Einwilligung oder Nicht-Einwilligung in die Datenerfassung Einfluss auf die Identitätskonstruktion zu nehmen. Dies ist allerdings nur sehr eingeschränkt möglich: Erstens haben Anwendende bislang keinen vollständigen Zugang zu den eigenen Daten und Datenströmen und durchblicken die

Systeme meist nicht. Zudem üben Algorithmen und die Persistenz (z.B. die Langlebigkeit von Identitätsprofilen in sozialen Netzwerken, auch über den Tod der Person hinaus) digitaler Identitäten einen nicht zu unterschätzenden Einfluss aus und wirken über die Wahrnehmungen der Person auf die eigene personale Identitätsbildung zurück. Soll die Datensouveränität der Nutzenden gewahrt bleiben, müssen sie besser als bisher ihre digitale Identität selbst verwalten können. Dafür sind freiwillige Maßnahmen der datenverarbeitenden Unternehmen und Organisationen genauso nötig wie gesetzliche Regulierungen.

Virtuelle Realität (*virtual reality*, VR) meint im Kontext digitaler Technologie einen technisch generierten Raum, der in Echtzeit eine eigene konstruierte Wirklichkeit erfahren lässt. Darin können zum Beispiel zeitliche und räumliche Distanzen ihre Bedeutung verlieren. Dies setzt in der Regel die Verwendung von 3D-Brillen, -Helmen und oft auch Datenhandschuhen voraus, wie es – neben bestimmten Erwerbsarbeitsbereichen – vor allem in digitalen Spielen („World of Warcraft" oder „Second Life") und dem Entertainment (3D-Kino und -TV) üblich ist.

Einen Avatar zu erschaffen, fordert die Identitätsbildung besonders heraus. Über einen Avatar soll die eigene oder eine erdachte Identität in einer virtuellen Welt erfahrbar werden. Lässt man sich auf virtuelle Realitäten ein, kann das Management der eigenen Realität anspruchsvoll werden – ähnlich wie bei Rollenspielen in analogen Settings, etwa im Theater. In Freiheit genutzt, können VR-Medien eine wertvolle Funktion in Bildungsprozessen einnehmen oder auch eine hohe Bedeutung für Entspannung und Unterhaltung haben. Allerdings können bei VR-Spielen auch Phänomene eines Online-Suchtverhaltens auftreten. Wer in virtuelle Realitäten eintaucht, kann sich leicht selbstwirksam fühlen, ohne es wirklich zu sein. Das gilt insbesondere, wenn die virtuelle Realität z.B. mit der Ausübung von virtueller Gewalt oder mit Phantasmen von Unbesiegbarkeit und Unsterblichkeit verbunden ist und so die Festlegung auf ein Selbstbild befördert, das letztlich weder in der körperlichen noch der virtuellen Welt realistisch ist. Wenn Menschen, die unter einem mangelnden Selbstbewusstsein oder auch Isolationsgefühlen leiden, solche Erfahrungen von hoher Selbstwirksamkeit in virtuellen Räumen machen, können diese kurzzeitig entlasten, aber ohne Begleitung langfristig zu Abhängigkeiten oder gar Störungen führen.

Die genannten Freiheitsgewinne gehören ohne Zweifel zu den Chancen der Selbstkonstruktion im digitalen Raum. Zu den Risiken zählt es, ins Kreisen zu geraten um ein Goldenes Kalb der optimierten virtuellen Identität. In diesem Kreisen verlieren Menschen das reale Selbst und die realen Anderen mit ihren Nöten, aber auch ihren entlastenden Unvollkommenheiten aus dem Blick. Dies kann in eine digitale Form dessen führen, was Martin Luther – noch lange vor digitaler Medialisierung – als Selbstverkrümmung kennzeichnete: in eine letztlich zerstörerische Egozentrik. Dabei setzen Menschen das Bild des perfekten Selbst an die Stelle Gottes und verhindern damit auch die Gemeinschaft mit den Nächsten.

Digitale Medien zu nutzen wirkt also auf unterschiedlichen Ebenen auf Identitätsbildungsprozesse: Digitale Medien haben eine soziale Funktion und ermöglichen neue Beziehungsformen. Mit digitalen Medien können Menschen adressatenorientiert oder öffentlich Informationen, Bilder, Filme, Symbole oder Texte teilen, solche Daten erhalten und beobachten, Menschen jenseits der bisherigen Begegnungsräume kennenlernen, an Kommunikationsprozessen teilhaben, sich mit anderen Menschen verabreden, aushandeln oder spielen, die bislang bekannt oder unbekannt waren, die man als Nachbarinnen und Nachbarn kennt oder die auf der anderen Seite des Globus leben. Dabei formen soziale Medien unter anderem neue Praktiken der Selbstpräsentation, des Rollenverhaltens, des Feedbacks, der Vernetzung, der Inklusion und der Exklusion anderer. Jede digitale Kommunikation formt Identität und Beziehungsqualität zugleich, sie ist somit immer Diskursraum und Identitätsmaschine. Kommunikation mittels digitaler Vernetzung steht niemals still, weil sie nicht mehr auf bestimmte räumliche oder soziale Situationen begrenzt ist, sondern dank mobiler Endgeräte immer und überall stattfindet. Umso wichtiger sind Bildungsprozesse, welche die Nutzenden befähigen, lebensförderliche Beziehungsformen zu wählen. Lebensförderlich sind solche Beziehungsformen, die auch einen verantwortlichen Umgang mit eigenen Wahrnehmungen fördern und zu sozialen Praktiken beitragen, die sowohl der eigenen Identitätsbildung wie einer solidarischen Gemeinschaftsbildung dienen.

Kommunikative Freiheit bedeutet in evangelischer Perspektive, dass Identitätsbildung und Solidarität zugleich verwirklicht werden, Solidarität mit den Menschen, denen man ein Nächster oder eine Nächste ist. Eine solche Freiheit gründet darin, dass Gott Menschen unbedingt anerkennt. Diese geschenkte Freiheit entlastet von der Macht gesellschaftlicher Normen gelingenden Lebens, Perfektionsansprüchen und den daraus folgenden Formen eines zwanghaften Selbstmanagements. Für die Identitätsbildung bedeutet dies, dass Menschen der Vergangenheit mit Dank und Trauer begegnen können, dass Zukunft sowohl Neugier und Gestaltungskraft weckt als auch Sehnsucht und Hoffnung und dass Menschen in der Gegenwart ihre Mitmenschen mit Respekt und Achtung wahrnehmen und ihnen in Nächstenliebe begegnen können.

g) Identitätsstärkung und neue Solidarität durch prägnante Formen der Verkündigung: Aufgaben für Kirche und Diakonie

Die Autoren der biblischen Schriften haben Menschen- und Gemeinschaftsbilder erzählt. Vor dem Hintergrund der potenziellen Zwänge und Gefährdungen menschlicher Freiheit in den erweiterten und virtuellen Realitäten haben diese Bilder eine entlastende Funktion: Gott erkennt Menschen unbedingt an. Das schafft Freiheit vom Zwang stereotyper Idealbilder und Freiheit, sich offen in soziale Beziehungen einzubringen, diese in Nächstenliebe zu gestalten und darin Identität zu suchen (z.B. Röm 3 und 12). In Zeiten der zunehmenden Mediatisierung von Beziehungen ist die Aufgabe von Kirche und Diakonie, die Rechtfertigungsbotschaft von der unbedingten Anerkennung durch Gott erfahrbar werden zu lassen, in der Wortverkündigung wie in der diakonischen Zuwendung – auch und gerade in digitalen Medien. Es gilt, andere und sich selbst nicht mit messendem, bewertendem, priorisierendem Blick wahrzunehmen, auch wenn technische Funktionen (Liken, Messung der Follower etc.) dies nahelegen. In diesem Sinn kann die Rechtfertigungsbotschaft als Resilienzfaktor gesehen werden: Sie schafft Resilienz gegenüber vermeintlichen und gesellschaftlich vielfach geteilten Erwartungen nach Selbstoptimierung. Bildungsprozesse in der Kinder- und Jugendarbeit wie auch in der Familien- und Erwachsenenbildung können solche Resilienzerfahrungen unterstützen, indem sie aufklären: über den heimlichen Aufforderungscharakter digitaler Medien sowie über emotionalisierende Effekte in den Social Media. Hierzu gehört auch, einen souveränen, verantwortlichen Umgang mit den eigenen Daten und den daraus gewonnenen digitalen Identitäten einzuüben.

Das biblische Ethos grenzt sich ab von jeder Form, Erfolg, Macht oder Schönheit zu verklären. Das biblische Ethos ist zutiefst davon bestimmt, dass die Armen zu ihrem Recht kommen. Gott selbst identifiziert sich mit den Armen und Niedrigen und kann in ihnen gefunden werden (vgl. Mt 25,31 ff.). Das bewahrt letztlich die Freiheit aller. Mose zerbrach der Erzählung nach die Tafeln des Dekalogs angesichts des Goldenen Kalbs. Das markiert pointiert den Gegensatz von Sakralisierungen profaner Symbole des Erfolgs einerseits und dem Ethos der göttlichen Gebote andererseits. Es geht darum, sich nicht länger an den verzaubernden, bildhaft-kultischen Inszenierungen auszurichten und sich an dem Willen Gottes zu orientieren, wie Mose ihn proklamiert und Jesus in autoritativer und aktualisierender Weise interpretiert hat (vgl. Mt 5,17 ff.).

Daher bedeutet es für die Kirche eine besondere Herausforderung, sich angemessen in den digitalen Welten der Bilder, Inszenierungen und Events zu präsentieren. Wie können Menschen christlichen Glaubens und Kirche in einer solchen Welt mit der eigenen Botschaft präsent und erkennbar sein, Aufmerksamkeit auf sich ziehen, ohne sich an die Mechanismen des Goldenen Kalbes anzupassen?

Ein radikaler Verzicht auf jede Art von Bildgebrauch, Inszenierungen und Events wäre eine problematische Alternative. Auch die Exoduserzählung verzichtet nicht auf Inszenierungen: Mose zerbricht die Tafeln der Gebote, Mose zerstört das Goldene Kalb, die Geschichte von der Neubildung der Tafeln und schließlich ihre Aufbewahrung in der Bundeslade – all das sind auch Inszenierungen, allerdings „Gegen-Inszenierungen“ zur Logik des Goldenen Kalbes. Es geht nicht darum, die vorfindliche Wirklichkeit und die Wünsche des Volkes zu verklären, nicht darum, vordergründige Bilder von Macht und Erfolg zu bestätigen und zu sanktionieren.

Stattdessen werden die Worte des Gotteswillens inszeniert, wobei jedoch keine Bilder, sondern eben Worte präsentiert werden: das Zehnwort. Die Macht der verführerischen Bilder und ihrer Festlegungen sind und bleiben problematisch, weil sie eine Eigendynamik entwickeln und das Denken zu beherrschen trachten. Demgegenüber ist im Handeln der Kirche das Wort und dessen Präsentation zentral: Das Wort ist immer an ein Gegenüber adressiert. Worte suchen nach Verständigung, sie sind auf Deutungen und Dialoge angewiesen.

Auch Bilder können diese Funktion erfüllen. Das Richter-Fenster im Kölner Dom lässt sich als ein Beispiel dafür verstehen. Problematisch sind Bilder, die verführen und magisch oder überwältigend wirken sollen, wie es viele Bildinszenierungen – nicht nur, aber auch in den sozialen Medien – tun. Der Gott der Bibel steht im Gegensatz zu solchen Macht-Inszenierungen, Gott entzieht sich jeder Verfügbarkeit. Gott führt Menschen in die Freiheit und ruft sie dazu auf, diese Freiheit zu bewähren, indem sie sich an Gottes Willen orientieren. Der Wille Gottes, in Zehn Worte gefasst, bildet die Grundlage eines freien und solidarischen Zusammenlebens. Christenmenschen orientieren sich an diesem Willen Gottes, wie ihn in besonderer Weise Jesus unter Bezugnahme auf die Zehn Worte interpretiert und vorgelebt hat. In diesem Sinn nehmen sie den Nächsten und seine Bedürfnisse in den Blick und engagieren sich für ein freiheitliches und solidarisches Miteinander.

2.3 Möglichkeiten religiöser Kommunikation im Digitalen wahrnehmen

Drittes Gebot: „Du sollst den Namen des Herrn, deines Gottes, nicht missbrauchen." (Ex 20,7)

a) Hinführung

Die digitale Kirche „[...] ist eine andere Kirche, weil es andere Menschen sind als zum Beispiel in meiner Gemeinde. In meiner Gemeinde sind hauptsächlich Senioren und Seniorinnen, da nicht, in der digitalen Kirche, einfach, weil die Medien anders von anderen Menschen genutzt werden. Und ich empfinde es fast schon aktiver. Über Glauben reden ist im Internet aktiver als im analogen Leben."[13]

„Es ist die große Angst von der Kirche, dass sie nur als leibhaftige Kirche, wo Menschen auf einem Stuhlkreis sitzen, zählt. [...] Wir haben Kirche sehr verbunden mit einem gewissen Musikgeschmack, mit einem soziologischen Charakter, mit einem Bildungslevel, das wir einfach haben und sagen: So ist Kirche. In digitalen Formaten sind die Grenzen wesentlich durchlässiger, das merke ich, wenn ich mit Menschen zusammenarbeite, die eine Behinderung haben, eine körperliche Behinderung zum Beispiel. Die sind im Digitalen wesentlich leichter aufgehoben als in der kohlenstofflichen Welt, weil es da nicht auffällt. Oder Menschen, die einfach nicht alles zeigen wollen, aber trotzdem mit anderen zusammenleben wollen, die kön-

13 Josephine Teske ist Pfarrerin und auf Instagram als „Seligkeitsdinge" unterwegs, URL: https://www.deutschlandfunkkultur.de/digitale-kirche-gott-und-das-internet.2165.de.html?dram:article_id=452037 (zuletzt aufgerufen am 13.08.2020).

nen im Digitalen besser zusammenleben und Glauben teilen als in analogen Kirchen."[14]

Längst ist die Digitalisierung in der Kirche angekommen. Längst nutzen Menschen digitale Medien, um religiös zu kommunizieren. Das war schon so, lange bevor Kirchengemeinden angesichts von Covid-19-Pandemie und Kontaktsperren die Möglichkeiten dieser Kommunikation aus der Not heraus entdeckten. Menschen haben immer schon neue technologische Möglichkeiten genutzt, um ihr Leben leichter, schöner und angenehmer zu machen. Heute nutzen sie digitale Medien, um zu kommunizieren und ihren Bedürfnissen nach Nähe, Austausch und Gemeinschaft nachzugehen. Christlich gesehen ist das ein Ausdruck von Begabung und Freiheit. Christlich gesehen hat Gott die Menschen mit Fähigkeiten begabt und ihnen Freiheit verliehen, das Leben zu gestalten. Beides nutzen Menschen, wenn sie digitale Techniken nutzen.

Texte zur Digitalisierung hinken den aktuellen Entwicklungsdynamiken hinterher, wenn sie gesellschaftliche und kirchliche Veränderung beschreiben und beurteilen. Das gilt auch für kirchliche Texte. Die Dynamik ist nicht zeitgleich zu erfassen und zu interpretieren, auch nicht die Dynamik religiöser Kommunikation im Internet, um die es in diesem Abschnitt geht.

Die besondere Situation während des Lockdowns im Frühjahr 2020 hat nicht nur einen „Digitalisierungsschub der Kirche"

14 Christoph Breit, URL: https://www.deutschlandfunkkultur.de/digitale-kirche-gott-und-das-internet.2165.de.html?dram:article_id=452037 (zuletzt aufgerufen am 13.08.2020).

(EKD)[15] bewirkt, sie hat vor allem in der Institution Kirche die Augen dafür geweitet, wie viel Menschen im Netz schon längst religiös kommunizieren – innerhalb und außerhalb des institutionellen Rahmens. Die oben genannten Zitate machen deutlich, wie vielfältige Erfahrungen Menschen dabei machen. Sie zeigen auch, wie sich darüber Bilder auch von Kirche formen und verändern.

b) Bibelauslegung: Den Namen Gottes wahren

„Du sollst den Namen JHWHs, deines Gottes, nicht missbrauchen" (Ex 20,7). Hier geht es nicht mehr um das Verhältnis Gott und Mensch wie beim ersten Wort. Hier geht es darum, wie Menschen sich untereinander verhalten und wofür sie dabei den Namen Gottes verwenden. Sie dürfen und sollen den Gottesnamen gebrauchen, jedoch nicht missbrauchen. Vor solchem Missbrauch warnt die Weisung geradezu. Ähnlich wie das Bilderverbot schützt auch diese Weisung nicht allein die Souveränität Gottes, sondern auch den Menschen, den Gott in eine Gemeinschaft hinein geschaffen hat.

Einen Namen zu verwenden, stellt eine Verbindung her – zu einem anderen Menschen oder zu Gott. Deshalb funktioniert der Name wie eine Brücke zwischen den Menschen und zwischen den Menschen und Gott. Denn der Name gibt in der Antike den Menschen ihre jeweilige Identität. Wer keinen Namen hat, den gibt es nicht. Der Name vertritt die Person. Wer sich am Namen vergeht, vergeht sich demnach auch an der benannten Person selbst. Deshalb ist der Missbrauch des Namens kein

---

15 URL: https://www.ekd.de/ekd_de/ds_doc/midi_Ad-hoc-Studie_Digitale_Verkuendigungsformate_waehrend_der_Corona-Krise.pdf (zuletzt aufgerufen am 07.11.2020).

Kavaliersdelikt: Der Gebrauch des Namens zeigt die Haltung, Achtung und Ehre gegenüber der namenstragenden Person.

Der Mensch ist frei. Menschen sollen, was sie selbst oder andere tun und sagen, nicht mit falscher Autorität versehen, indem sie es mit göttlichen Attributen versehen. Das wäre ein Missbrauch des Namens Gottes. Davor warnt das dritte Wort. Deshalb steht es genauso wie die ersten beiden Worte in engem Zusammenhang mit allen anderen Geboten: Sie bewahren Freiheit vor Missbrauch.

c) Im Digitalen mit Gottes Namen achtsam umgehen

Digitale Technologie ermöglicht Menschen die Erfahrungen, die Grenzen von Raum und Zeit zu überschreiten, anders gesagt: Transzendenzerfahrungen. Deshalb hat das digitale Netz selbst etwas von einer Religion. Darum ging es im ersten und zweiten Gebot. Das dritte Gebot rückt die religiöse Kommunikation *im Netz* in den Fokus. Es ist die Frage, wer wie im Namen Gottes handelt und spricht. Mehr noch: Wer bestimmt, wer im Namen Gottes reden darf und ob dies richtig oder falsch ist? Wer hat das Mandat, sich für den Schutz des Namens Gottes einzusetzen?

Wie Menschen im digitalen Raum mit dem Namen Gottes umgehen und wer im Digitalen Rederecht beansprucht – all das reagiert auf gesellschaftliche Verhältnisse, spiegelt und vervielfacht sie. Dies wiederum hat Auswirkungen auf soziale Verhältnisse der analogen Welt: Wenn eine Gruppe im Internet beispielsweise für sich beansprucht, im Namen Gottes zu reden, kann das auch Machtverhältnisse in der analogen Welt verändern.

Wenn wir als Christenmenschen heute über das dritte Wort nachdenken, geht es auch um den Namen „Jesus Christus" und das Symbol seines Leibes. Denn im Namen Christi versammeln sich Menschen als Kirche und Gemeinschaft. Das symbolisiert das Bild vom Leib Christi. Dieses Symbol weist über die vorfindbare Kommunikation hinaus in den weltweit vernetzten Zusammenhang der Christenheit. Dabei ist der Leib Christi keine Größe, die an einem Ort aufgesucht werden kann, um seiner habhaft zu werden. Vielmehr kann die Wirklichkeit der christlichen Glaubensgemeinschaft als eine virtuelle, geglaubte Realität beschrieben werden. Insofern der oder die Einzelne am Glauben teilhat, entsteht Glaubenswirklichkeit, die verbindet. Das Internet und die digitale Transformation bergen die Chancen und die Risiken, eine weltweit vernetzte und verbundene Gemeinschaft zu imaginieren. Von dort ist der Schritt nicht weit zur Vorstellung eines „neuen Himmels und einer neuen Erde", in der Leid, Hunger und Tod nicht mehr sind.

d) Digitale Technik bietet Möglichkeiten und Grenzen des Freiheitsgewinns

Die allgemeine soziale Kommunikation verändert sich

Die digitalen Transformationen beeinflussen tiefgreifend, wie wir kommunizieren. Sie verändert nicht nur, welche Technologie wir im Alltag nutzen (Zoom, Skype, Whereby etc.), sondern lässt eine neue Öffentlichkeitspraxis entstehen, die sich durch alle Bereiche des Lebens zieht (siehe neuntes Gebot). Digitale Medien sind zunächst Dinge. In Praktiken der Kommunikation nutzen Menschen diese materiellen Dinge. Das ermöglicht neue Praktiken, andere Kommunikationen und Vernetzungen.

- Praktisch erfüllen digitale Technologien *soziale Funktionen*: Sie zu nutzen, ist Beziehungsarbeit. In und mit ihnen lenken Menschen ihre Aufmerksamkeit. Der oder die Andere beobachtet. Menschen tauschen Gedanken und Gefühle aus, handeln Möglichkeiten der Kontaktaufnahme und des -abbruchs aus und spielen mit diesen Möglichkeiten.

- In digitaler Kommunikation *formen* Menschen *Identitäten*. Sie haben die Möglichkeit, sich selbst zu präsentieren, zum Spiel mit Rollenmustern und zur Gestaltung von Selbst- und Fremdeinschätzung, zum Beispiel über Feedback-, Ranking- und Wettbewerbsformen.

- Digitale Medien *prägen Wirklichkeitswahrnehmung*: Die Flut von Nachrichten, Meinungen, Fake News und die Bildsprache prägt und lenkt auf spezifische Weise, wie wir was wahrnehmen. Filterblasen blenden Informationen ein oder aus.

Im Digitalen kommunizieren die Einzelnen anders

Jede Person ist in ihrer ethischen und religiösen Verantwortung herausgefordert, sich in der digitalen Welt für oder gegen eine personale Öffentlichkeit zu entscheiden und entsprechende Konsequenzen zu tragen: Was bedeutet es, öffentlich sichtbar zu sein? Eine Metapher für die Sichtbarkeit des Menschen in und durch digitales Handeln ist die des „gläsernen Menschen“: Was sich hinter einer Grenze im bisher unsichtbaren Bereich befand, wird nun sichtbar (z.B. Datenprofile). So werden Menschen in digitalen Netzwerken als Glaubende, Fragende, Anbietende oder Suchende, als Personen, die über Themen des Lebens und des Glaubens kommunizieren, für eine große und (ihnen unbekannte) Öffentlichkeit sichtbar. Sie produzieren damit zugleich (inter-)aktiv Inhalte, tauschen sie aus und teilen sie mit anderen. Religiöse Souveränität zeigt sich darin, dass der oder die Einzelne eigene religiöse Texte, Bekenntnisse, existenziell bewegende Fragen und Anschauungen formuliert und mit anderen teilt. Sich auf diese Weise auszudrücken, eröffnet Spielräume, eine religiöse oder spirituelle Identität auszuprobieren und sich darin neu und ganz anders zu erfahren.

Digitalisierung erweitert damit auch im religiösen Feld die Möglichkeit des Wahrnehmens, der Kommunikation und des Wirkens – global, mobil, zwischen Menschen wie zwischen Menschen und Inhalten. Wie auch immer die einzelne Person in diesem Raum agiert, ob mit vollständigem Namen, einem Statusfoto oder einem Passwortnamen, es sind Menschen, die in ein Verhältnis zueinander und zu einem Thema, einer Frage, einer Situation stehen. Zugleich ist feststellbar, dass die eigene Personalität und Leiblichkeit anders erfahren wird, wo Menschen online agieren. Die Frage der Sichtbarkeit des Menschen (und der von Organisationen) wird zur Frage von „Sein oder Nichtsein", wenn soziale Medien zum Spiegel und zum Fenster der eigenen Identität werden.

Religiöse Kommunikation verändert sich im Netz

Das digitale Netz zu nutzen verändert, wie Menschen zu Gemeinschaften zusammenkommen, wie sie religiös kommunizieren und wer mit welchen Wirkungen religiös kommuniziert. Erkennbar ist eine religiöse Kommunikation an ihren *Themen:* Nichts im Leben tritt mit hundertprozentiger Sicherheit ein, außer der Tod; alles könnte auch anders kommen. Mit dieser Kontingenz müssen wir leben: mit schrecklichem Verlust und Trauer, mit Liebe und unverhofftem Glück, mit Krisen und

Sinnfragen. Wenn das Leben mit dieser Kontingenz als Thema mehr oder weniger dezidiert und explizit im Mittelpunkt steht und Menschen *religiöse Metaphorik oder Praktiken* verwenden, dann ist die Kommunikation erkennbar religiös. Immer mehr erkennbar religiöse Menschen und Organisationen initiieren im Netz Plattformen; die Kirche als Institution ist dabei jedoch nur eine von vielen anderen Akteurinnen. Auffällig an der „persönlichen Öffentlichkeit" der digitalen Welt ist: Sie ordnet der institutionellen Bindung nur eine zufällige, nämlich individuell unterschiedlich motivierte, eher marginalisierte Bedeutung zu. Wer hier religiös kommuniziert, ist meist nicht erkennbar als Kirchenmitglied, getauft, evangelisch, katholisch, muslimisch oder humanistisch, landeskirchlich oder freikirchlich. Menschen kommunizieren im Netz religiös, ohne dass dies zwangsläufig eine institutionell gebundene und vermittelte Kommunikation ist – faktisch ist sie es vergleichsweise selten.

Deshalb ist es gerade in der Reflexion digitaler Kommunikation sinnvoll, mit einem weiten Kirchenbegriff zu arbeiten. Kirche im theologischen Sinne ist nicht nur da, wo die Institution Kirche Zusammenleben organisiert.

In der Tradition Friedrich Schleiermachers wäre solch ein weiter, kommunikationstheoretischer Ansatz möglich: Danach ist Kirche da, wo Individuen sich mit und über ihre eigenen religiösen Gefühle in Gemeinschaften verständigen und so mit sich selbst und der eigenen Offenheit für Transzendenz in Kontakt kommen. Zur Kirche gehören dann: Gemeinschaft (Zusammenkunft Verschiedener), Gottkommunikation (Gottesdienst, Gebet, Ritual, Raum als heiliger Ort), Bekenntnisse (als religiöse, gemeinschaftliche Selbstbestimmung), Verkündigung und Schriftorientierung. Vor dem Hintergrund dieses weiten Kirchenbegriffs bietet die digitale religiöse Kommunikation folgende Freiheitsgewinne und Herausforderungen für Kirche:

Digitale Technik eröffnet einen neuen *Raum*: Das weltweite Netz bietet freien Zugang, Menschen müssen weder ein Gemeindehaus aufsuchen noch eine Kirche betreten, um religiös zu kommunizieren. Der Zugang ist nahezu überall, jederzeit und selbstbestimmt möglich.

Im Digitalen kann *Gemeinschaft* als selbstgewählt erfahren werden und orientiert sich „am Gleichen", am als „ähnlich" Empfundenen („Freunde") oder auch gerade am „Anderen" oder „Interessanten", die Teilnahme an ihr ist anonymisiert und unverbindlich möglich und strukturell vielfältig geprägt (Kompetenzen, Rollen, Funktionen).

Beispiele dazu finden sich in Internetgottesdiensten, Gebetsforen, Gedenk- und Trauerseiten, Bekenntnisforen, Seelsorgechats. Hier wird eine „entgrenzte Kirche" oder „verflüssigte Kirche" (Ward; de Groot; Bucher) sichtbar. Sie zeigt folgende Merkmale: nicht-konfessionell, unbegrenzt, diskursiv, situativ und individualisiert. Diese Kirche entsteht, weil Technologien gewohnte und bisher übliche Schließungsmerkmale überwinden, dafür aber andere Schließungsmerkmale schaffen. Die Transzendenzverweise der Digitalisierung (siehe erstes Gebot) verbinden sich mit Inhalten der religiösen Kommunikation.

Mit dem kommunikationstheoretischen Ansatz in der Tradition Schleiermachers (s.o.) können verschiedene analoge und digitale Formen als Kirche benannt werden. Dabei sollten die unterschiedlichen Organisationsgrade und Arten ihrer Kommunikation präzise im Blick bleiben. Dazu hilft es, zwischen einer „analogen Kirche im Digitalen“, einer „digitalen Kirche“ und einer „hybriden Kirche“ zu unterscheiden.

Die analoge Kirche im Digitalen und die digitale Kirche entstehen

Für die institutionell verfassten Kirchen waren die letzten Jahre eine Zeit des Aufbruchs: Sie haben sich in digitale Räume begeben und eigene Formate organisiert. Gleichzeitig kam eine fast unüberschaubare Menge an neuen Formaten und Internetangeboten auf, die weit über die klassischen Serviceseiten wie „evangelisch.de“ oder „Gemeindebriefportale“ (unser-gemeindebrief.de) hinausgeht – ebenso über digitale Gesangbücher und Lieder-Apps sowie Predigtdatenbanken und Kirchen-Apps.

Diese digitalen Angebote einer analogen Kirche sind jedoch von einer „digitalen Kirche“ zu unterscheiden. Die US-Kommunikationswissenschaftlerin und Expertin für digitale Religion Heidi A. Campbell differenziert bei den digitalen Formaten hilfreich zwischen „transferring“, „translation“ und „transforming“. Als „transferring“ bezeichnet sie das Streamen einer Liveübertragung, zum Beispiel eines analogen Gottesdienstes auf eine digitale Plattform wie Youtube oder Facebook. „Translation“ meint demgegenüber den Versuch, analoge Veranstaltungen wie Gottesdienste an digitale und interaktive Formen anzupassen und die Besuchenden besser einzubeziehen, z.B. durch Kommentarfunktionen oder Abstimmungen. „Transforming“ schließlich benennt die Planung und Entwicklung neuer digitaler Formate, die speziell auf ein digitales Publikum hin konzipiert und in Schnitt, Kamera, Sprache etc. in digitaler Logik umgesetzt werden.[16]

Die Differenz wird besonders an live gestreamten Gottesdiensten deutlich. Wie bei einer Gottesdienstübertragung im Fernsehen werden so gottesdienstliche Elemente (Predigt, Gesang, Gebet, Lesung) in ein Internetformat transferiert. Das Medium ist zwar digital, aber der Gottesdienst bleibt analog gedacht und gemacht. Der vor einigen Jahren eingeführte Begriff „#digitaleKirche" (sprich: Hashtag digitale Kirche) steht programmatisch für Formen und Inhalte einer „Kirche in den sozialen Medien". Demnach setzt sich Kirche digital auf unterschiedlichste Weise im Netz fort. Ein Online-Gottesdienst folgt anderen Kriterien als ein analoger: Hier werden die Liturgie-Verantwortlichen die Menschen anders begrüßen, weil sie nicht wissen, wer vor ihnen sitzt. Die physischen Grenzen eines Gottesdienstbesuchs fallen hier weg. Ein Klick auf den weitergegebenen Link der nebenan Wohnenden reicht, und schon ist der kirchendistanzierte nebenan Wohnende Teil des Gottesdienstes. In der digitalisierten Kirche passen Menschen Sprache, Form, Inhalt und Methoden einer neuen Zielgruppe an und lösen sie von klassisch liturgischen Traditionen. Neue Formen der Vernetzung und Beziehungspflege entstehen, ein integrierter Chat oder ein Forum ermöglichen zeitgleich interaktive Partizipation der User, sie teilen spirituelle Erfahrungen, und das alles unabhängig von den Grenzen der Ortsgemeinde. Reformatorische Kerngedanken wie das „Priestertum aller Glaubenden" oder der „Gottesdienst im Alltag" lassen sich mit der „digitalen Kirche" eingängig verbinden. Zugleich übt die digitale Kirche einen Reiz aus und findet Akzeptanz. Das stellt

16 URL: https://www.churchleadership.com/leading-ideas/3-strategies-for-doing-church-online/ (zuletzt aufgerufen am 07.11.2020).

die vorherrschende Vorstellung von (institutionell verfasster) Kirche und ihrer liturgischen Praxis in vielerlei Hinsicht infrage. Dabei geht es der Usercommunity weder darum, eine Sonderform von Kirche zu etablieren, noch will sie den verfassten Kirchen Konkurrenz machen. Vielmehr wollen User eine Kirche, die sich auf unterschiedliche Art und Weise zeigt, sozusagen in hybrider Form. Digitale Kirche beansprucht aus Sicht der User, ganz Kirche zu sein, ohne dabei die Kirche empirisch ganz abzubilden. Sie fördert das Priestertum aller Gläubigen. Denn sie ist fest verankert im Tagesablauf ihrer User und garantiert so Kommunikation und Teilhabe in einer bis dahin neuen Form. Die Grenzen zwischen analogen und digitalen Kirchenangeboten, selbst zwischen digitalen Angeboten und „digitaler Kirche" verschwimmen heute. Dies erscheint gerade deshalb so wichtig, weil die klassische Kirchenmitgliedschaft ihre identitätsstiftende Kraft verliert.

Wie heute digitale Kirche gelebt wird, zeigt etwa das Beispiel der Nordkirche und ihr Social-Media-Auftritt bei Twitter (@nordkirche_de). Ziel einer digitalen Kirche ist hier, dass direkte Kommunikation niedrigschwellig Teilhabe ermöglicht. Jeden Morgen um sieben Uhr kommen die unterschiedlichsten Menschen bei Twitter unter dem Hashtag #twaudes zusammen und feiern eine gemeinsame Andacht, unabhängig von ihrer Konfession oder Herkunft. Jeden Abend gibt es unter dem Hashtag #twomplet ein Nachtgebet, in welchem der Tag zurück in Gottes Hände gelegt wird. Tagsüber kann unter dem Hashtag #dnkgtt (danke Gott) Alltägliches geteilt werden. Dadurch können die unterschiedlichsten Menschen Anteil nehmen, Ermutigungen oder auch Fürbitten teilen, sodass sich ein Netz an Gebeten bildet. Darüber hinaus kann man sich auch Segensworte direkt aufs Smartphone senden lassen. So entsteht eine neue Gemeinschaft an Glaubenden, Zweifelnden und solchen, die nicht in traditionellen

Formen glauben können. Diese neue Gemeinschaft im Digitalen ist ein neuer, wichtiger Teil von Kirche. #digitaleKirche schafft so einen „geistlichen Alltagsraum" für viele Menschen, die sonst keinen kirchlichen Sonderraum betreten hätten. Dass sich zwischen digitalen und analogen Räumen nicht mehr unterscheiden lässt, gehört für die neue Generation schon zum Alltag, scheint für manche Ältere jedoch befremdlich und herausfordernd.

Die digitale Kirche überschreitet analoge Grenzen – das gilt auch und gerade für die identitätsbildende Arbeit von Kirche und Diakonie in allen ihren Handlungsfeldern. Mit digital übertragenen Gottesdiensten und digital ermöglichten Partizipationsformen kann die Reichweite der Gottesdienste erhöht und ihr Charakter partizipativer gestaltet werden – auch wenn man dabei auf die Erfahrung physischer Nähe und unmittelbarer Gemeinschaft verzichten muss. Mit Chatseelsorge können Kirche und Diakonie Menschen ansprechen, die einen Weg zur Seelsorge im Pfarrhaus oder zur Beratungsstelle scheuen. Trauerforen im Netz können mediale Selbsthilfe unterstützen. Gebetsgemeinschaften können auch stattfinden, wenn Betende nicht physisch zusammenkommen können. Digital unterstützte diakonische Arbeit kann die Inklusion von Menschen mit Behinderungen verbessern oder auch die Beratungsarbeit unterstützen. Bildungs- und Kulturarbeit findet neue Möglichkeiten digitaler oder analog-digitaler Bildungsangebote (sogenanntes „blended learning"[17]), die sehr flexibel genutzt werden können. Die Gemeinschaftsbildung kann durch digitale Messengerdienste, Videotelefonie, Tools für Zusammen- und Gremienarbeit und anderes intensiviert und erweitert werden. Insbesondere

---

17 Blended Learning: dt. „Integriertes Lernen" (wörtlich: „Vermischtes Lernen"), beschreibt eine Lernform, die klassische Lernmethoden wie Präsenzveranstaltungen mit Formen des e-Learning (Online-Phasen) didaktisch sinnvoll zu kombinieren versucht.

für Kirchen im Ausland, deren Mitglieder teilweise weit voneinander entfernt leben (z.B. Mitglieder der koptischen oder waldensischen Kirche) oder auch für internationale ökumenische Partnerschaften bestehen im digitalen Raum vielfältige Möglichkeiten, das Gemeinschaftsleben und liturgische Vollzüge miteinander zu teilen. Die Kommunikationsarbeit von Kirche nach innen (jede Form von Mitarbeitendenkommunikation) wie nach außen (Presse- und Öffentlichkeitsarbeit) findet neue Kanäle und kann partizipativer und interaktiver realisiert werden. Das kann sowohl die Identität Einzelner und die gesellschaftliche Solidarität stärken als auch die Identitätsbildung von Kirche und Diakonie mit ihren Organisationseinheiten und Einrichtungen in Solidarität mit Personen und zivilgesellschaftlichen wie anderen öffentlichen Agierenden weiterentwickeln.

Kirche wird zu einer hybriden Kirche

Die Erfahrungen der verfassten Kirchen während der Kontaktbeschränkungen im Frühjahr 2020 bestätigen bei oberflächlichem Blick den enormen Freiheitsgewinn von Digitalisierung unter diesen spezifischen Bedingungen: Gottesdienste finden in leerer Kirche statt und werden online übertragen; in kleinen und knappen Formaten, auf Wesentliches reduziert, ästhetisch anspruchsvoll und medial gekonnt gelingt es, Kontakt und Gemeinschaftsgefühl herzustellen und zugleich einen Raum des Heiligen respektvoll zu inszenieren und zu wahren (Kirchengebäude, Musik, Sprache). Zuschalten kann sich ohne Barriere, wer will und so lange er oder sie will. Gemeindeglieder „besuchen" die Menschen christlichen Glaubens aus dem anderen Kirchenkreis, Norddeutsche die aus dem Süden, Ausgetretene schalten sich zu, das erste Mal seit Jahren haben manche auf diese Weise an einem Gottesdienst teilgenommen.

Manch eine Kirchengemeinde, die aufgrund ihrer geringen Gemeindegliederzahl ein unbeachtetes Schattendasein fristet, bekommt dank der hohen Medienkompetenz ihres Pfarrers ungewohnte Popularität. Das Bedürfnis nach Nähe und sozialem Kontakt setzt auch in der Kirche eine unerwartet hohe Kreativität frei, die auch digital kommunizieren lässt.

Zugleich drängen sich andere Fragen auf: nach der angemessenen Form etwa, am Abendmahl virtuell teilzunehmen und mitzufeiern. Die Flüchtigkeit von Internetgottesdiensten, die sich nicht nur in der schier unermesslichen Anzahl von Angeboten zeigt, sondern auch in der Möglichkeit, auf dem Smartphone und dem Computer mehrere Gottesdienste zeitgleich zu verfolgen oder verschiedene nacheinander „anklicken" zu können, lässt zumindest erwägen, ob das Unverfügbare, was sich mit dem Gottesnamen verbindet, in angemessener Form zum Ausdruck gebracht wird.

Die gemeinschaftsformende Funktion von Bekenntnissen oder die für die Kirche institutionell bedeutsame Funktion der Mitgliedschaft wird von der Vorstellung einer totalen und allumfänglichen Entgrenzung christlicher Netzgemeinschaft infrage gestellt. Die egalisierende Wirkung digitaler Kommunikation, die sich im Nebeneinander von individuellen und institutionell gewachsenen Bekenntnisformen ausdrückt, lässt nach den Möglichkeiten und Grenzen des theologisch Vertretbaren suchen. Die Schubkraft der individuellen religiösen Kommunikation gegenüber der institutionellen religiösen Kommunikation verändert die soziale Wirklichkeit des institutionell Kirchlichen in einem solchen Maße, dass hier Wirksamkeit und Beteiligungsformen neu zu bewerten sind. All diese Fragen werden vorläufig und der Situation geschuldet pragmatisch ständig beantwortet, müssen jedoch theologisch weiterverfolgt werden.

In der Kirche kommunizieren Menschen gleichzeitig analog und digital. Dadurch entstehen Umbrüche. Sie lassen sich deuten als Übergangsphänomen hin zu einer „hybriden Kirche".

e) Das dritte Gebot spiegelt kirchlich-religiöse Kommunikation

Im Spiegel des dritten Gebotes zeigen sich die gerade beschriebenen Phänomene einer „Kirche im Übergang zu einer hybriden Kirche" als Ausdruck der Auseinandersetzung um den rechten Gebrauch des Namens Gottes. Zwei Lernbewegungen machen dies konkret deutlich.

Die analoge Kirche wird im Digitalen auf spezifische Weise sichtbar:

In den ersten Monaten der Corona-Pandemie haben Kirchengemeinden oder landeskirchliche Einrichtungen Gottesdienste im Internet gestreamt. Viele davon zeigen als Hauptakteurin eine Pfarrperson. Das war so zahlreich und so flächendeckend auffällig, dass es sicher nicht nur der Not geschuldet zu sein scheint. Der Talar wurde zum ausdrucksstarken und schnell erkennbaren Zeichen des Gottesdienstes. Kaum Ehrenamtliche, sondern Pfarrpersonen repräsentierten symbolisch die Kirche, mehr noch: Sie repräsentierten den Raum des Heiligen oder die Begegnung mit Gott. Das Priestertum aller Gläubigen wurde wenig sichtbar.

Auch der Kirchenraum könnte das Mysterium Gottes oder des Heiligen symbolisieren, wurde über online gestreamte Gottesdienste in dieser Bedeutung aber gering gewichtet. Stattdessen steht die Predigt, die Auslegung oder das Lesen von Texten im Mittelpunkt, nicht selten, indem die Kamera sich auf die lesende Person richtet. Dies alles mag auf die Situation, die fehlende Technik und mangelnde mediale Kompetenz zurückzuführen sein (Fernsehgottesdienste folgen in der Regel anderen Inszenierungskriterien). Zugleich gibt dies einen Hinweis darauf, was die Verantwortlichen für wichtig und zentral erachten und welche Kirchenbilder vorherrschen: solche, die die Person und das Wort in den Mittelpunkt stellen.

Im Netz wurde Kirche während der ersten Pandemiewochen als wortlastige und pastorenzentrierte Kirche sichtbar. Das wich im Verlauf nach und nach anderen Formaten, die mehr Partizipation und andere Formen der Kommunikation ermöglichten. Je technikkompetenter die Verantwortlichen wurden, desto mehr Bedeutung gaben sie dem Raum, der Musik oder dem Bild. Im Zuge dieser Lernbewegungen haben sich Verantwortliche damit auseinandergesetzt, wie sie Gottesdienst angemessener gestalten können. Diese Auseinandersetzung spiegelt sich im dritten Wort. Dieses Wort verbindet den rechten Gebrauch des Namens Gottes mit einer Haltung der Achtung und des Respekts – sowohl vor Gott wie gegenüber dem anderen Menschen. Einerseits sollen Menschen ihrem Tun und Handeln nicht dadurch Autorität verleihen, dass sie behaupten, es geschehe „im Namen Gottes". Das missbraucht den Namen und lässt es an Achtung und Respekt fehlen. Andererseits bedeutet das Christusgeschehen theologisch, dass Menschen christlichen Glaubens an der Wirklichkeit Gottes selbst teilhaben, an der Fülle (Kol 2,9f., Joh 1,16), wie sie sich auch in der Vorstellung der Teilhabe am Leib Christi ausdrückt.

Kommunikation im Namen Gottes ist deshalb immer eine Gratwanderung zwischen rechtem Gebrauch und Missbrauch des Namens. Im Christusgeschehen liegen die Kriterien für den rechten Gebrauch: Gott und Mensch, profan und heilig sind zunächst Gegensätze. In Christus, dem menschgewordenen Gott, hat Gott das Gegensätzliche miteinander versöhnt und in eine Einheit aufgehoben. Gute religiöse Kommunikation macht beides erlebbar – die Beziehung von Gott und Mensch, profan und heilig genauso wie deren Unterschied. Das geschieht besonders im Gottesdienst. Sie muss sich daran messen lassen, wie gut und kunstvoll sie Unterschied und Bezug aufführt. Das dritte Gebot verbietet, den Namen Gottes zu missbrauchen. Das geschieht nicht nur dann, wenn Menschen den persönlichen Geschmack und die private Moral als allgemeingültige Verbindlichkeit im Namen (eines) Gottes dominant setzen. Es geschieht auch, wenn Menschen unbestimmt von Gott reden und dem Heiligen und dessen Fülle im Menschlichen zu wenig Raum zugestehen. Diese Frage des Missbrauchs ist eine grundsätzliche Kontrollfrage, die an jede religiöse (und kirchliche) analoge wie digitale Kommunikation zu stellen ist.

Die digitale Kirche fragt institutionelle Kirchlichkeit an

Wie oben beschrieben, entsteht und entwickelt sich eine religiöse Kommunikation, die an den Möglichkeiten und Notwendigkeiten des Digitalen orientiert ist. Die Gemeinschaft der so Kommunizierenden weist Kennzeichen von Kirche auf und beschreibt sich zu einem großen Teil selbst als „Kirche" und „Gemeinde". Diese „#digitaleKirche" transzendiert Möglichkeiten und Prinzipien analoger institutioneller Kirchlichkeit:

Sie überschreitet die Grenzen der Ortsgemeinde. Sie ermöglicht und erweitert gezielt die kommunikative Interaktion und Partizipation vieler Einzelner (Chatforen etc.) und führt zu stärkerer Attraktivität und Akzeptanz in der Auseinandersetzung mit religiösen Themen (Priestertum aller Gläubigen). Diese Erfahrungen wirken auf Formen analoger Gestaltung: „Können Gottesdienste nicht immer so sein?“, fragen die, die schon lange nicht mehr Gottesdienste besucht und nun neue Zugänge entdeckt haben.

Die digitalen Möglichkeiten machen die Wirkmechanismen des Analogen sichtbar, indem sie sie transzendieren. Wie sehr das gilt, zeigt besonders das Beispiel des Abendmahls. Auch hier ist eine diskursive Lernbewegung erkennbar: Während der ersten Corona-Beschränkungen haben Menschen christlichen Glaubens intensiv die Frage diskutiert, wie sie digital Abendmahl feiern können. So praktizierten während der ersten Kontaktbeschränkungen etliche Kirchen in ihren Livestream-Gottesdiensten auch das Abendmahl online. Vieles dabei war für viele ungewohnt. Und doch war dies für viele in ihren Wohnzimmern eine Erfahrung der geistgewirkten Gegenwart Christi. Das hat in kirchlichen Gesprächen viele, teilweise sehr alte theologische und kirchenrechtliche Fragen von ökumenischer Reichweite aufgeworfen: Was ist ein Abendmahl, was ein Sakrament? Wie ereignet sich Gemeinschaft? Wer darf das Abendmahl einsetzen? Darf das Abendmahl ohne Auftrag zur Sakramentsverwaltung eingesetzt werden? Wie darf es medial vermittelt werden? Wer entscheidet darüber? Neben diese Fragen traten andere, die im Zusammenhang des dritten Gebotes systematisch- und praktisch-theologisch (insbesondere liturgiewissenschaftlich) neu reflektiert und vertieft werden müssten: Braucht das Heilige im Analogen wie im Digitalen besondere (kunstvoll gestaltete) Symbole? Sind Präsenz- und Körperlichkeitserfahrung Kriterium für (religiöses und christliches) Gemeinschaftsgefühl und -handeln? Sind Präsenz und Körperlichkeit – die Leiblichkeit des Menschen – notwendige Merkmale für die symbolhafte

Inszenierung der Begegnung des Menschen mit Gott? Umgekehrt: Kann von „Gottesdienst" gesprochen werden, wenn eine körperliche Präsenz ausgeschlossen ist?

Nicht nur die Systematische und Praktische Theologie müssen diese Fragen reflektieren und „in Bewegung" halten, sondern gerade auch die Kirchenleitungen auf lokaler, regionaler und überregionaler Ebene. Dass diese Fragen auftauchen, ist ein Indiz dafür, dass die Corona-Pandemie zusammen mit den Möglichkeiten des Digitalen zu einer Deregulierung kirchlich anerkannter Normalität geführt hat, oder aber dafür, dass sie eine schon längst bestehende Deregulierung sichtbar macht. Zumindest wird deutlich, dass eine etwaige Deutungshoheit der verfassten Kirche in einer auch, aber nicht nur digitalisierten Öffentlichkeit genauso wenig plausibilisierbar ist wie in massenmedialen Öffentlichkeiten.

Konsequenzen für Kirche in ihren eigenen Handlungsbezügen

Die Erfahrung der unterschiedlichen Dynamiken – die analoge Kirche im Netz und die „digitale Kirche" – zeigen, dass digitale Kommunikation schon jetzt die institutionell verfasste Kirche verändert und dies weiterhin in hoher Geschwindigkeit tun wird. Hier gibt es Handlungs- und Steuerungsbedarf, den die verfasste Kirche ernst nehmen muss:

- Eine umfassende kirchentheoretische Diskussion hat zu klären, wie sich die tatsächlich schon existierenden Formen von Kirche zueinander verhalten können und sollen: Wie sieht eine analoge und digitale Kommunikation verbindende (hybride) Kirche aus? Wie funktioniert sie als Organisation? Kann und sollte sie überhaupt als Organisation funktionieren?

- „Über das Kirchenregiment wird gelehrt, dass niemand in der Kirche öffentlich lehren, predigen oder die Sakramente reichen soll ohne eine ordentliche Berufung." Artikel 14 der Confessio Augustana wird vor dem Hintergrund digitaler und damit fluider Öffentlichkeit vor grundlegend neue Fragen gestellt. Die „ordentliche Berufung", die als gewissermaßen kirchlich-institutionalisierte Variante das dritte Gebot erinnern und wahren und vor Missbrauch schützen soll, ist in Bewegung gekommen. Es gibt im Netz aus theologisch-dogmatischer und kirchenrechtlicher Sicht fragwürdige Selbstberufungen und individuelle Anmaßungen. Die Frage nach den Kriterien von Missbrauch und rechtem Gebrauch einer Kommunikation im Namen Gottes bedarf neuer Aufmerksamkeit. Insofern ist das dritte Gebot hochaktuell, weil es in seiner gegenwärtigen Spiegelung darauf aufmerksam macht, dass es keine Instanz gibt (Deregulierung), der in der pluralen und digitalen Öffentlichkeit die Deutungshoheit zuzugestehen ist.

- Es bedarf der Diskussion um die Qualität (institutionell verantworteter) religiöser und kirchlicher Kommunikation. „Du sollst den Namen Gottes ‚nicht missbrauchen'" kann auch heißen, ihn nicht eng zu führen und so zu exkludieren. Die pastorale Zentrierung der Kirche muss kritisch befragt werden, gerade auch, wo sie von der Organisation Kirche selbst ausgeht.

- Eine Diskussion über diese oben genannten grundlegenden Fragen muss auch digital geführt werden. So sollte die Lerngemeinschaft („Christian learning community") der institutionellen und der digitalen Kirche gefördert werden.

- Kirchliche Ausbildung und Weiterbildung von Haupt- und Ehrenamtlichen muss diese unterschiedlichen kirchlichen Formen strukturell (hybride Bildungsformate) wie inhaltlich (Kompetenzen und Fertigkeiten) berücksichtigen.

Die kirchliche Selbstreflexion im Spiegel des dritten Gebotes fragt nach der Distinktionskraft theologischer Hermeneutik, sie sucht nach der Stärke sowie nach dem Unzulänglichen der kirchlich-institutionellen Kommunikation in einer sich verändernden und ihrerseits vielfältig und fluid religiös kommunizierenden Gesellschaft.

2.4 Dem (digitalen) Leben einen heilsamen Rhythmus geben

Viertes Gebot: „Gedenke des Sabbattages, dass du ihn heiligst." (Ex 20,8)

a) Einleitung

Sonntag, am späteren Abend gegen 21 Uhr: Die Kinder sind im Bett. Die Eheleute S. gehen noch einmal kurz ins Internet und loggen sich in ihre beruflichen Accounts[18] ein, bevor sie eine neue Folge einer beliebten Streaming-Serie anschauen. Herr S. geht für den Montag eine Powerpoint-Präsentation durch, die er am Freitag gemeinsam mit einem Kollegen vorbereitet hat. Frau S. beantwortet E-Mails, um am Montag vor der Arbeit die Kinder ohne allzu viel Stress in Schule und Kindergarten bringen zu können. Kurz vor 22 Uhr beenden sie ihre Internet-

18 Account: Engl. für Benutzerkonto/Zugangsberechtigung (hier: im Netz).

Arbeiten und freuen sich, das Wochenende entspannt ausklingen zu lassen. Am Montag beginnt für die Eheleute S. um acht Uhr der Arbeitsalltag.

Juristisch gesehen haben beide mit ihren Aktivitäten am Sonntag gegen geltendes Arbeitszeitrecht verstoßen. Arbeiten am Sonntag sind, bis auf genehmigungspflichtige Ausnahmen, verboten. Zudem muss zwischen Arbeitsende und -anfang eine mindestens elfstündige Ruhezeit eingelegt werden, sodass beide erst gegen neun Uhr ihre Arbeit hätten aufnehmen dürfen.

Dieses Beispiel zeigt, wie klärungsbedürftig die zurzeit gültigen Arbeitszeitordnungen sind. Sie haben die Wirklichkeit des in Deutschland so genannten „Homeoffice" faktisch nicht im Blick: Technisch ist es für viele so möglich, ohne Probleme auch am Sonntag erwerblich zu arbeiten. Schon am Sonntag zu klären, was in der neuen Woche ansteht – das mögen einige Arbeitnehmende als Zumutung empfinden, viele erleben es als hilfreich und entlastend. Es schafft kleine Freiräume für den Start in die neue Woche. Auf der anderen Seite bestärkt dies die Vorstellung, Mitarbeitende seien nahezu permanent verfügbar. Bislang konnte der Sonntag ein ganz besonderer Tag sein. Diese besondere Qualität des Sonntags droht verloren zu gehen. Auf jeden Fall verschwimmen die für die Industriearbeitsgesellschaft typischen Grenzen von Erwerbsarbeits- und Freizeit.

b) Heilsame Rhythmen in der Zeit – Begründungen des Sabbatgebots und des Sonntagsschutzes

Menschliche Kulturen zeichnen sich dadurch aus, dass bestimmte kulturelle Rhythmen prägen, wie Menschen die Zeit erleben. So ermöglichen sie, sich in der Zeit zu orientieren. In der jüdischen Tradition gibt der „Sabbat“ der Zeit einen solchen Rhythmus. Diese Zeitstruktur hat – unabhängig von natürlichen Zeitrhythmen – als periodische Unterbrechung den wöchentlichen Sieben-Tages-Rhythmus konstituiert. Der Sabbat verpflichtet zur Arbeitsruhe. Das unterscheidet den Sabbat von den anderen Wochentagen. Der Sabbat ist dadurch herausgehoben, dass menschlichen Aktivitäten Einhalt geboten wird. Der hebräische Begriff geht auf das Verb „schabat“ zurück, das „aufhören“, „ausruhen“, das „Ende von Tätigkeiten“ bedeutet. An den sechs anderen Wochentagen dürfen und sollen Menschen arbeiten. Im Unterschied dazu ist der Sabbat als Ruhetag ausgezeichnet, gerade in Zeiten des Pflügens oder Erntens, wo jeder Tag zu zählen scheint. Dieser Ruhetag ist schon in der Antike als eine allen Geschöpfen, den Menschen wie den Tieren, gewährte Wohltat zu verstehen, auch versklavte Menschen und Fremde, selbst das Vieh sind darin einbezogen.

In der biblischen Überlieferung ist es auffällig, dass in den zwei Versionen der Zehn Worte unterschiedliche Begründungen für diesen Ruhetag gegeben werden. Die Version im 5. Buch Mose (Dtn 5,15) ist vermutlich die ältere. Sie erinnert – wie bereits im Prolog des Dekalogs programmatisch benannt – an den Exodus, an die Befreiungstat Gottes, daran, wie Gott Israel aus der Sklaverei führte. Gerade weil sich Israel an jedem Sabbat an die Erfahrung der versklavenden Arbeitswelt in der Fremde erinnert, soll der siebente Tag als Ruhetag jede Arbeitsverpflichtung begrenzen. Der Sabbat ist ein Eckpfeiler der Freiheit in der Struktur der Zeit, konkret der Freiheit von belastender und allzu oft mühsamer Arbeit. In der anderen Überlieferung des Dekalogs, im Buch Exodus (Ex 20,11), begründet der Sieben-Tages-Rhythmus der Erschaffung der Welt durch Gott (Gen 1 f.) den Sabbat. So wie Gott am siebenten Tag die Schöpfung vollendete, indem

Gott von aller Tätigkeit ruhte, und so wie die Ruhe am Ende der Zeiten stehen wird, so soll auch der Mensch in Entsprechung zur göttlichen Vollendung der Welt von seiner Arbeit ruhen und sie gerade so vollenden, das heißt: zu einem jeweils guten Abschluss bringen.

Beide Gebotsversionen betonen, dass die Befreiung von der Arbeit gerade auch abhängigen Menschen, aber auch den Tieren gilt, somit eine starke soziale und tierschützende Komponente beinhaltet. Grundsätzlich bedeutet das Sabbatgebot, dass die Vorstellung einer ununterbrochenen Tätigkeit Menschen und Tieren nicht gerecht wird. Sie steht in einem eklatanten Widerspruch zur Anordnung der Schöpfung und zur grundlegenden Befreiungserfahrung des Exodus.

Darüber hinaus weist die Sabbatruhe auf die andere, die empfängliche Seite des menschlichen Daseins hin. Neben der tätigen Seite qualifiziert die Empfänglichkeit oder Rezeptivität ebenso das Wesen und Sein des Menschen. Mit ihr gewinnen Menschen besonderen Anteil an der göttlichen Freude über die Schönheit und Fülle der Schöpfung und werden zugleich der Zerbrechlichkeit und Vergänglichkeit allen Lebens gewahr.

c) Freiheit von der Arbeit und Freiheit in der Arbeitswelt: Impulse des Sabbatgebots zur Sicherung der Freiheit arbeitender Menschen

Die jüdische Sabbattradition begründete eine regelmäßige Unterbrechung des Arbeitsrhythmus durch einen freien Tag in der Woche. Das war in der Antike historisch einzigartig und ermöglicht eine elementare Freiheitserfahrung angesichts von Arbeitswirklichkeiten in der Geschichte wie auch teilweise in der Gegenwart, die von einem kontinuierlichen Arbeitszwang bestimmt sind. Diese Form negativer Freiheit, die Frei-Zeit, gilt in erster Linie für arbeitende Menschen, weniger für diejenigen gesellschaftlichen Eliten, die ohnehin ein von Arbeit weitgehend freies Leben führen. Aber auch positive Freiheitserfahrungen setzen eine solche Freiheit vom Zwang der Arbeit voraus. Insofern bringt die Sabbatregel den unzertrennbaren Zusammenhang von geschenkter und bewährter Freiheit zum Ausdruck. Das gilt umso mehr, als diese Regel über den Rhythmus des Wochentages hinaus den gesamten Lebensrhythmus in Israel bestimmen soll: durch die Institutionen des Sabbatjahres zum „Ruhen" des Landes sowie in späterer Zeit des Schuldenerlasses und des Jubeljahres zur Wiederherstellung von Besitzverhältnissen.

Nach biblischem Verständnis verdankt Israel seine Freiheit und seine Lebensgrundlagen allein der Gnade Gottes. Indem Israel sich an die Sabbatregeln hält, wird diese Freiheit dauerhaft für alle gewährleistet, gerade auch für die Armen, die arbeitenden Menschen und die Fremden, selbst für das Vieh und das Land.

Die christlichen Kirchen haben diese Traditionen modifiziert aufgenommen, indem sie den Sonntag als Erinnerungstag an die Auferstehung Jesu Christi herausgestellt haben. Dadurch und durch den Festkalender des Jahres zwischen Ostern und Weihnachten sind die christlichen Kirchen bis in die Gegenwart zu einem entscheidenden kollektiven Zeittaktgeber in unserer Kultur geworden. In diesem Sinn kann man den Sonntag nach wie vor als grundlegende öffentliche Institution des Christentums bezeichnen, ungeachtet der Säkularisierung und religiösen Pluralisierung der westlichen Gesellschaften.

Freiheit zu erfahren, ist nur unter voraussetzungsreichen Bedingungen möglich. Das lässt sich exemplarisch an den Institutionen des Sabbats und des Sonntags verdeutlichen. Der Rhythmus von Arbeit und Freiheit als Freizeit bedarf einer kulturellen Rahmenordnung und rechtlicher Regelungen, um verlässlich und dauerhaft gesichert zu sein. Es reicht nicht, wenn jeder und jede Einzelne individuell über freie Zeit verfügen kann. Es kommt für den Menschen als Beziehungswesen vielmehr wesentlich darauf an, gemeinsam und miteinander freie Zeit zu haben und dies in einem qualitativen Sinn als Ermöglichung von Freiheitserfahrungen erleben zu können. Somit eröffnen gerade die Institutionen des Sabbats und des Sonntags Freiheitsräume: Freiheit ist auf gemeinsam erfahrbare Regelhaftigkeit angewiesen.

Freiheit vom Zwang der Arbeit als Grunderfahrung des Exodusgeschehens – Auszug aus dem „Haus der Arbeit" in der Fremde –, das lässt zugleich nach der Qualität der Arbeit und somit nach Möglichkeiten von Selbstbestimmung und Freiheit in der Arbeit fragen. Auch diese Freiheitsperspektive ist in dem vierten Wort angelegt und bedarf der Entfaltung.

d) Auseinandersetzungen um den gesetzlichen Schutz des Sonntags in Deutschland

Während die frühkapitalistischen Arbeitsverhältnisse seit dem Beginn des 19. Jahrhunderts die sonntägliche Arbeitsruhe faktisch aufgehoben hatten, gelang es in der zweiten Hälfte des 19. Jahrhunderts den christlichen Kirchen in einer seinerzeit ungewöhnlichen Koalition mit den Gewerkschaften der Arbeiterbewegung – vereinzelt unterstützt von christlichen Arbeitgebern – besonders in den protestantisch geprägten europäischen Ländern, den arbeitsfreien Sonntag wieder rechtlich zu verankern. In dieser Tradition haben die Weimarer Reichsverfassung und das Grundgesetz der Bundesrepublik Deutschland den Sonntag als „Tag der Arbeitsruhe und der seelischen Erhebung“ (Art. 140 GG) unter verfassungsrechtlichen Schutz gestellt. Ausnahmen von dieser Regelung sind streng begründungspflichtig und blieben lange Zeit auf eng begrenzte Bereiche beschränkt.

Demgegenüber verschieben die digitale Kommunikation und die digitale Steuerung von Arbeitsprozessen traditionelle Rhythmen und Begrenzungen der Zeit wie auch des Raumes: Arbeit und Kommunikation werden immer und überall möglich. Das verdichtet die Zeit, lässt Räume an Bedeutung verlieren. Räumliche Distanzen werden unwichtiger, die Zeit wird zur entscheidenden Einflussgröße in der Gesellschaft, vor allem im Bereich wirtschaftlichen Handelns. Es geht weniger darum, wo man produziert oder konsumiert, sondern darum, dass es möglichst schnell und direkt geschieht. Dies eröffnet eine Vielzahl neuer Handlungsmöglichkeiten und Freiheiten von Produzierenden und Konsumierenden. Produzierende können sich schnell auf veränderte Bedarfe und Verhaltensmuster einstellen, Konsumierende haben die Möglichkeit, schnell auf günstige Angebote zu reagieren oder sich ebenso schnell und einfach alle wichtigen Informationen für eine Kaufentscheidung zu beschaffen. Kaum jemand möchte die bequemen und schnellen Möglichkeiten missen, Produkte zu vergleichen und am heimischen Endgerät zu kaufen.

Einerseits macht das freier, andererseits gehen so Grenzen verloren, die für den Menschen und seine körperliche und seelische Gesundheit wichtig sind. Die Digitalisierung vergleichgültigt tendenziell die kulturell geprägten Zeitrhythmen. Hinzu kommt ein Phänomen, das mit dem Begriff „Instantaneität“ bezeichnet wird, nämlich die Tatsache, dass rekursive Kommunikationen so schnell geworden sind, dass Aufeinanderfolgendes als gleichzeitig – instantan – erscheint und die menschliche Wahrnehmungsfähigkeit tendenziell unterläuft. Das ermöglicht einerseits schnelle Anpassungsreaktionen, führt andererseits aber auch zu menschlicher Überforderung oder zu wirtschaftlichen (ggf. sogar zu politischen und militärischen) Gefahren. So kann es beispielsweise im automatisierten Börsenhandel in Bruchteilen von Sekunden zu Kursabstürzen oder Kurssteigerungen kommen, die nur noch schwer durch menschliche Entscheidungen zu kontrollieren sind.

e) Nach neuen Ordnungsmustern der flexibilisierten Arbeitswelt 4.0 suchen

Die Digitalisierung wirft die Grundfrage auf: Wie lässt sich Zeit neu strukturieren? Darüber gilt es angesichts des biblisch begründeten Rhythmus von Arbeit und Ruhe in besonderer Weise im Blick auf die Veränderungen der Erwerbsarbeit nachzudenken. Zur Würde der menschlichen Arbeit gehört in jüdisch-christlicher Perspektive stets auch die Begrenzung der Arbeit und die Gewährung von Freiheit in der Arbeitswelt. Ruhe vollendet Erwerbsarbeit. Das lässt sich mithilfe des Berufsbegriffs christlich deuten: Reformatorisch kann jeder christliche Mensch und – im eschatologischen Horizont – letztlich jede Person in doppelter Weise als berufen gelten: einerseits aus Gnade zur Gottesgemeinschaft, andererseits aus Dankbarkeit zum Dienst am Nächsten. So gewinnt gerade die alltägliche Arbeit die Würde göttlicher Berufung. Die Pointe dieses Berufsbegriffs ist eine doppelte: Erstens gehört zur Tätigkeit ein kritischer Maßstab. Es muss sich um einen Dienst am Nächsten handeln. Zweitens muss so jeder Mensch in diesen Prozess des Miteinander-Arbeitens integriert werden: Niemand ist „überflüssig". Damit schließt die Idee des Berufs die Erwerbsarbeit ein, geht aber auch über sie hinaus und erlaubt, andere Tätigkeiten als wichtig und bedeutsam zu bewerten. Hier stellt sich sogleich die Frage, wie neben Anerkennung und gutem Leben auch Teilhabe und Teilnahme in solchen Zusammenhängen zu sichern sind.

Vor dem Hintergrund dieses evangelischen Berufsverständnisses wirft die Digitalisierung Fragen auf: Fragen nach den Anforderungsprofilen, Freiheitsgewinnen und Herausforderungen der Flexibilisierung, der Wahlmöglichkeiten und der sozialen Sicherung. Wie lässt sich die Teilhabe aller an der digitalisierten Wirtschafts- und Arbeitswelt sichern? Wie die Befähigung und Ermächtigung der arbeitenden Menschen ermöglichen? Es zeichnet sich ab, dass die Arbeitswelt unter digitalen Bedingungen flexibler wird. Das scheint besonders für die Arbeitszeit zu gelten. Wie gelingt es angesichts dessen, Arbeit zu begrenzen und heilsame Ruhe zu sichern, so wie Sabbat und Sonntag es symbolisieren?

Flexible Arbeitszeitmodelle können die Bedürfnisse der Mitarbeitenden berücksichtigen, Pflege- und Erziehungstätigkeiten gesellschaftlich ermöglichen, sich am Bedarf des Unternehmens bzw. der Kundschaft ausrichten, der Alters- und Qualifikationsstruktur gerecht werden und sich an einer dynamisierten Unternehmenskultur orientieren. Dass Menschen dabei freier werden und besser kooperieren können, passiert freilich nicht von selbst. Hier sind die Sozialpartner in der Verantwortung, diese Freiheitsgewinne und Kooperationschancen durch kollektive

Regelungen zu sichern. Einige Branchen, wie die chemische Industrie oder die Eisen- und Stahlindustrie, begegnen den sich verändernden Anforderungen und Bedarfen auch mit tarifvertraglichen Regelungen zu einer lebensphasenorientierten Arbeitszeitgestaltung. Sie versuchen beispielsweise, in Kombination von Langzeitarbeitszeit-Konten und Demographiefonds den Anforderungen aller Generationen besser gerecht zu werden. Wichtig ist dabei neben der Verbindlichkeit der Regelung, dass diese tarifvertraglichen Absprachen betriebsbezogene Spielräume zur Ausgestaltung enthalten.

Die zunehmenden Freiheitsmöglichkeiten sollten allen offenstehen und von allen sinnvoll genutzt werden. Das gilt gerade auch für diejenigen, die nicht in Industrieberufen arbeiten. Gerade die Erfahrungen seit Beginn der Corona-Pandemie zeigen die vielfältigen Spielräume für Arbeitnehmende und Arbeitgebende, auch von zu Hause zu arbeiten, im sogenannten „Homeoffice". Dass muss noch intensiv ausgewertet werden. Zugleich haben sich dadurch aber auch die Fragen danach verschärft, wie Arbeits- und Freizeit sinnvoll abgegrenzt werden können. So hängen am Begriff des Betriebs nach wie vor zentrale Schutzrechte, nicht zuletzt die Definition von Arbeitszeiten. Das „Homeoffice" aber ist nun kein Betrieb im eigentlichen Sinn, auch wenn die Beschäftigten in aller Regel einem Betrieb zugeordnet sind und als Betriebsangehörige durch einen Betriebsrat vertreten werden können.

Für Arbeitgebende sind Koordinationsplattformen für Arbeit wie „tasks rabbit" oder „clickworker" ein Instrument, Transaktionskosten zu vermindern. Dabei können solche Plattformen unter bestimmten Voraussetzungen – etwa für Soloselbstständige im Bereich personennaher Dienstleistungen – auch dazu beitragen, irreguläre in regulierte, sozialversicherungspflichtige Arbeit zu überführen. Generell ist in diesem Bereich anzustreben, geltendes Sozialversicherungsrecht auch durchzusetzen. Darüber hinaus sollten Soloselbstständige in den Schutzbereich der Sozialversicherungssysteme einbezogen werden.

Zusammenfassend ist festzuhalten, dass der Sonntag die Freizeit in die Gesellschaftskultur einbettet und eine spezifische Arbeitskultur konstituiert, die darauf zielt, alle von Arbeit Betroffenen in einen gemeinsamen gesellschaftlichen Zeitrhythmus und Lebensraum einzubeziehen. Die jesuanische Deutung dieser Ordnung, dass der Sabbat um des Menschen willen gegeben ist (vgl. Mk 2,27 f.), rückt nachdrücklich die inklusive Dimension dieser Ordnung in den Mittelpunkt.

In biblischer Perspektive hängen Sabbatwort, sozialer Frieden, ökologische Verträglichkeit und ökonomischer Wohlstand eng zusammen. Über die zeitliche Rhythmisierung hinaus beinhalten Sabbat und Sonntag nämlich einen grundsätzlichen normativen Anspruch daran, wie Arbeitsverhältnisse und die Arbeitsgesellschaft insgesamt zu gestalten sind. In diesem Zusammenhang sind vor allem drei Dimensionen wichtig:

Für die digitale Transformation der Arbeitswelt wie für die Arbeitskultur überhaupt muss erstens der normative Anspruch gelten: Arbeit muss um des Menschen willen geordnet werden. Deshalb muss Arbeit an den Lebens-, Sozial- und Sinnbedürfnissen von Menschen ausgerichtet werden, sowohl in der inneren Gestaltung von Arbeitsprozessen wie in der freiheitlich geprägten Ordnung der Arbeitsverhältnisse selbst.

Zweitens muss der Staat Rahmenvorgaben für die digitale Arbeitsgesellschaft so setzen, dass umfassende Inklusion durch Arbeit möglich wird. Dafür schaffen digitale Technologien neue Möglichkeiten: So besteht die Chance, dass beispielsweise durch digitale Handschuhe und andere Hilfsmittel Menschen mit Handicaps vermehrt und leichter am Arbeitsmarkt teilhaben können. Alle Arbeitgebenden sollten entsprechende Maßnahmen vorsehen, wobei die Diakonie eine Vorreiterrolle einnehmen kann – gerade auch bei der Vermittlung von Menschen aus geschützten Werkstätten in den ersten Arbeitsmarkt.

Drittens ist mit der Sabbat- und Sonntagsordnung ein Inklusionsanspruch verbunden. Dieser macht es notwendig, dem entgegenzuwirken, dass sich die Spaltungstendenzen in der gesellschaftlichen Arbeitsteilung eher vertiefen. Diese polarisierende Tendenz ist nach Aussage der meisten Arbeitsmarktstudien mit der digitalen Transformation verbunden.

Mit der Erinnerung an das biblische Wort zum Sabbat ist deshalb der normative Anspruch verbunden, eine Kultur der digitalen Arbeitswelt zu entwickeln, die den mit der Arbeit verbundenen Freiheits-, Sozial- und Sinnbedürfnissen entspricht.

f) Perspektiven einer Neubestimmung des Sonntagsschutzes im Horizont des sozialkulturellen und des digitalen Wandels

Die Sonntagsruhe hat die Zeitstruktur hierzulande lange geprägt. Das verändert sich gegenwärtig schleichend, insbesondere, weil Menschen den Dienstleistungssektor ausweiten, indem sie etwa Ladenöffnungen am Sonntag ermöglichen. Auf der individuellen Ebene erlebt jeder Mensch, wie in der eigenen Person und ihren Beziehungen vielfältige, zum Teil unterschiedliche Interessen zusammenkommen. Als Beispiel sei hier noch einmal auf die neuen Annehmlichkeiten für Konsumentinnen und Konsumenten verwiesen, die sich im wachsenden Onlinehandel jederzeit über alle Produkte informieren und alles bestellen können. Was für die Einen unbegrenzte Öffnungszeiten des Handels sind, ist für die Anderen Arbeitszeit: Als Kundschaft möchten Menschen rund um die Uhr, gut und günstig, jederzeit verfügbar, schnell und individuell einkaufen, aber sie möchten zugleich als Arbeitnehmende gemeinsame freie Zeit genießen. Große Anbietende bestärken sie darin, dass man noch Stunden vor dem Fest die Geschenke einkaufen kann. Aber wer möchte am Heiligabend am späten Nachmittag diese Geschenke nach Hause liefern?

Vor diesem Hintergrund ist es in der Sicht eines ethischen Berufskonzepts nötig, dass Menschen sich nicht auf die Rolle der Konsumentinnen und Konsumenten reduzieren lassen, sondern ihre verschiedenen Rollen und Bedürfnisse reflektieren, die Folgen ihres Handelns verstehen lernen und entsprechend ihr Verhalten modifizieren. Dafür bieten etwa soziale Netzwerke enorme Chancen: In sozialen Netzwerken kann man sich bewusst dafür einzusetzen, in der Verantwortung für die Schöpfung, für sich selbst, aber auch für andere Menschen, die nicht als Kundschaft gefragt sind, zu handeln.

In der Bevölkerung stößt es auf zunehmend positive Resonanz, Dienstleistungen weiter zu liberalisieren und insbesondere das allgemeine Verkaufsverbot am Sonntag einzuschränken oder gar aufzuheben. Trotzdem kommt die vermeintliche Freiheit des Konsums – sei es digital oder analog – an ihre Grenze. Diese Grenze der Konsumfreiheit verläuft da, wo allein der konsumierende Mensch im Mittelpunkt steht, nicht der ganze Mensch in seinen vielfältigen Relationen zum Mitmenschen, zur Mitwelt und zu Gott.

Dieser Aussage entspricht in der Tendenz auch die deutsche Rechtsprechung. Im Jahr 2006 hat der Gesetzgeber im Zuge der Föderalismusreform die Regelung der Ladenöffnungszeiten vom Bund auf die Länder übertragen. Seitdem hat es verschiedene Vorstöße in einzelnen Bundesländern gegeben, die Sonntagsöffnungen auszuweiten. Berlin und andere Länder gestatteten zeitweilig Sonntagsöffnungen an jedem Adventswochenende. Dagegen haben die beiden großen Kirchen Verfassungsbeschwerde eingelegt – mit Erfolg. Das Bundesverfassungsgericht betonte im Jahr 2009 eindrücklich die Pflicht des Gesetzgebers, die Ausübung der Religionsfreiheit zu schützen, nicht zuletzt weil dem verfassungsrechtlichen Schutz der Sonn- und Feiertage „ein in der christlichen Tradition wurzelnder Gehalt" zugrunde liegt. Neben den grundlegenden sozialen und kulturellen Zwecksetzungen eines gemeinsamen arbeitsfreien Sonntags, wie sie in der Familie, in der Zivilgesellschaft oder im Sport erlebt werden, hat das Gericht die positive Religionsfreiheit betont. Damit würdigt das Gericht explizit die spezifisch christliche Bedeutung des arbeitsfreien Sonntags.[19] In diesem Sinn darf niemand daran gehindert werden, an der Praxis seiner Religionsgemeinschaft teilzunehmen. Deshalb gehört „zum Schutz der Religionsfreiheit (...) in unserem Kulturkreis nun ganz grundlegend der Schutz des Sonntags". Vor dem Hintergrund der Rechtsprechung des Bundesverfassungsgerichts

19 Urteil des BVerfG vom 01.12.2009: 1 BvR 2857/07 u. 2858/07.

müssen verkaufsoffene Sonntage seither durch einen besonderen Sachgrund gerechtfertigt sein, wie zum Beispiel ein Stadtfest, eine städtische Tradition oder einen anderen Gemeinwohlbezug. Das bloße Umsatzinteresse des Handels reicht als Grund nicht aus.

Auch wenn die Sonntagskultur immer im Fluss ist, betont die christliche Perspektive den Schutzraum und die Freiheitsermöglichung, die der gemeinschaftlich erwerbsarbeitsfreie Sonntag bietet. In theologischer Perspektive meint „Selbstbestimmung“ keine beliebige Wahlfreiheit, sondern leitet zu einer qualifizierten Lebensführung an, welche die Bedürfnisse des Einzelnen und Gemeinschaftsbezüge gleichermaßen berücksichtigt. Dementsprechend fördern gesellschaftliche Institutionen – wie der Sonntagsschutz – die Selbstbestimmung, indem sie die Freiheitsspielräume eröffnenden Individualisierungstrends moderner Lebens- und Arbeitskulturen mit sozialen Bedürfnissen ausbalancieren.

g) Theologische Perspektivierungen des Sonntagsgebots

Es ist also nötig, eine neue Balance von individuellen Bedürfnissen und sozialer Lebenswelt zu finden. Angesichts dessen ist es theologisch nicht zwingend, bloß auf dem rechtlichen Status quo zu beharren, wie er juristisch durchaus stark verankert ist. Dazu eine Erinnerung an die Ausführungen zum Sabbatgebot in Martin Luthers „Großem Katechismus“: Dort bezeichnet der Reformator das Ruhen von der Arbeit als „ein ganz äußerliches Ding“, ohne damit jedoch die Bedeutung des Ruhens von der Arbeit zu relativieren. Vielmehr erkennt er es als berechtigt an, dass insbesondere die „Knechte und Mägde, die die ganze Woche ihre Arbeit und Gewerbe erfüllen, [...] sich auch einen

Tag zur Ruhe zurückziehen und erquicken“[20] sollen. Luther plädiert dafür, aus sozialer Rücksichtnahme wie auch aufgrund der Notwendigkeit der Erholung, einen Tag in der Woche von der Arbeit frei zu geben, wobei die notwendigste Arbeit, zu seiner Zeit etwa die Versorgung des Viehs, mit gutem Gewissen getan werden kann.

Die theologische Bedeutung des Sonntags besteht nach Luther darin, das Wort Gottes in das Zentrum der Heiligung des Feiertages zu stellen. Da das Wort Gottes „das einzige“ Heiligtum ist, „das wir Christen wissen und haben“[21], sollen Menschen christlichen Glaubens täglich mit dem Wort Gottes umgehen und sich darin einüben. Da dies aufgrund von Arbeitsbelastungen und anderen Tätigkeiten nicht immer möglich ist, ist der Feiertag gegeben, an dem in besonderer Weise Gottes Wort gepredigt und gehört werden soll. Zwar kann jeder Tag, an dem man Gottes Wort „predigt, hört, liest oder bedenkt“[22], geheiligt werden. Idealerweise machen Geistliche das so. Für die große Mehrheit der Gläubigen ist es jedoch sinnvoll, dass ein „äußerlicher Gottesdienst gestiftet und geordnet“[23] wird, d. h., dass an einem Sonntag öffentlich Gottesdienst gehalten wird.

Der Sonntag ist somit ein besonderer Tag. Er unterbricht den alltäglichen Rhythmus der Arbeit. Dabei sind der Sabbat und Sonntag um der Menschen willen und nicht als Selbstzweck gegeben (vgl. Mk 2,27 f.). In Erinnerung daran kann auch aus kirchlicher Sicht der Sonntagsschutz in einem gewissen

---

20 Martin Luther, Der Große Katechismus, a. a. O., 581.
21 Martin Luther, Der Große Katechismus, a. a. O., 583.
22 Ebd.
23 Martin Luther, Der Große Katechismus, a. a. O., 581.

Rahmen als Zugewinn an Selbstbestimmung flexibilisiert werden. Zu solchen vertretbaren Flexibilisierungen zählen etwa tarifvertraglich geregelte, begrenzte Arbeiten am PC oder überschaubar wenige, ebenfalls tarifvertraglich geregelte Ausnahmen bei Sonntagsöffnungszeiten mit einem fairen Lohnzuschlag für die Beschäftigten. Aus kirchlicher Sicht ist dies nur möglich, wenn gleichzeitig und weiterhin der arbeitsfreie Sonntag verlässlich geschützt wird, um Religionsfreiheit und sozialen Zusammenhalt zu wahren. Gemeinsame Zeiten religiöser Praxis, der Muße, der Familie und anderer Gemeinschaftsbezüge sind notwendig. Diese fallen traditionell und einer guten Ordnung folgend auf einen Sonntag. Ausnahmen davon sind auch am Sonntag möglich, allerdings darf der Sonntag nicht einfach als frei verfügbare Arbeitszeit betrachtet werden. Denn sinnvoll ist die Gewissheit für alle, dass an Sonn- und Feiertagen von der zweck- auf die selbstbestimmte und bedürfnisorientierte Zeit, von der Arbeit auf Ruhe, Besinnung und soziale Begegnungen umgestellt wird. Ohne einen „richtigen Sonntag“ fällt es schwerer, auf eine bedürfnisorientierte Zeit umzuschalten. Das Straßenbild mit Lkw-Verkehr und die allgemeine von der Arbeit geprägte Atmosphäre bestimmen den Wochentag, idealerweise aber nicht den Sonntag. Der Rhythmus von Alltag und Sonntag ist im Grundsatz zu bewahren. Denn nur wenn auch andere zur Ruhe kommen, kann der Einzelne innerlich ruhiger werden.

h) Die Kirche kann zur Stärkung der Sonntagskultur beitragen

Rhythmen, die früher als „gottgegeben“ oder „natürlich“ angesehen wurden, waren und sind Teil der jeweiligen Kultur. Der Umgang mit Zeit unterliegt kulturellen Wandlungen und

Vereinbarungen. Er muss rückgebunden werden an das, was dem menschlichen Zusammenleben zuträglich und im Blick auf die Folgen beherrschbar ist. In diesem Sinn ist das Sabbatgebot heute als Auftrag zu verstehen, Zeit-Rhythmen anzuerkennen und lebensförderlich zu gestalten. Es geht darum, Zeiten der Erwerbsarbeit, des familiären Lebens, der freien Zeit und der Fest-Zeiten neu zu qualifizieren und zu strukturieren. Dies gilt einerseits individuell: Wann lasse ich mich wie unterbrechen, physisch wie digital? Es gilt andererseits auch im Blick auf die gesellschaftlich geregelten Zeitstrukturen.

Die Kirchen spielen in unserer Gesellschaft nach wie vor die Rolle wichtiger Zeittaktgeber. In dieser Rolle stehen sie vor der Herausforderung, für den Sonntag – und auch den Samstagabend – traditionelle und neuartige Angebote zur „Heiligung" dieser Zeiten attraktiv zu gestalten und so den religiösen Sinn dieser periodischen Unterbrechung der Zeit in der Öffentlichkeit deutlich zu machen. Neben den traditionellen Gottesdiensten sind neue Formate zu entwickeln, gerade auch in der digitalen Welt (vgl. die Überlegungen zum dritten Wort). Darüber hinaus gibt es weitere Möglichkeiten, dem Wochenende und speziell dem Sonntag eine besondere Prägung zu verleihen: kulturelle Angebote und Feste wie auch die kirchlichen Bildungsangebote – etwa „Akademie-Sonntage", die an manchen Orten auf viel Interesse stoßen. Auch sie gestalten den Sozialraum mit. Schließlich belebt es auch die Sonntagskultur, wenn Kirchen und andere Akteure der Zivilgesellschaft wechselseitig aufeinander Rücksicht nehmen, sich gegebenenfalls absprechen oder gemeinsame Veranstaltungen organisieren. Das gilt nicht zuletzt für das Miteinander mit den Sportvereinen.

2.5 Generationenverhältnisse digital gerechter gestalten

Fünftes Gebot: „Du sollst deinen Vater und deine Mutter ehren, auf dass du lange lebest in dem Lande, das dir der HERR, dein Gott, geben wird." (Ex 20,12)

a) Gemeinsam auf der einen Erde

Menschen in vielen Ländern schätzen Soja als wichtiges Nahrungsmittel. Auch als Futtermittel findet es weltweit Verwendung – wegen des steigenden Fleischgenusses in zunehmendem Maße. Beides führt zu einer steigenden Nachfrage nach Soja. Diese Nachfrage sorgt für eine massive Umstrukturierung etwa in Brasilien. Dort müssen Landwirtschaft Betreibende ihre Pflanz- und Nutzentscheidungen unter globalen Marktbedingungen treffen. Sie verwandeln in Brasilien Regenwald und Savanne in Ackerland, um mehr Sojabohnen anbauen zu können. Die Folgen sind erheblich, für Biodiversität und Bodenentwicklung im Land selbst, aber auch für das Weltklima überhaupt: Die gerodeten Bäume fehlen als Kohlendioxidspeicher, Ackerbau und Massentierhaltung emittieren zusätzlich Treibhausgase. Digitale Technologie ermöglicht, diese globalen ökologischen, ökonomischen und sozialen Zusammenhänge aufzudecken. Das ist eine der Voraussetzungen dafür, in der Landwirtschaft im Sinne der Nachhaltigkeitsziele der Vereinten Nationen umzusteuern.

b) Bibelauslegung: Das fünfte Wort zielt auf förderliche Generationenverhältnisse

Das fünfte Wort schreibt vor, die Eltern zu ehren. Es richtete sich im Kontext seiner Entstehung an die erwachsenen Kinder und verband so drei Generationen: Damals lebten die Menschen in Sippenverbänden. In dieser Welt zielte das Gebot zunächst darauf, die nicht mehr voll arbeitsfähige Generation auf eine Weise materiell zu versorgen, die diese nicht demütigte und ihr Freiheitsspielräume erhielt. Doch damit verbindet das Gebot gleich schon den Verweis auf das eigene Wohlergehen. Das macht deutlich: Hier war auch bereits die nächste Generation im Blick, die zukünftig die Versorgung der jetzigen Leistungsträgergeneration übernehmen sollte. Das Verhältnis der vorhergehenden, gegenwärtig aktiven und künftigen Generationen wurde so im Sinne wechselseitiger Verantwortung bestimmt. Basis für alle ist die fürsorgliche Zuwendung Gottes, der mit dem Land die auskömmlichen Mittel für ein gutes Leben bereitstellt.

c) Freiheit in Generationenverhältnissen bewähren

Im Vergleich zum Entstehungskontext des fünften Wortes hat sich die Welt verändert: Es sind nicht mehr bäuerliche Kleinverbände und Familienwirtschaft mit geschlechtsspezifischer Rollen- und Arbeitsteilung, die die wirtschaftlich dominierenden Teile der Welt des 21. Jahrhunderts bestimmen. Vielmehr ist diese globale Welt heute gekennzeichnet von großen, machtorientierten Nationalstaaten, technologischer Effektivität, einer an betriebswirtschaftlichen Effizienzkriterien orientierten internationalen Arbeitsteilung und – v. a. in westlich geprägten Ländern – einem individualisierten Menschenbild. Dadurch tritt das Verhältnis der Generationen auf einer breiteren Grundlage in den Blick: Daseinsvorsorge ist nicht mehr nur Sache von Individuen oder Familien, sondern von modernen Wohlfahrtsstaaten und ihren allgemeinen Sicherungsmechanismen. Gilt die Solidarität nicht mehr nur der eigenen Familie, sondern der ganzen Gesellschaft, wird eine neue Balance der

Freiheit möglich: Die Unabhängigkeit der Einzelnen nimmt zu gegenüber Rollenzumutungen, verwandtschaftlichen oder dörflichen Hierarchien und enger sozialer Kontrolle.

In vielen Teilen der Welt nimmt der Wohlstand zu, nicht zuletzt durch die internationale Arbeitsteilung. Gesundheitsleistungen werden besser. Das erhöht nicht nur in der westlichen Welt die Lebensqualität in allen Lebensaltern. Solche Wohlfahrtssteigerung schenkt vielen eine längere Lebenszeit, geht aber in der Regel auch damit einher, dass Menschen weniger Kinder bekommen. Beides führt zum demographischen Wandel. Dieser Wandel drängt in vielen Bereichen politisch zum Handeln, sei es zum Beispiel soziale Sicherung oder Bildung, Migration oder Arbeitsschutz.

Die Digitalisierung verknüpft immer mehr Tätigkeiten und Menschen weltweit miteinander. Technologische Verfahren und wirtschaftliche Entscheidungen haben so eine enorme Reichweite. Darin liegen Freiheitschancen – gleichzeitig aber auch das Risiko der Einschränkung von Freiheit, entstehen doch globale Problemlagen, die einzelstaatliches Handeln übersteigen.

d) Nachhaltigkeit ist Generationengerechtigkeit

Der Klimawandel, die Bedrohung der Biodiversität oder die Verknappung der Ressourcen zeigen: Die gegenwärtige Lebens- und Wirtschaftsweise besonders der hoch industrialisierten Staaten begrenzt und gefährdet die Freiheit künftiger Generationen, ihr Leben zu gestalten und ihre Bedürfnisse zu befriedigen. Denken wir darüber nach, was es heißt, aus gottgeschenkter Freiheit zu leben, können wir uns deshalb nicht auf die eigene Generation und Region begrenzen: Die Frage nach dem Leben in der gottgeschenkten Freiheit greift im Generationenverhältnis daher über die lokalen und nationalstaatlichen Grenzen hinaus. Deshalb ist es schlüssig, über diese Frage mit dem Paradigma der nachhaltigen Entwicklung nachzudenken und entsprechend zu handeln. Die Verhältnisse innerhalb einer Generation gerecht zu gestalten, ist dabei Übung und Voraussetzung für die Gerechtigkeit zwischen den Generationen, zu der das fünfte Gebot aufruft.

In den siebziger Jahren des 20. Jahrhunderts prägten Menschen christlichen Glaubens den Begriff der „nachhaltigen Gesellschaft" (sustainable society). Dieser Begriff hat weltpolitisch seine jüngste Ausprägung in den 17 Zielen nachhaltiger Entwicklung (Sustainable Development Goals, SDG) gefunden. Diese Ziele konkretisieren, was Gerechtigkeit zwischen und innerhalb der Generationen bedeutet – etwa Gesundheit und Wohlfahrt für alle Menschen (SDG 3), Bildung (SDG 4), eine innovative und ökologisch plausible Industrie und Infrastruktur (SDG 9), die Reduktion globaler und lokaler Ungleichheiten (SDG 10), die verantwortliche Produktion und Konsumtion (SDG 12) oder die angemessene Bodennutzung (SDG 15). Darauf hat die Evangelische Kirche bereits in mehreren Texten zum Klimawandel und zur Nachhaltigkeit hingewiesen, zuletzt 2018 im Impulspapier „Geliehen ist der Stern, auf dem wir leben". Die Bemühung, künftige Generationen gerecht zu berücksichtigen, stellt dabei vor ähnliche Herausforderungen wie der Versuch, gegenwärtigen Mitmenschen gerecht zu werden, deren Lebenswirklichkeit unserer Wahrnehmung entzogen ist, weil sie in anderen Weltgegenden oder auch nur unter sehr anderen Bedingungen leben als wir. Hier können digitale Technologien helfen. Menschen nutzen sie im Sinne der Anliegen generationengerechter

Nachhaltigkeit, indem sie das Leben der Älteren mit digitaler Technik erleichtern, die Bildung der Jüngeren unterstützen, das weit Entfernte ökologisch sensibel und gerechtigkeitsförderlich vermittels digitaler Kommunikation näher rücken. Allerdings geht die Umstellung auf digitale Technologien nicht automatisch mit mehr Nachhaltigkeitsgewinnen einher. In der Praxis ist nicht immer einfach zu bewerten, wo es ökologisch tatsächlich nachhaltiger ist, herkömmliche Produkte durch digitale Güter zu ersetzen. Die Schwierigkeit besteht darin, dass Menschen vergleichen und verrechnen müssen, was nicht unmittelbar vergleichbar ist. Statt eines Buches ein E-Book zu kaufen, spart einerseits Papier, andererseits steht diesem Gewinn der Energieverbrauch der Transaktion und Nutzung sowie die zur Herstellung nötigen Rohstoffe und der Aufwand der Entsorgung des digitalen Lesegerätes gegenüber.

Ein zentrales Problem der Digitalisierung ist, dass oft unterschätzt wird, wie viel Energie digitale Technologien verbrauchen. Verantwortungstragende Personen in Politik und Wirtschaft müssen das in ihre Entscheidungen einbeziehen. Außerdem sollten sie kontraproduktive Rebound-Effekte vermeiden. 20 Suchanfragen bei Google verbrauchen in etwa die Energie, mit der eine Energiesparlampe eine Stunde leuchten kann. Der Energiebedarf für die Verbindung von Milliarden von Endgeräten weltweit – vor allem durch die großen Server der Digitalunternehmen – ist erheblich, der gesamte Energieverbrauch des Internets übertrifft schon heute den Deutschlands. Zwar wird der Strombedarf der Endgeräte tendenziell abnehmen, die Zahl der Nutzer allerdings weiter zunehmen und insbesondere der Strombedarf in Rechenzentren ansteigen. Daher kommt der Frage entscheidende Bedeutung zu, woher der Strom dafür kommt: aus erneuerbarer Energie (Solar-, Wind-, Wasser-,

Bioenergie) oder aus fossilen (Kohle-, Gas- oder Ölkraftwerke) oder risikobehafteten (Atomenergie) Energieträgern.

Besonders problematisch sind hier Kryptowährungen wie Bitcoins: Ihre Nutzung verbraucht sehr viel Energie. Dem Vorteil einer staatsfreien und von privaten kommerziellen Interessen freien Wirtschaft stehen immense Energiekosten für die Generierung wie für Transaktionen von Kryptowährungen gegenüber. Man schätzt sie in der Größenordnung von Ländern wie Österreich. 150 kleinere oder ökonomisch weniger entwickelte Staaten der Erde liegen in ihrem Jahresverbrauch an Strom unter dem Strombedarf des weltweiten Bitcoin-Handels.

Digitalisierung kann globale Verflechtungen verstehen helfen

Digitalisierung kann ein gerechtes Generationenverhältnis auch im globalen Maßstab befördern. Wie das geht, lässt sich an einem Beispiel aus der Agrarwissenschaft zeigen. Die weltweite Zerstörung von Kulturflächen wie Ackerboden, aber auch Naturböden hat ein hochproblematisches Maß erreicht. 3,2 Milliarden Menschen sind bereits von solcher Bodendegradation negativ betroffen, so der Bericht des Weltbiodiversitätsrats von 2018. Die Möglichkeiten künftiger Generationen zur Nahrungssicherung sind ernsthaft bedroht. Der Bericht von 2019 stellt dazu fest, dass sich das menschenverursachte Artensterben gravierend beschleunigt hat. Eines der zentralen Probleme besteht dabei in den enormen räumlichen Abständen zwischen Entscheidungs- und Wirkungsort, genauer: zwischen den Orten, an denen die Landnutzung gesteuert wird, und den Gegenden, in denen diese Steuerung Wirkungen entfaltet. Das Eingangsbeispiel vom Sojaanbau zeigt dies. Entscheidungen werden in Ländern getroffen, für deren Konsumierende die ökologischen oder sozialen Folgen unsichtbar bleiben, weil diese Folgen in weit entfernten Weltgegenden nach vielen Vermittlungsschritten auftreten. Auch in der Politik können Entscheidungs- und Wirkungsort auseinanderfallen, etwa beim Biodiversitätsschutz. Auch Europa ist ein zentraler Steuerungsort. Deshalb weisen zivilgesellschaftliche Organisationen wie Brot für die Welt auf den Zusammenhang zwischen hiesigen Entscheidungen und Folgen in anderen Teilen der Welt hin. Damit wollen sie aufklären und Konsumverhalten verändern. Das setzt voraus, Folgekosten präzise wahrzunehmen, zu beschreiben und zuzuordnen. Das neu entwickelte, interdisziplinäre Konzept des Telecoupling[24] (Cecilie Friis/Jonas Nielsen 2019) vermag Steuerungswirkungen, Stoffströme und Wechselwirkungen aus großen Datenmengen (‚big data mining‘) durch digitale Bildgebungsverfahren präzise sichtbar zu machen. Das kann beispielsweise zeigen, wie Schweinezucht in Niedersachsen, Bevölkerungswachstum in China und Landnutzung in Brasilien zusammenhängen. So erhalten Verantwortliche in Politik und Wirtschaft Entscheidungs- und Mitwirkungsmöglichkeiten. Werden Produkte aussagekräftig gekennzeichnet, kommen diese Möglichkeiten auch Konsumentinnen und Konsumenten zu. Entscheidungsverantwortliche und Konsumentinnen und Konsumenten haben so die Informationen, ein generationengerechtes Produzieren und Konsumieren zu ermöglichen. Selbstverständlich können digitale Verfahren wie das Telecoupling nicht die einzige Maßnahme sein. Wirtschaftliche und politische Anstrengungen müssen diese digitalen Maßnahmen genauso flankieren wie verantwortliches Verhalten der Einzelnen bei Investitionen oder Konsum, um digital gestützt gewonnenes Wissen in Wirtschaften und Leben umzusetzen.

---

24 Telecoupling analysiert globale Beziehungen zwischen weit entfernten Regionen der Erde, um Landnutzung nachhaltig zu gestalten.

Digitalisierung kann Menschen zusammenbringen und dabei Ressourcen schonen helfen

Fast grenzenlos scheinen heute die Möglichkeiten der digitalen Informations- und Kommunikationstechnik, Daten in allen Bereichen von Wirtschaft und Gesellschaft zusammenzutragen und zu vernetzen. Diese Techniken bieten eine nicht zu überschätzende Chance für Information, Bildung und Bewusstseinsbildung auch im Hinblick auf Generationengerechtigkeit und Nachhaltigkeitsziele. Sie ermöglichen gemeinsames, koordiniertes Handeln und bringen Menschen und Gruppen mit gemeinsamen Interessen in Kontakt. Viele kleinere Plattformen nutzen dafür die Angebote bestehender Plattform-Unternehmen, sodass ihnen selbst keine hohen Investitions- und Entwicklungskosten entstehen und sie ihre Inhalte und Projekte sehr schnell verbreiten können. Bewegungen wie „Fridays for future" zeigen, wie wirksam auch zunächst Kleine, scheinbar Schwache diese Strukturen einsetzen können.

Soziale Medien und die massenhafte Verbreitung von Smartphones ermöglichen es, Ressourcen gemeinsam zu nutzen und so effizienter auszulasten, etwa in Form von Sharing-Modellen. Das Spektrum reicht von kleinen regionalen Initiativen, die dazu einladen, Lebensmittel nicht wegzuwerfen, sondern weiterzugeben (z. B. foodsharing.de), Werkzeuge, die nicht ständig verfügbar sein müssen, gemeinsam zu nutzen (fairleihen.de) oder zu verschenken (zero-waste.de), über Plattformen, die Partizipation und Kooperation im wissenschaftlichen, kulturellen oder politischen Bereich erleichtern wollen (change.de oder Forschungswende.de) bis zu Carsharing-Modellen. Allerdings dürfen dabei die Risiken nicht vernachlässigt werden: Auch hier können die großen Plattformbetreiber manipulieren, abhängig machen und mit ihren eigenen Interessen die Nutzungsbedingungen bestimmen.

Deutschland wie auch die EU haben sich zum Ziel gesetzt, langfristig Klimaneutralität zu erreichen. Die dafür notwendige Dekarbonisierung, also die radikale Absenkung vor allem des Kohlendioxidausstoßes, macht es nötig, die Energieeffizienz zu steigern. Digitalisierung kann etwa dazu beitragen, Kraftstoffverbrauch und Schadstoffausstoß wirksam zu reduzieren. Denn fast ein Drittel des ausgestoßenen CO_2 wird durch Transport von Menschen und Waren verursacht. Obwohl Motoren und Kraftstoffe immer effizienter geworden sind, stieg der Schadstoffausstoß auf neue Rekordhöhen, weil der Personen- und Warenverkehr stark zugenommen hat und immer größere und schwerere Fahrzeuge über die Straßen rollen. Um die national und international verbindlich gesetzten Klimaziele zu erreichen, reicht es also nicht, Antriebe technisch effizienter zu machen oder synthetische Kraftstoffe zu verwenden. Zudem muss gesellschaftlich eine höhere Verkehrseffizienz erreicht werden, was die Entwicklung und Nutzung alternativer Verkehrsmittel einschließt. Verbrenner durch E-Mobile zu ersetzen, reicht nicht aus. Wegen ihres weiterhin hohen Energie- und Ressourcenverbrauches können sie allenfalls eine Zwischenlösung sein.

Eine zukunftsfähige, klimaneutrale Mobilitätspolitik zielt darauf, erneuerbare Energien einzusetzen und zugleich alternative Verkehrsmittel zu fördern und koordiniert weiterzuentwickeln sowie die dafür nötige Infrastruktur auszubauen. Dabei spielt digitale Vernetzung eine wichtige Rolle. Sie kann hierbei einfach zugängliche und aufeinander abgestimmte Möglichkeiten eröffnen – sei es „bike- oder car-sharing“ oder „on demand“[25]-Angebote, zum Beispiel von Taxen oder Kleinbussen in Randzeiten. Ausreichend viele Menschen werden erst dann bereit sein, auf Fahr-

25 On demand, dt.: auf Wunsch/auf Bestellung.

räder, Roller oder öffentliche Verkehrsmittel umzusteigen, wenn einerseits die notwendige Infrastruktur bereitsteht, andererseits neue Möglichkeiten integrierter Verkehre entstehen, die in Geschwindigkeit und Flexibilität eine echte Alternative zum eigenen Pkw darstellen und auch Menschen in ländlichen Regionen flexible, bedarfsgerechte Verkehrsmöglichkeiten bieten.

Digitale Plattformen können all dies unterstützen. Manches wird durch diese Plattformen erst möglich. Digitalisierung kann Verkehr effizienter und flexibler machen oder gar überflüssig machen: Dienstreisen können durch virtuelle Konferenzräume, E-Beratung und – im Falle betrieblicher und außerbetrieblicher Weiterbildung – durch Angebote hybriden Lernens mit Online-Komponenten reduziert oder ersetzt werden. Flächendeckendes, leistungsstarkes Internet und die mit der Digitalisierung verbundenen Möglichkeiten in Organisationen, Betrieben, Hochschulen, Schulen und Haushalten ermöglichen Arbeitsstrukturen mit weniger Pendelverkehr, zum Beispiel Arbeiten im sogenannten „Homeoffice" oder in dezentralen Co-Working-Spaces[26]. Selbst für Pausengespräche und persönliche Kontakte, die durchaus auch einen produktiven, eigenen Wert darstellen, lassen sich digitale Möglichkeiten finden.

Digitalisierung und Nachhaltigkeit – nicht allein in Bezug auf Mobilität – konsequent zusammenzudenken, wird auch ökonomisch sinnvoll, wenn die umwelt- und klimaschädigenden Kosten von Produktion, Konsum und Transport in unternehmerische und politische Entscheidungen einbezogen werden.

---

26 Co-Working-Spaces: Viele Crowd-/Cloudworker mieten sich gemeinsam Räume zur Nutzung an, um der Vereinzelung bei der Arbeit an PCs zu entgehen oder um klarer zwischen Arbeits- und Freizeit unterscheiden zu können. Neben diesen sozialen Aspekten spielt zum Teil auch die Möglichkeit wechselseitiger (technischer) Unterstützung eine Rolle.

Alle müssen Generationengerechtigkeit aber auch im konkreten Umfeld leben. Digitale Systeme bieten verbesserte Möglichkeiten, in Kontakt zu sein, Unterstützung zu finden, Hilfe zu vereinfachen. Wesentlich ist, dass Geräte und Prozesse so gestaltet werden, dass sie leicht zugänglich und handhabbar sind, damit sie Freiheitsräume und gesellschaftliche Teilhabe für alle eröffnen – auch für die, die nicht zur Generation der „digital natives" gehören.

Digitale Assistenzsysteme in der Pflege etwa können das Leben der zu Pflegenden, aber auch die Arbeit der Pflegenden erleichtern und verbessern. Beides hängt zusammen: Gute Pflege, ganz gleich, ob sie in der eigenen Wohnung oder stationär erfolgt, muss die Würde aller achten – der Gepflegten wie der Pflegenden. Pflege- und Ausbildungsstandards und angemessene Arbeitsbedingungen müssen gewährleistet sein. Arbeitsverdichtung und Überforderung, geringe Entlohnung und fehlende Anerkennung wirken auch auf die zu Pflegenden zurück.

Digitale Assistenzsysteme können helfen, entlasten und Freiheitsspielräume öffnen. Wenn etwa schwere Fälle von Demenz mit Selbstgefährdung einhergehen, kann digitale Sensorik freiheitseinschränkende Maßnahmen überflüssig machen, weil sie Bewegung und Aufenthaltsort selbstständig erkennt und an Pflegekräfte weitergibt. Andere Hilfsmittel wie Sturzsensoren und automatisierte Hilferufe können – etwa nach einem Klinikaufenthalt – die Rehabilitation zu Hause erleichtern (Ambient Assisted Living). Unterstützende Robotik kann Pflegende physisch entlasten und zeitaufwendige logistische Routineaufgaben übernehmen wie den Transport von Pflegematerial oder Mahlzeiten. Elektronische Mehrwegekommunikation („Telecare") – etwa die automatische Übermittlung von Blutzuckerwerten oder die Besprechung mit der Pflegekraft per Videoanruf – kann im ländlichen Raum intensive Betreuung sichern und zugleich lange Anfahrtswege vermeiden. In all diesen Fällen muss im Blick sein, dass Überwachung und Kontrolle immer zugleich die Selbstbestimmung der zu Pflegenden tangieren, insbesondere wenn es um Bereiche der Intimsphäre geht. Deshalb müssen sie selbst oder gegebenenfalls ihre Bevollmächtigten oder Betreuende in Entscheidungsfindungen einbezogen werden.

Digitale Hilfsmittel können allerdings nicht die regelmäßige, zuverlässige Anwesenheit Angehöriger oder anderer Bezugspersonen ersetzen. Dies wurde zu Beginn der Corona-Pandemie besonders deutlich, als zum Schutz gerade alter und vorerkrankter Menschen teilweise extreme Kontaktverbote eingeführt wurden. Digitale Angebote waren oft hilfreich, um zumindest so den Kontakt aufrechtzuerhalten. Viele nutzen sie gerne und vielfältig. Gleichzeitig hinterlässt die Beschränkung ihrer Freiheit gerade bei demenzkranken und sehr alten Menschen teils tiefgreifende Folgen, die nicht immer angemessen gewertet und in Entscheidungen einbezogen wurden.

Digitale Systeme können Freiheit auch einschränken. Das passiert etwa, wenn Pflegeanbietende elektronische Dokumentationssysteme vorrangig nutzen, um Arbeitsprozesse zu verdichten, nicht unmittelbar mit Pflegetätigkeiten verbundene Aufenthalte in Patientenzimmern zu verhindern oder um professionalisierte Pflege einzusparen. Digitale Technik kann so Pflegende überlasten. Das stört die Beziehung zwischen Pflegenden und Gepflegten und blockiert die notwendige Kommunikation unter Pflegenden.

Doch das fünfte Wort hat nicht nur eine Generation im Blick. Auch die kommende Generation ist auf Generationensolidarität und Generationengerechtigkeit angewiesen. In der modernen Welt ist die Chance auf gute Bildung zentral. Digitalisierung potenziert diese Wichtigkeit von Bildung noch einmal. Wird der überwiegende Anteil der beruflichen Weiterbildung längst ganz oder teilweise digital angeboten, ist digitales Lernen bisher im schulischen oder universitären Bereich meist noch deutlich geringer Praxis. Zwar hat hier die Covid-19-Pandemie – zumindest vorübergehend – zu einem plötzlichen Digitalisierungsschub geführt. Allerdings zeigt sich auch, dass der bloße Einsatz digitaler Kommunikations- und Lernmittel nicht genügt: Als Königsweg der Bildung gilt das „blended learning", die kluge Verbindung von digitalen Bildungsmöglichkeiten und Lernen in persönlicher Präsenz. Hier bestehen noch große Herausforderungen, was pädagogische Forschung und Ausbildung angeht ebenso wie technische Ausstattung und Unterstützung, um nicht soziale und gesellschaftliche Unterschiede zu verschärfen. So erleben viele Familien, dass Homeschooling ohne Vorbereitung und parallel zu anderen Verpflichtungen sowohl Eltern als auch Kinder überfordern kann. Ebenso wird der Wert des Lernens in Gemeinschaft und des persönlichen Kontakts im Kontrast deutlich erfahrbar, sodass die Digitalisierung auch die Bedeutung des menschlichen Faktors in der Bildung einschärft.

e) Nachhaltiges digitales Wirtschaften in Kirche und Diakonie

Das Engagement für Gerechtigkeit, Frieden und ökologische Nachhaltigkeit gehört heute längst zum Selbstverständnis der Kirche. Zunehmend erkennen Kirche, Diakonie und Menschen christlichen Glaubens auch Chancen und Verantwortung, die digitale Transformation mitzugestalten, und handeln entsprechend.

Dies reicht vom sensiblen Einsatz digitaler Assistenzsysteme in der Diakonie bis zur kreativen Verwendung digitaler Technik in unterschiedlichen Formaten der evangelischen Jugend- und Bildungsarbeit.

In der Diakonie machen etwa Augmented Reality und Virtual Reality, interaktive und multimediale Lern- und Assistenzsysteme die Arbeitsanleitungen und Schulungen in Werkstätten für Menschen mit Behinderung verständlicher und effizienter. Niedrigschwelliger Zugang zu Hilfsangeboten wird möglich wie bei wohnung-weg.de, das gemeinsam mit wohnungslosen Menschen entwickelt wurde und vom Kältebus bis zur Futterversorgung für Hunde und Informationen zur aktuellen Covid-19-Pandemie gebündelt Unterstützungsangebote finden lässt. Tremaze.de reduziert den administrativen Aufwand und erleichtert den Zugang in der Kinder- und Jugendarbeit. LIO, ein Pflegeroboter, der in der AGAPLESION Bethanien Diakonie Berlin erprobt wird, unterstützt die Bewohnerschaft, indem er Getränke anreicht, Menüwünsche aufnimmt und an Termine erinnert.

Digitale Technologien können Teilhabe und Partizipation stärken. So hat die Evangelische Stiftung Hephata ein inklusives Social-Media-Team gegründet, das Menschen mit Behinderung zu Themen wie Liebe, Mobbing, gerechtem Lohn, Respekt und Mitbestimmung für sich selbst sprechen lässt. Bei allen Angeboten steht dabei der Gedanke im Fokus, Produkte und Anwendungen nutzungsorientiert zu gestalten und Nutzende immer in die Entwicklung und Erprobung miteinzubeziehen.

Pfarrerpersonen richten nicht nur mit Teilnehmenden des Konfirmationsunterrichts, sondern auch mit älteren Menschen Chatgruppen ein, Haupt- und Ehrenamtliche bringen in sozialen Netzwerken Mitarbeitende und engagierte Mitglieder aller Generationen zusammen. Im Rahmen von Stadt- und Quartiersentwicklung, in der insbesondere lokale oder regionale diakonische Einrichtungen, aber auch Kirchengemeinden und kirchliche Einrichtungen gesellschaftliche Verantwortung übernehmen, werden Plattformen wie nebenan.de genutzt, um sich zu vernetzen und niedrigschwellige Kontakte zu erleichtern, Menschen aller Generationen in das Stadtteilleben einzubeziehen, eigene Angebote wie etwa Kinderbetreuung oder Vorlesen, Besuche oder Einkaufshilfe, Kuchenbacken oder Handarbeiten zu machen und die anderer anzunehmen.

Grundlage ist die Freiheit der Einzelnen vom Zwang durch soziale Kontrolle. Diese negative Freiheit allein kann aber auch zu Vereinzelung führen. Wichtig ist daher, dass die Kirche digitale Möglichkeiten nutzt, damit Menschen ihre positive Freiheit zur Gemeinschaft der Generationen ausleben können, ohne ihre Selbstbestimmung aufgeben zu müssen.

Zusammengeführt werden Nachhaltigkeit und Digitalisierung in der Kirche einerseits in den öffentlichen Diskussionsbeiträgen, zum Beispiel der Kammer für Nachhaltige Entwicklung der EKD zur Agenda 2030, zum Tierwohl oder zum weltweiten Finanzsystem. Andererseits sind Nachhaltigkeit und Digitalisierung auch in der kirchlichen Praxis verbunden, etwa in einer App der Klima-Kollekte gGmbH, die den CO_2-Ausstoß reflektieren, klimafreundliche und alternative Verkehrsmittel finden und als unvermeidbar erachtete Emissionen kompensieren hilft. Die Mittel aus dem von Kirchen initiierten Kompensationsfonds fließen in Klimaschutzprojekte in Schwellen- und Entwicklungsländern, die gleichzeitig zur Armutsbekämpfung vor Ort sowie zur Umsetzung der SDG beitragen.

Evangelische Kirche kann mit Instituten und Beauftragten im Themenfeld Nachhaltigkeit und Digitalisierung Schwerpunkte setzen, die auch mit entsprechenden Stellen und Sachmitteln ausgestattet werden. So kann sie Projekte fördern, die Gemeinden, Dekanate und kirchliche Einrichtungen bei der Einführung eines eigenen Umweltmanagements unterstützen. In regelmäßigen Kursen vernetzen und qualifizieren sich Interessierte für ein Umweltaudit. Um nachhaltigen Konsum im Alltag der Kirchen und ihrer Mitglieder zu etablieren, bieten Plattformen wie zukunft-einkaufen.de und wir-kaufen-anders.de die Möglichkeiten des Online-Einkaufs nachhaltiger Güter sowie umfassende Information. Als Initiatorinnen von überregionalen Initiativen zur nachhaltigen Mobilität, z.B. Autofasten.de, tragen die Kirchen ebenso zur Bewusstseinsbildung und gesellschaftlichen Diskussion bei wie durch ihre aktive Mitgliedschaft in der Klimaallianz oder das Engagement in Nachhaltigkeits- und Klimaschutzprojekten mehrerer Bundesländer. Wesentlich ist aber, dass ganz grundsätzlich in der religiösen Bildung die Mitverantwortung für die Schöpfung und das Bewusstsein für Generationengerechtigkeit integraler Teil des Glaubenszeugnisses sind. Dazu gehört auch, die Generationen in Kontakt zu bringen und die Weitergabe der Glaubensbotschaft im Generationenzusammenhang zu ermöglichen.

Gemeinsam mit unterschiedlichen wissenschaftlichen Disziplinen setzen sich Kirche und Diakonie dafür ein, Digitalisierung stärker ethisch zu reflektieren und entsprechend zu gestalten. Diese Herausforderung für Politik, Kirche und Gesellschaft bedeutet auch die Bereitschaft, sich für notwendige grundlegende, systemische Veränderungen einzusetzen, etwa im Sinne einer konsequenten Dekarbonisierung und der Abkehr von einem ressourcen- und energieintensiven, an quantitativem Wachstum orientierten Wirtschafts- und Gesellschaftssystem. Generationengerechtigkeit fordert aber auch mehr gesellschaftliche Ressourcen für Bildung und Pflege. So könnten Effizienzgewinne aus der Digitalisierung, wie sie in dem Programm einer „Industrie 4.0" aufscheinen, in menschennahe Dienstleistungen investiert werden.

2.6 Digitalisierte Gewalt unterbrechen

Sechstes Gebot: „Du sollst nicht töten." (Ex 20,13)

a) Einführung: „Slaughterbots"[27]

Der fiktive Kurzfilm ‚Slaughterbots' zeigt eine Verkaufsshow nach dem Muster populärer Produkteinführungen für elektronische Geräte. Ein Mann in grauem Anzug und T-Shirt präsentiert kleinste Flugdrohnen: Außer einer Zieleingabe bedürfen sie keiner Lenkung von außen. Neben ihrer Sensorik und Steuerung sind sie mit Explosivladungen bestückt. Sie treten im Schwarm auf. Sie töten gezielt Menschen: Man kann nach Aussage des Verkäufers ohne eigenes Risiko eine halbe Stadt töten – „aber natürlich nur die böse Hälfte". Im Film folgen auf die Schau Collagen fiktiver Nachrichtenclips. Darin geht es um gezielte Mordanschläge auf Menschen in der Politik oder Studierende – verübt von solchen Robotern, Urheberschaft nicht

27 Slaughterbots: Automatisierte Kampfroboter.

feststellbar. Der Film ist Teil einer ihrerseits hochumstrittenen Kampagne gegen hochautonome tödliche Waffensysteme und gibt Anlass zu Fragen: Wie gehen wir mit menschlicher Verantwortung um? Was bedeutet uns Sicherheit? Ist der Einsatz solcher Systeme realistisch?

b) Bibelauslegung: Das sechste Wort unterbricht Kreise der Gewalt

Das sechste Wort ist sehr knapp. Ursprünglich regelte es vorrangig das Verhalten innerhalb einer gegebenen Gemeinschaft. In diesem Kontext verbietet es, den Tod anderer Gemeinschaftsangehöriger absichtlich herbeizuführen. Es soll Mord vermeiden und so Gewalt begrenzen. Auch das Talionsrecht (Ex 21,24f.; Lev 24,20f.) soll Gewalt einhegen: Das „Auge um Auge, Zahn um Zahn“ fordert Verhältnismäßigkeit der Reaktion und durchbricht so die Eskalationslogik der Blutrache (Gen 4,23). Ähnlich ist auch das sechste Wort im Sinne der Gewalteinhegung in einer Gesellschaft zu verstehen, der ein Rechtssystem mit staatlichem Gewaltmonopol und dem Ziel gewaltloser Konfliktbewältigung unbekannt ist. Allerdings wurde das Wort bald umfassender verstanden, sodass es die Tötung von Menschen überhaupt problematisiert. Ursprünglich galt der Schutz nur den Gemeinschaftsangehörigen. Ausgedehnt wird er nun auf die im Land lebenden Nichtisraelitinnen und -israeliten (Lev 24,22). Außerdem wird zunehmend jedes Töten von Menschen sanktioniert. So etwa im Noahbund: „Und das Leben des Menschen will ich einfordern von einem jeden anderen Menschen. Wer Menschenblut vergießt, dessen Blut soll um des Menschen willen vergossen werden; denn Gott hat den Menschen zu seinem Bilde gemacht“ (Gen 9,6). Völlig auf kriegerische tödliche Gewalt verzichten zu können, bleibt allerdings zunächst eine messianische Verheißung (Sach 9,10). Die jesuanische Torainterpretation legte nahe, völlig auf Vergeltung zu verzichten (Mt 5,39) und die Feinde zu lieben (MT 5,44). Auf dieser Linie liegt die universale Ausweitung des Tötungsverbots. Deshalb lässt sich sagen: Die Texte der Bibel tendieren dazu, Gewalt zu unterbrechen. Der Zusammenhang von Gewalt und Gegengewalt führt nach der Logik von Sicherungsbedürfnis, Angst und wechselseitiger Verletzung zur Eskalation. Diese Eskalationslogik soll unterbrochen werden. Immer wieder erzählen die biblischen Texte solche Gewaltunterbrechungen: Sie skandalisieren etwa den Totschlag – es ist die Geschichte von Kain und Abel, in welcher hebräische Begriffe für das, was im Deutschen „Sünde“ genannt wird, zum ersten Mal erscheinen (Gen 4,7.13); die Bergpredigt problematisiert Vergeltung und Feindschaft überhaupt.

c) Gewaltunterbrechung ermöglicht Freiheit

Diese Tendenz legt nahe: Die biblischen Texte verstehen Gewalt und Tötung nicht als Ausübung, sondern als Bedrohung menschlicher Freiheit vor Gott. Der Noahbund verbietet das Blutvergießen. Die Verbindung dieses Verbots mit der Gottebenbildlichkeit der Menschen lässt einen Grund für das Tötungsverbot erkennen, der mit Freiheit zu tun hat: Gott betrachtet die Menschen als Gottes Ebenbilder und beauftragt sie mit Haushalterschaft. Ebenbildlichkeit und Auftrag weiten die menschlichen Verfügbarkeitsrechte aber nicht schrankenlos aus. In der ersten Schöpfungserzählung (Gen 1,29) enden die Verfügungsrechte am Leben der Tiere – Menschen dürfen sich nur vegetarisch ernähren. Der Noahbund erscheint als Zugeständnis an die Bosheit der Menschen (Gen 8,21–22). Darin wird das Vergießen des Blutes von Menschen und der Genuss des Blutes von Tieren verboten (Gen 9,4–6), weil das Blut als Sitz des Lebens gilt, über das Gott allein verfügen kann. Damit ist die Tötung von Menschen durch Menschen immer auch als sündhafter Versuch zu deuten, sich der Freiheit Gottes zu bemächtigen und also absolute und totale Verfügungsmacht zu erlangen.

Dieser Versuch muss als vermessen gelten, schon, weil menschliche Erkenntnis endlich und begrenzt ist. Aber dieser Versuch hat historisch in der Regel zur Eskalation von Gewalt und zum Verlust von Freiheit geführt. Deswegen nimmt moderne Bibelauslegung zunehmend das Potenzial einer Sicht wahr, die auf Gewalteinhegung und -unterbrechung gerichtet ist. Angesichts der Faktizität von Gewalt zielt Gewalteinhegung auf ihre Begrenzung; begrenzt wird Gewalt vor allem dadurch, dass unerwartetes Verhalten oder alternative Konfliktlösungen die Kreisläufe der Gewalt und Eskalationsspiralen unterbrechen.

In reformatorischer Sicht kommen andere Menschen nicht vorrangig als Grenzen, sondern vor allem als Ermöglichung der Freiheit in den Blick. Insofern bedeutet der gewaltsame und vorzeitige Tod der Anderen auch eine Verarmung der individuellen Freiheit. Beide Aspekte, der Blick auf die Freiheit Gottes und die Berücksichtigung der Bedingungen der Freiheit der Menschen, haben nicht nur dazu geführt, dass Menschen die Todesstrafe problematisiert und vielerorts abgeschafft haben. In Verbindung mit Einsichten zur Dynamik des modernen Krieges und unter dem Eindruck der Entwicklung von Massenvernichtungswaffen haben besagte Aspekte Menschen christlichen Glaubens auch dazu gebracht, das Konzept des gerechten Krieges zugunsten eines Leitbilds des gerechten Friedens zu verlassen. Dieses Leitbild eines gerechten Friedens ist in einer

Reihe von kirchlichen Äußerungen vorbereitet, in der Friedensdenkschrift von 2007 dargelegt und in der Synodenerklärung von 2019 bekräftigt worden. Die besondere Pointe dieser Konzeption liegt darin, die Möglichkeit ernst zu nehmen, Kriege zu vermeiden. Daher genießen im Leitbild gerechten Friedens außer- wie innerstaatliche gewaltfreie, zivile Konfliktlösungen mit dem Ziel nachhaltiger Friedensentwicklung Priorität: Neben die theologischen Argumente der Gewaltunterbrechung treten dabei Einsichten, die Menschen auch unabhängig von ihrer weltanschaulichen Prägung einsehen können. Nachhaltig lässt sich tödliche Gewalt nämlich nur vermeiden, wenn gewaltlose Mittel der Konfliktbearbeitung institutionalisiert und gerechte Partizipations-, Teilhabe- und Anerkennungsverhältnisse ermöglicht werden. Die Androhung oder Ausübung von Gewalt kann so nur allerletzte Möglichkeit sein, noch Schlimmeres zu verhindern. Sie muss strikt darauf ausgerichtet sein, das Recht zu wahren oder zu etablieren, das zentraler gewaltfreier Konfliktlösungsmodus ist. Strenge Kriterien müssen Gewaltandrohung und -ausübung begrenzen.

d) Digitalisierung und tödliche Gewalt – zur Situation

Auch im Zusammenhang tödlicher Gewalt spielen die Informations- und Kommunikationstechnologien eine erhebliche Rolle, insbesondere die Vernetzung und Bearbeitung von ‚big data', die Beschleunigung, Diversifizierung und Ausdehnung der Datenmengen möglich gemacht haben. Selbstverständlich sollen an dieser Stelle nur Schlaglichter auf die verschiedenen Themenfelder im Kontext der Digitalisierung geworfen werden, um auf die nötigen weitergehenden Klärungen in der verzweigten friedensethischen Debatte hinzuweisen, wie sie etwa jüngst in einem kirchlich initiierten Konsultationsprozess angestoßen wurde.

Dies betrifft erstens den Themenkomplex der sogenannten „Cybersicherheit". Die zunehmend computergestützte Steuerung militärischer Instrumente und Prozesse, aber auch ziviler Großtechnologien hat diese anfälliger gemacht für elektronische Schädigungen etwa durch Schadsoftware. Nicht nur im militärischen Bereich, sondern auch etwa bei Angriffen auf die Computersysteme eines Krankenhauses oder Atomkraftwerks können diese Schädigungen tödliche Folgen haben.

Es betrifft zweitens den Einsatz hochautomatisierter, autoregulativer tödlicher Waffensysteme, die nach Definition des Einsatzziels ohne unmittelbare menschliche Einwirkung operieren können. Autoregulative Systeme erreichen ein vorgegebenes Ziel unter wechselnden Umweltbedingungen ohne menschlichen Eingriff. Gefördert wurden solche Systeme etwa durch die 2004 und 2005 von der DARPA initiierten Rennen in der Mojave-Wüste („DARPA Grand Challenge"). Die Convention on Certain Conventional Weapons (CCW) verhandelt schon seit 2014 über die internationale Kontrolle entsprechender Waffensysteme, allerdings bisher weitgehend ergebnislos.

Ein dritter Bereich ist der Einsatz von Mustererkennungsverfahren im Zusammenhang präventiver Polizeiarbeit. Die Polizei nutzt dabei Algorithmen, um mögliche tatverdächtige Personen und Opfer von Gewaltverbrechen präventiv zu identifizieren – wie etwa im Kontext der „Strategic Subject List" der Polizei von Chicago.

Cybersicherheit

Die Gefahren durch Phänomene elektronischer Schädigung lassen sich nach der Schadensschwere, den Tatmotiven, der

Urheberschaft und den Begleitumständen klassifizieren (Niklas Schörnig 2019): Auf der untersten Stufe rangiert der belästigende, oft zivilgesellschaftlich motivierte „hacktivism“[28], den man im günstigen Fall als Form zivilen Ungehorsams, im ungünstigen als groben Unfug an der Grenze zur Kriminalität verstehen kann. Gravierender ist die illegale, vorwiegend finanzielle Schädigung anderer zur Erringung eigener finanzieller Vorteile, die als „cybercrime“ beschrieben werden kann. Noch problematischer ist der politisch motivierte Datendiebstahl („cyber espionage“) oder gar die politisch motivierte physische Schädigung anderer durch die Beeinträchtigung lebenswichtiger oder unfallträchtiger Infrastruktur, die „cyberterror“ genannt wird. Die höchste Schädigungs- und Gefährdungsstufe ist dem „cyberwar“ zuzuordnen. Niklas Schörnig schreibt diese Gefährdung staatlichen Akteuren zu, die die Verteidigungsfähigkeit eines anderen Staates herabsetzen wollen. Vom „cyberwar“ nimmt Schörnig an, dass er mit kinetischen Schädigungen einhergeht. Allerdings sind die Grenzen zwischen diesen Kategorien verschiebbar, weil sich auch staatliche oder parastaatliche Akteure kriminell oder terroristisch engagieren können und kriminelle oder terroristische nichtstaatliche Akteure sich entsprechender Mittel zu bedienen vermögen. Damit ist es alles andere als selbstverständlich, elektronische Schädigungen im Kriegsparadigma zu verstehen. Oft werden alle möglichen elektronischen Schädigungen unter dem Begriff des „cyberwar“ zusammengefasst – das ist irreführend und problematisch. Denn schließlich spielen die Probleme, die mit den Herausforderungen der elektronischen Schädigung verbunden sind, in allen Schädigungskontexten eine zentrale Rolle: Schädigungen

28 Hacktivism: Kombination der Begriffe „Hack“ und „Aktivismus“ ist ein Akt des Einbrechens in ein Computersystem zu politisch oder sozial motivierten Zwecken.

treffen überraschend und ohne Vorwarnung ein, sind kaum zu den Verursachern zurückzuverfolgen und können mit relativ schwachen Mitteln große Schäden anrichten, die Wirkasymmetrie ist maximal.

Für die Frage der Gewaltunterbrechung sind die Bedrohungen kritischer ziviler Infrastruktur besonders bedeutsam. Sowohl cyberterrorism als auch cyberwar können diese Infrastruktur bedrohen. Deshalb lassen sich diese Bedrohungen aufgrund der oben beschriebenen Mechanismen nicht einfach unter die Überschrift „Krieg" oder die Überschrift „Verbrechen" einordnen. Damit ist die Schutzzuständigkeit fraglich: Für den Zivilschutz im Verteidigungsfall ist bisher vorrangig das Bundesministerium des Inneren zuständig, für den Katastrophenschutz sind es die jeweiligen Bundesländer, und der „Organisationsbereich Cyber- und Informationsraum" der Bundeswehr sorgt hauptsächlich für den Schutz der militäreigenen IT sowie die Aufklärung im Cyberraum.

Zahlreiche Entwicklungen fordern gegenwärtig die Friedenssicherung heraus: Die internationalen Beziehungen der Gegenwart sind gekennzeichnet durch Multipolarität und eine Abkehr vom Internationalismus zugunsten nationaler Perspektiven. Hinzu kommen die Herausforderungen durch Klimawandel und politische Disruptionen. Das internationale Völkerrechtssystem zeigt sich geschwächt. Die digitale Technologie kann dabei Konflikte verschärfen: Früh industrialisierte Staaten können ihre Waffenarsenale, Konfliktszenarien, ihre politischen und militärischen Strategien Schritt für Schritt den neuen digitalen Möglichkeiten anpassen – anders als nichtstaatliche Akteure, die Konflikte unter den Bedingungen fragiler politischer Ordnungen austragen, wobei Armut und

Klimawandel diese Konflikte oft anfachen. Der digitale Wandel gewaltsamer Konfliktaustragung verschärft so die Asymmetrien: Auf der einen Seite treiben die starken Staaten mit forschungsintensiven und wissensbasierten Ökonomien den digitalen Wandel voran. Die relativ leicht zugänglichen digitalen Alltagstechnologien erreichen auch die andere Seite, die Konfliktparteien im globalen Süden und ihre weniger leistungsstarken Ökonomien.

Auch digitale Technologien selbst bedrohen die Friedenssicherung: Im Bereich des Militärs erlauben sie eine immense Beschleunigung und erhöhen so die Gefahr nicht-intendierter Konflikte. Die sogenannte „Kill-Chain“, die Kette von Zielerkennung, Zielfokussierung und Waffeneinsatz (detecting, targeting, strike) kann automatisiert immer schneller ablaufen. Ging es bislang vorrangig um kinetische Angriffe auf gegnerische „Hardware“, stehen heute „Cyberattacken“ auf die militärische „Software“ und gesellschaftliche Steuerungskapazitäten (kritische Infrastruktur) im Fokus der Kriegführung.

Mit diesen Entwicklungen sind strategische Fragen verbunden, die noch weitgehend ungeklärt sind, auch wenn das sogenannte „Tallinn-Manual“ von 2013 Cyberangriffe nach Artikel 51 der UN-Charta als kriegerische Akte wertet, die Selbstverteidigung ermöglichen. Seit 2016 erfasst die Beistandsverpflichtung des NATO-Vertrages auch Cyberangriffe. Die herkömmliche Doktrin (atomarer und konventioneller) Abschreckung beruht auf Transparenz und Zurechenbarkeit von Angriff und Reaktion. Die Logik von Cyberattacken ist eine andere: Nichtzurechenbarkeit und Intransparenz. Das stellt vor die problematische Alternative von reaktivem, präventivem oder präemptivem Umgang.

Diese Entwicklungen sind auch in den früh industrialisierten Staaten nicht unproblematisch. Denn im Zuge dieser Entwicklung kehren sich diese Staaten von der Idee ziviler Sicherung ab und tendieren dazu, die Gewährleistung von Sicherheit und den Schutz vor Gewalt vorrangig von den Agenturen des Gewaltumgangs, Militär und Polizei, zu erwarten, zumal militärische und polizeiliche Tätigkeiten in Zeiten von Friedensmissionen und Terrorabwehr immer mehr verschwimmen.

In der scheinbar binären Alternative zwischen „Sicherheit“ und „Freiheit“ stehen die freiheitlichen Gesellschaften unter dem Druck eines Grundgefühls rasant wachsender Verunsicherung. Dieses Gefühl ist politisch hochwirksam. Die Wege der „entwickelten“ und der im globalen Maßstab „abgehängten“ Gesellschaften erweisen sich als eng miteinander verbunden und wechselweise voneinander abhängig, sodass hier auch Fragen kosmopolitisch wirksamer Gerechtigkeit berührt sind.

Innerstaatlich entspricht dem die Debatte um polizeiliche Instrumente der Prävention durch Datenerhebung und digitalen Mustererkennung. Behörden nutzen diese Möglichkeiten auch jenseits ihrer legitimen Befugnisse, wie die Enthüllungen des ehemaligen NSA-Mitarbeiters und Whistleblowers Edward Snowden 2013 mit Wucht ins öffentliche Bewusstsein brachten.

Hochautomatisierte autoregulative Waffensysteme

Digitale Technologien können Probleme verschärfen. Das zeigt sich auch im Kontext autoregulativer Waffen. Mit diesen Systemen sind hier solche gemeint, die landläufig als „autonom“ bezeichnet werden (Nicole Kunkel 2020). Der verbreiteten Definition des US-Verteidigungsministeriums zufolge sind dies

Waffensysteme, die „einmal aktiviert, Ziele ohne weiteres menschlichen Eingreifen auswählen und angreifen können" („once activated, can select and engage targets without further intervention by a human operator")[29]. Sowohl der Autonomiebegriff als auch die Verben „auswählen" (select) und „angreifen" (engage) legen jedoch schwerwiegende anthropomorphe Missverständnisse nahe, weil sie komplexe menschliche Entscheidungs- und Auswahlprozesse unterstellen, in denen regelmäßig nach Gründen gefragt und das „Auch-anders-Können" vorausgesetzt werden kann. Maschinen aber sind durch die zugrundeliegende algorithmische Struktur determiniert, sodass hier der Begriff des „autoregulativen Systems" vorgezogen wird.

Mit der Durchsetzung der 5G-Technologie und des „Internet der Dinge" werden Sensoren allgegenwärtig. Daten sind damit im Übermaß vorhanden. Kein menschlicher Akteur kann all diese Daten noch angemessen verarbeiten. Verarbeitet werden die Daten algorithmenbasiert. Diese algorithmenbasierte Auswertung bildet die Grundlage für Entscheidungen, die entsprechend vorformatiert sind und tendenziell immer weiter in hochautomatisierte Systeme ausgelagert werden. Wird die sogenannte automatisierte Intelligenz durch „deep learning" optimiert, verschärft dies einerseits die Kontrollproblematik. Das Postulat einer „meaningful human control" für jeden Waffeneinsatz wird zusehends obsolet. Andererseits werden die spezialisierten Algorithmen mit der Verheißung propagiert, viel genauer unterscheiden zu können als Menschen. Das wäre auch rechtlich relevant, weil diese Unterscheidungsfähigkeit verspricht, die Kollateralschäden zu minimieren.

---

29 United States of America Department of Defense (2012). Directive No 3000.09 (November 21, 2012) on Autonomy in Weapon Systems, URL: https://cryptome.org/dodi/dodd-3000–09.pdf (Zugriff v. 20.01.2020), 13.

Die Frage nach der Anwendung autoregulativer Waffensysteme wird angesichts der fortschreitenden Entwicklung kontrovers diskutiert. Die einen lehnen deren Anwendung ab und fordern mit unterschiedlichen Argumenten eine komplette Ächtung – analog zu derjenigen von Landminen. Die anderen befürworten sie, indem sie zwischen rein reaktiven, etwa zur Raketenabwehr dienenden und letalen Systemen unterscheiden oder mit menschenrechtlichen Vorteilen argumentieren.

So behauptet etwa der Robotik-Experte Ronald C. Arkin, dass autoregulative Waffensysteme in höherem Maße kriegsvölkerrechts- und menschenrechtskonformes Handeln ermöglichten als menschliche Akteure (Ronald C. Arkin 2014). Unter der Voraussetzung, dass entsprechende normative Verhaltensmaßregeln algorithmisch implementierbar seien, plädiert er für den Ausbau der Erforschung solcher Systeme, weil sie sich gegenüber Mitgliedern der Streitkräfte dadurch auszeichneten, dass ihnen Selbstschutzimperative und Angst fehlen. Während bei menschlichen Agierenden nie auszuschließen sei, dass sie Informationen zu langsam verarbeiteten, dass sie aus Rache für getötete Teamkameraden oder aus Angst vor eigener Verletzlichkeit überreagieren oder sogar schwere Menschenrechtsverletzungen begehen, sei dies bei autoregulativen Systemen nicht der Fall: Eine Maschine auf Wachdienst könne ein Fahrzeug, das aus der Ferne nicht eindeutig zu klassifizieren ist, auf kürzeste Distanz herankommen lassen, um zu klären, ob es eine Bedrohung darstellt. Im ungünstigsten Fall sei nur eine Maschine zerstört. Ein menschlicher Wachtposten feuere im Zweifelsfall auch ohne genaue Identifikation, um sich selbst zu schützen.

Gegner bezweifeln allerdings, dass solche normativen Abwägungen synthetisch implementierbar sind. Sie kritisieren Arkin dafür, bisher nicht entwickelte Technologien vorauszusetzen und argumentieren mit dem Problem der Verantwortungsdiffusion: Wie sich autoregulative Systeme verhalten, sei nicht vollständig vorhersehbar. So entstehe eine Verantwortungslücke, in der weder die Programmierenden noch die Einsetzenden vollständig verantwortlich seien, während den Systemen selbst als Maschinen keine Verantwortung zugeschrieben werden kann. Damit aber sei jede Zurechenbarkeit und folglich die Basis des Rechts im Krieg aufgegeben. Die Behauptung einer Verantwortungslücke überzeugt zwar nicht vollständig. Denn Verantwortungszuschreibung muss nicht zwingend mit unmittelbarer Zuständigkeit einhergehen – ein Minister wird für Fehlverhalten unterer Ebenen auch dann verantwortlich gemacht, wenn er davon gar nicht wusste; es wird ihm aber vorgehalten, dass er sich darüber hätte kundig machen müssen. Trotzdem ist zu fragen, ob solch strenge Maßstäbe der Verantwortungszuschreibung im militärischen Kontext Anwendungschancen haben. Zudem gilt, dass der menschenrechtlich unverzichtbare Grundsatz einer menschlichen Beherrschbarkeit der Technologie, einer „meaningful human control“, angesichts der Reaktionszeiten solcher Systeme kaum umsetzbar erscheint. Zwar können menschliche Akteure vielleicht äußerlich von ihrer Verantwortung entlastet werden. Damit ist aber auf der Ebene der Gewissen die Schuldproblematik noch nicht einfach abgeblendet: Selbst wenn scheinbar „die Maschine schießt“, sind Menschen aktiv involviert.

Überwachung und Predictive Policing[30]

Wie bereits erwähnt, bringt die Veränderung internationaler Beziehungen neue Sicherheitsfragen mit sich. Angesichts der

30 Predictive Policing, dt.: vorhersagende Polizeiarbeit.

Zunahme digitaler Optionen führt das auch innerstaatlich zu Konsequenzen: Strafverfolgungsbehörden und Geheimdienste machen geltend, dass sie mehr Probleme beim Zugang zu relevanten Informationen über Verdächtige haben, weil digitale Kommunikation oft besser verschlüsselt ist. Gleichzeitig ist das Ausmaß der Überwachung heute unbestritten größer als je zuvor: Smartphones und andere Computer ermöglichen anders als analoge Kommunikationstechnologie nicht nur einzelne, abgeschlossene Kommunikationsvorgänge, sondern enthalten detaillierte Spuren des gesamten Lebens ihrer besitzenden Personen und können mehr Auskunft über diese geben, als es jede verdeckte Ermittlung erfassen könnte. Staatsorgane können Kommunikationsgeräte infiltrieren und so Individuen und Gruppen gezielt überwachen (sogenannte Quellentelekommunikationsüberwachung, im Volksmund „Staatstrojaner"). Dazu gibt es unterschiedliche Systeme der Massenüberwachung, etwa das Mitschneiden des gesamten Internetverkehrs an Knotenpunkten, der Zugriff auf alle E-Mails eines bestimmten Anbieters oder auch auf Direktnachrichten eines Social-Media-Unternehmens. Eine Variante dieser Form stellt die Vorratsdatenspeicherung dar, die in Europa für Kommunikations- und Flugreisedaten gilt. Denn längst rüsten Strafverfolgungsbehörden und Geheimdienste technologisch nicht nur digital auf. Entsprechend gibt es in Deutschland Stimmen, die eine Videoüberwachung des öffentlichen Raums fordern. Die flächendeckende Verknüpfung mit automatischen Systemen zur Gesichtserkennung wird diskutiert: Staatliche Stellen sollen jederzeit die Möglichkeit haben, nachzuvollziehen, welche Person sich zu welchem Zeitpunkt wo befindet.

Digitalisierung verändert nicht nur, wie Menschen Waffensysteme gestalten. Sie bringt nicht nur die Herausforderung mit sich, die Sicherheit von vernetzten Computersystemen selbst zu gewährleisten. Digitale Möglichkeiten sehr weitgehender datenbasierter Mustererkennung versprechen auch Fortschritte in der Verbrechensprävention, die sich auch auf Gewaltverbrechen und Tötungsdelikte bezieht. In Deutschland sind bisher fünf Systeme präventiver digitaler Polizeiarbeit, des sogenannten Predictive Policing, im Einsatz, die vor allem auf Einbruchs- und Eigentumsdelikte angewandt werden.

Davon ist der Einsatz von mustererkennender Software zur Terrorismusprävention zu unterscheiden, der auf soziale Medien zielt, wie etwa das BKA-Programm RADARite, dessen Resultate bisher noch ambivalent ausfallen: Denn noch kann nicht auf die menschliche Risikobewertung und Dateninterpretation verzichtet werden.

Die erstgenannten Verfahren sollen allerdings nicht zuletzt Geld einsparen. Im Wesentlichen werden dabei Täterprofile, geographische Gegebenheiten sowie zeit- und raumbezogene Daten bisheriger Delikte ausgewertet, um besonders betroffene Zeiten und Gebiete zu identifizieren, in denen dann die Patrouillenhäufigkeit erhöht werden kann, um Verbrechen vorzubeugen. Personenbasierte Profile sind bisher ausgeschlossen. Allerdings ist die Bedeutung und Wirkung stark umstritten. Das liegt einerseits daran, dass die Wirksamkeit kaum klar nachgewiesen werden kann: Selbst, wenn die Deliktrate in einem bestimmten Raum sinkt, ist nicht zu bestimmen, ob dies auf die entsprechende Maßnahme zurückgeht. Andererseits liegt dies daran, dass die entsprechenden Maßnahmen stark im politischen Diskurs genutzt werden, um Problembereiche zu definieren, die dann politisch bewirtschaftet werden können.

Besondere Gefahren ergeben sich dann, wenn hier personenbezogen gearbeitet wird. In den USA ist besonders die „strategic subject list“ bekannt geworden, die aus Chicago stammt. Auf der Basis verschiedener Merkmale identifiziert sie konkrete Risikopersonen. Weil der Algorithmus von der Annahme ausgeht, dass die personale Nähe zu Gewalt ausübenden Personen die Wahrscheinlichkeit erhöht, Tatbegehende oder Opfer von Gewalttaten zu werden, werden sowohl Opfer wie Tatbegehende erfasst. Merkmale sind etwa die Häufigkeit von Schussverletzungen, das Alter während der letzten Verhaftung, die Häufigkeit, in der jemand Opfer von Körperverletzung wurde, und andere. Problematisch ist allerdings, dass schon die Erhebung dieser Daten in der Regel nicht unparteiisch ist, sondern durch Vorurteile gesteuert wird. Zudem gehen in entsprechende Algorithmen Annahmen ein, wie sie etwa die strategic subject list macht, deren Korrektur nicht sichergestellt ist, weil der Hersteller des Programms ein exklusives Recht darauf hat. Überdies schließen solche Vorhersageprogramme aus der bekannten Vergangenheit auf die unbekannte Zukunft: Damit ist stets auch eine Schließung der Zukunft und im ungünstigen Fall eine sich selbst erfüllende Prophezeiung verbunden. Schließlich stellt Mustererkennung natürlich niemals Kausalität, sondern immer nur Korrelation fest: Wer in einer Gegend wohnt, in der kriminelle Gewalt sich häuft, kann in den Sucher geraten, auch wenn er oder sie selbst keinerlei Affinität dazu hat, also nicht Ursache krimineller Gewalt ist.

e) Gewaltunterbrechung und Digitalisierung

Digitalisierung wird in ihrem Bezug zur tödlichen Gewalt vor allem dann diskutiert, wenn es um Kriegsführung geht. Angesichts dessen ist die Frage drängend, welchen Beitrag digitale

Technologie auch dazu leisten kann, Gewalt zu unterbrechen. Denn in der Unterbrechung von Gewalt realisieren Menschen ihre Freiheit zum Verzicht auf Gewalt. Gleichwohl muss die Gesellschaft aus christlicher Perspektive auch andere Fragen bearbeiten: Wie wird digitale Sicherheit möglich? Wie ist mit hochautomatisierter Waffentechnologie oder Möglichkeiten gezielteren Gewalteinsatzes umzugehen, die digitale Mustererkennung verspricht? Aus der Perspektive des Tötungsverbots, das darauf verpflichtet, Kreise der Gewalt zu unterbrechen, und der Vorstellung einer freiheitsfördernden Digitalisierung ergeben sich drei Erwägungen.

Cybersicherheit

Elektronische Schädigungen finden mehrheitlich im zivilen Zusammenhang statt. Das stellt einerseits infrage, ob das militärische Paradigma eigentlich das zentrale und zielführende ist, um die Abwehr und Bekämpfung solcher Schädigungen zu reflektieren. Es stellt andererseits infrage, ob militärisch ausgerichtete Organisationen und Institutionen die angemessenen Akteurinnen und Akteure zur Abwehr und Bekämpfung darstellen. Geht man nämlich davon aus, dass hacktivism, cybercrime und cyberterror als Phänomene ziviler Kriminalität auch schon rein empirisch von höherer Bedeutung sind als der cyberwar, dass die Kooperation der Bürgerinnen und Bürger zur Stärkung des individuellen Schutzes zentral ist, dass die Sicherung elektronisch sensibler Infrastrukturen auch im zivilen Kontext von organisierter Kriminalität oder politischem Terrorismus hohe Priorität genießen sollte und dass Forschung und Entwicklung vorrangig im privaten Sektor und auf Massenmärkten loziert sind, auf die sich auch militärische Forschungsagenturen wie DARPA stützen, zumal das Militär im Digitalbereich zunehmend auf kommerziell erhältliche Anwendungen zurückgreift (components off the shelf, COTS), wird die Frage militärischer Anwendung entsprechender Instrumente nicht unerheblich, aber sekundär. Für eine zivile digitale Sicherungsstrategie, die von menschenrechtlichen Vorgaben auszugehen hätte, spricht also zunächst das Übermaß an Phänomenen, die nicht als cyberwar zu klassifizieren sind – ein Problemschwerpunktargument also. Für eine zivile digitale Sicherungsstrategie spricht auch ein technologisches Kompetenzargument: Entsprechende Verfahren und Technologien werden stärker im zivilen als im militärischen Bereich beforscht, selbst wenn dazu – wie im Falle der amerikanischen Militärforschungsbehörde (Defense Advanced Research Projects Agency, DARPA) – staatliche Mittel eingesetzt werden. Zudem stehen die Effizienz und Effektivität militärischer, hierarchischer Organisation nicht außer Zweifel, wie die jüngsten Einsatzbereitschaftsberichte etwa der Bundeswehr zeigen. Dazu kommt ein soziales Kompetenzargument: Es steht nämlich friedensethisch zu befürchten, dass eine Strategie der Friedenssicherung durch Hochrüstung, die die Frage der digitalen Sicherheit vorrangig militärisch organisiert, diese Sicherheit letztlich nicht erhöhen, sondern vermindern könnte, etwa, weil im Bereich der sogenannten „Cyberabwehr" nicht eindeutig zwischen defensiven und offensiven Strategien unterschieden werden kann und so die strikte Konzentration auf Verteidigung ausgehöhlt wird. Soweit militärische Organisationen nicht verpolizeilicht sind, vorfolgen sie ein Feindabwehrparadigma. Insofern lässt sich zudem fragen, ob solche Organisationen tatsächlich die beste Wahl zur Bearbeitung entsprechender Sicherheitsprobleme darstellen – zugleich ist der unterschiedslosen Rede vom „Cyberkrieg" entgegenzutreten.

Es ist ein Problem, in hochautomatisierten autoregulativen Waffensystemen menschliche Autorisierung so zu integrieren, dass sie diesen Namen verdient („meaningful human control"). Außerdem ist kaum zwischen Offensiv- und Defensivwaffen zu unterscheiden. Angesichts dessen stehen die moralischen Problemlagen solcher Waffensysteme deutlich vor Augen. Zudem wird kritisch gegen autoregulative letale Waffen eingewandt, dass sie die menschliche Würde verletzten, weil ihnen an menschlicher Urteilskraft und menschlichem Mitgefühl fehlt: Eine Maschine kann nicht gnadenweise vom Tötungsprogramm abweichen; es handelt sich um einen „death by algorithm" (Christoph Heyns). Auch bei der Folgenabschätzung ist Vorsicht geboten: Letale autoregulative Systeme könnten „gehackt" werden und sich dann gegen ihre ursprünglichen Verwender kehren oder in asymmetrischer Kriegführung von Agierenden eingesetzt werden, die sich an das Kriegsvölkerrecht nicht gebunden fühlen. Diese Gefahr ist genauso real wie die, dass in der Interaktion solcher Automaten unerwartete und unerwünschte Konsequenzen auftreten, wenn etwa Sonnenspiegelungen als Raketenflammen interpretiert werden und dadurch einen präemptiven Schlag auslösen, der aufgrund der kurzen maschinellen Reaktionszeiten jeden menschlichen Eingriff ausschließt („spoofing"[31]), oder dass die Beschädigung einzelner Module eine Kaskade weiterer Fehlfunktionen auslöst. In der Perspektive einer vom Tötungsverbot inspirierten christlichen Ethik der Gewaltunterbrechung und Friedensorientierung liegt die Gefahr solcher Waffensysteme auch darin, wie sie sich in größerem Rahmen und langfristig auf

31 Spoofing: Täuschungs- und Manipulationsmethoden zur Verschleierung der eigenen Identität im digitalen Raum.

Konfliktzusammenhänge auswirken könnten: Ähnlich wie ferngesteuerte Technologien schonen autoregulative Systeme zwar die je eigenen militärischen Kräfte weitgehend. Weil menschliche Steuerung fehlt, tragen sie aber zu einer Bedrohungskulisse bei, die jeder Art des peace-building abträglich ist. Sie untergraben die Notwendigkeit vertrauensbildender Maßnahmen am Konfliktort. Insofern ist die Bemühung um eine Ächtung letaler autoregulativer Systeme nicht unplausibel, auch wenn die Debatte noch keinesfalls als abgeschlossen gelten kann.

Überwachung und Predictive Policing

Die Bilanz des Predictive Policing fällt ambivalent aus. Dies gilt noch mehr für generelle Überwachungsinstrumente im digitalen Kontext: Bislang fehlen empirische Belege dafür, dass Überwachungsmaßnahmen die Sicherheit verbessern. Der Breitscheidplatz-Attentäter Anis Amri beispielsweise war Polizei und Verfassungsschutzämtern nicht nur bekannt, es gab sogar diverse V-Personen in seinem Umfeld. Zudem kann Überwachung neue Risiken schaffen: Der Preis für den ‚Staatstrojaner' ist eine Schwächung der allgemeinen IT-Sicherheit. Damit Sicherheitsbehörden in die IT-Systeme von Verdächtigen eindringen und Überwachungssoftware installieren können, müssen sie schließlich technische Schwachstellen ausnutzen. Das bedeutet, dass erkannte Schwachstellen von Staats wegen bewusst erhalten werden. Natürlich können auch Kriminelle diese Schwachstellen nutzen. Das zeigt unter anderem eine Cyberattacke, die 2017 die Öffentlichkeit in Atem hielt: Der Krypto-Trojaner „WannaCry" griff die Systeme von Krankenhäusern und von Firmen wie der Deutschen Bahn an – nur durch Glück kam niemand ernsthaft zu Schaden. Die Sicherheitslücke, die Einfallstor für den Angriff darstellte, war der US-amerikanischen NSA bekannt. Durch einen Hackerangriff auf die eigenen Systeme gelangte das Wissen um die Schwachstelle ins Internet.

Insgesamt scheint bei der Anwendung von mustererkennenden Verfahren in der Sicherheits- und Polizeiarbeit besonders zentral, dass Freiheitsrechte nicht beschnitten werden, die ökonomische Rationalisierungslogik nicht leitend und der Einbezug einer kritischen Öffentlichkeit gewährleistet wird. Dabei gilt es in der Perspektive des gerechten Friedens zu bedenken, dass totale Sicherheit nicht möglich ist und weder Polizeimaßnahmen noch das Justizsystem allein die Ursachen krimineller Gewalt nachhaltig bearbeiten können.

f) Beschäftigung in Kirche und Theologie

Die Frage nach dem gerechten Frieden und der Gewaltunterbrechung hat die Evangelische Kirche seit der Ostermarschbewegung nach dem Zweiten Weltkrieg immer wieder beschäftigt, in Akademiearbeit, Kirchentagen, akademischer Ethik sowie Militär-, Polizei- und Wehrdienstverweigererseelsorge. Zu den jüngsten Herausforderungen zählen auch diejenigen der Digitalisierung in Bezug auf Gewaltunterbrechung und Tötungsverbot. Diesen Herausforderungen hat sich die Evangelische Kirche nicht zuletzt in einem dreijährigen interdisziplinären Konsultationsprozess gewidmet, dessen Ergebnisse die EKD-Herbstsynode 2019 erörtert hat und die Basis weiterer Beratungen sind. Die Perspektive des gerechten Friedens mit ihrem Fokus auf die Konfliktursachen und der Priorisierung gewaltfreier und nachhaltiger Konfliktlösungen macht darauf aufmerksam, dass auch die digitale polizeilich-militärische Sicherheitsarchitektur eine zwar unersetzliche, aber eben nur komplementäre Funktion haben kann.

2.7 Bei Intimbeziehungen im digitalen Raum Freiheit und Achtsamkeit fördern

Siebtes Gebot: „Du sollst nicht ehebrechen.“ (Ex 20,14)

a) „Digitale Untreue“

Die Verfilmung des Romans von Daniel Glattauer „Gut gegen Nordwind“ aus dem Jahr 2019 erzählt die Geschichte von Emma und Leo: Die beiden lernen sich durch Zufall per E-Mail kennen, kommen sich virtuell immer näher und verlieben sich ineinander, ohne sich jemals persönlich getroffen zu haben. Anfangs sind beide noch zurückhaltend, dann tauschen sie sich digital über ihren Lebensalltag, persönliche Gefühle und Probleme aus wie über Emmis Ehe- und Familienleben und Leos gescheiterte Beziehung, aber auch über ihre Sehnsucht nach Intimität – die auf Gegenseitigkeit beruht. Im Verlaufe der Handlung deckt Emmis Ehemann die „Online-Beziehung“ auf.

Roman und Film tangieren nicht nur die Paradoxie von emotional-vertrauter Nähe und medial-räumlicher Distanz, sondern auch die Frage, wie sich die Wahrnehmung von Treue und Untreue im digitalen Raum verändert. Sie verweisen zugleich darauf – dies ist im Zusammenhang mit dem siebten Wort interessant –, dass das Digitale soziale Beziehungen und Sexualität beeinflusst und verändert.

b) Bibelauslegung: Das siebte Wort wahrte Existenzgrundlagen

Unter Ehebruch, Bruch einer Partnerschaft und Untreue versteht man heute meist, dass ein Partner oder eine Partnerin den anderen Partner oder die andere Partnerin betrügt, sei es durch sexuelle Kontakte oder durch eine intensive emotionale Affäre. Diese heutige Vorstellung geht von einer Gegenseitigkeit der (Ehe-)Partner aus. Sie trifft die ursprüngliche Bedeutung des siebten Wortes bestenfalls bedingt. Das hebräische Verb für „ehebrechen" kommt in der Bibel relativ selten vor: Es hat eine konkrete rechtliche Bedeutung und meint den sexuellen Verkehr mit der Frau eines anderen Mannes, seiner Verlobten oder seiner Ehefrau. Im Hintergrund steht hier eine eigentumsrechtliche Vorstellung, welche die Ehefrau als Eigentum des Ehemannes betrachtet. Insofern kann ein Mann nur die Ehe eines anderen Mannes brechen, eine Frau jeweils nur ihre eigene Ehe. Der soziale Kontext dieser Vorstellung ist die patriarchal strukturierte Großfamilie, welche nahezu die gesamte Lebensführung und nicht zuletzt die ökonomische Basis des Zusammenlebens prägte. Ein Ehebruch gefährdete potenziell die Existenz einer Großfamilie, konkret die „Legitimität der Nachkommen, die Erhaltung der Familie und ihres Grundbesitzes". Ein Ehebruch „drohte tatsächlich und ganz real, die Lebensgrundlage des Nächsten und Nachbarn in Frage zu stellen"[32], was die Schärfe der Sanktionen – die mögliche Steinigung der Ehebrecherin (vgl. Dtn 22,22–24) – erklärt. Insofern sollte das Gebot vorrangig die so bestimmte Rechtssicherheit der Großfamilie schützen und bezieht sich nicht auf die eheliche Treue im heutigen Sinn.

Jesus betont die eheliche Gemeinschaft als Schöpfungswillen Gottes (Mk 10,2–12 parr). Zudem richtet er in seiner Interpretation des siebten Wortes den Akzent nicht auf die rechtliche Dimension und die Tat selbst, sondern stellt bereits die Absicht

32 Frank Crüsemann, Bewahrung der Freiheit: Das Thema des Dekalogs in sozialgeschichtlicher Perspektive 1983, 70.

eines deutlichen Trachtens nach der Ehefrau eines anderen als problematisch heraus (Mt 5,32). So radikalisiert Jesus das Gebot. Dadurch lenkt er die Aufmerksamkeit auf emotionale Beziehungsqualitäten und ihre lebensförderlichen bzw. -einschränkenden Wirkungen. Dieser Radikalisierung stellt er zugleich eine Vergebungsbereitschaft und die Neueröffnung menschlicher Handlungsmöglichkeiten gegenüber. So findet sich im Johannesevangelium die Erzählung von Jesus und der Ehebrecherin, in welcher Jesus die Steinigung der Ehebrecherin ablehnt (Joh 8,7).

c) Medienethische Perspektive: Verantwortete Freiheit bewährt sich

Partnerschaft und Ehe aus evangelischer Sicht

Es ist ein Grundanliegen des evangelischen Verständnisses, dass partnerschaftliche Beziehungen Vertrauens- und Liebesverhältnisse sind, die sich durch Verlässlichkeit, Verbindlichkeit und Verantwortlichkeit auszeichnen (vgl. EKD-Orientierungshilfe „Autonomie und Angewiesenheit", 2013). In dieser Traditionslinie haben evangelische Kirchen seit der Reformationszeit die personale Lebensgemeinschaft speziell der Eheleute als Grundform der Mitmenschlichkeit verstanden, die dem Bund Gottes mit den Menschen entspricht. Dieser Bund ist grundlegend als Befreiung zu verstehen: Gott befreit Menschen und schließt einen Bund mit ihnen. Insofern bedeutet die Ehe nicht Zwang, sondern soll Freiräume menschlicher Begegnung eröffnen. Die personale Gemeinschaft der Eheleute und ihr wechselseitiges Vertrauen sind die wesentliche Qualität dieser Lebensform. Das grenzt diese Lebensform in zwei Richtungen ab: gegen eine einengende Sexualmoral genauso wie gegen ein „Alles ist erlaubt".

Leitbilder von Partnerschaft, Ehe und verantwortlicher Sexualität haben sich seit der zweiten Hälfte des 20. Jahrhunderts grundlegend verändert: Kontrazeptiva haben Beteiligten eine weithin souveräne Geburtenkontrolle ermöglicht und damit Fortpflanzung und Sexualität entkoppelt. Die Möglichkeiten der modernen Reproduktionsmedizin haben grundlegend auch das Verständnis personaler Beziehungen transformiert. Mit der Frauenemanzipation sind im westlichen Kulturkreis Frauen ökonomisch zunehmend unabhängiger geworden. So veränderte sich die rechtliche und kulturelle Stellung der Frau. Das erweiterte die Bandbreite „lebbarer", d.h. von der Gesellschaft zugelassener und individuell gewünschter Lebensformen. Im heutigen protestantischen Verständnis von Partnerschaften und Sexualität wird daher zunehmend berücksichtigt, dass Sexualität Teil der persönlichen Individuation und kein bloßes „Außen" der Personalität ist, dass es faktische Gestaltungsspielräume der Fortpflanzung gibt und dass hetero- wie homosexuelle Lebensgemeinschaften gegenseitig gleichberechtigt sind (Dabrock et al. 2015).

„Wer ist mein Nächster?" (Lk 10,29), und: Wem werden wir zum Nächsten? (Lk 19,36) – diese biblischen Grundfragen sollen Menschen orientieren, ihr Verhalten dahingehend zu prüfen, ob sie in ihrem Mitmenschen ihren Nächsten erkennen und diesem auch zum Nächsten werden, indem sie sich anrühren lassen und dem anderen mit Achtung, Mitgefühl und Hilfestellung begegnen. Hier, im Menschenbild und in der Verwiesenheit auf den anderen Menschen, finden sich auch im Blick auf Partnerschaft und Sexualität Kriterien dafür, wie die von Gott geschenkte Freiheit im Raum des Digitalen bewährt werden kann.

Wie andere Medien zuvor haben in den vergangenen Jahren digitale Medien auch den persönlich-intimen Lebensbereich und die Beziehungen von Menschen beeinflusst. Liebesbriefe und Telefonate ermöglichen es, Erfahrungen und Emotionen über räumliche Distanzen hinweg zu teilen. Massenmedien mit erotischen, sexuellen und pornographischen Inhalten und Darstellungen verändern erotisches Erleben und gesellschaftlich akzeptierte Formen des individuellen Sexuallebens. Digital vermittelte sexualbezogene Aktivitäten sind weit verbreitet und normalisiert. Menschen bahnen Beziehungen und Sexualität vielfach mithilfe internetbasierter Kommunikation an oder leben sie auch vermittels digitaler Technik.

In der Fach- wie in der öffentlichen Diskussion sind zwei unterschiedliche Narrative hinsichtlich dieser Transformation wahrzunehmen: Einige reflektieren kritisch auf die tiefgreifende Veränderung der sexuellen Kultur und eine damit einhergehende Übersexualisierung, Bindungsunfähigkeit und den Verlust des Ideals der Paarbeziehung. Andere sehen keinen grundlegenden Wandel der Beziehungs- und Sexualkultur, sondern lediglich, dass die Digitalisierung verstärkt, was bereits existiert: die gesellschaftlichen Dynamiken und Prozesse der Individualisierung, Technisierung, Liberalisierung, Globalisierung und Kommerzialisierung (Nicola Döring 2017).

Sexualbezogene Internetaktivitäten eröffnen Individuen neue Freiheitsräume, in denen sie Sexualität gestalten und erfahren können. Sie ermöglichen diversifizierte Formen des sexuellen Begehrens. Gleichzeitig sind auch problematische Entwicklungen bei der Nutzung bestimmter digitaler Technologien und

Medien zu benennen, die Nutzende in ihrer Freiheit einschränken können und deren Lebensdienlichkeit kritisch zu hinterfragen ist. Im Zusammenhang dieses hier vorliegenden Textes liegt der Fokus nicht auf einer sexualethischen Einordnung der Phänomene, sondern auf der medienethischen Perspektive. Es geht um die Frage, inwieweit der digitale Raum bisheriges soziales Verhalten in Sexualität und Partnerschaft verstärkt oder qualitativ verändert.

d) Freiheit gewinnen, Freiheit erhalten – Transformationen von Beziehungen und Sexualität durch den digitalen Wandel

Online-Dating[33]

Über acht Millionen Menschen in Deutschland[34] nutzen aktiv Online-Dating-Services und -Partnervermittlungen. 16 Prozent[35] aller partnerschaftlich gebundenen Menschen in Deutschland geben an, ihre Partnerin bzw. ihren Partner online kennengelernt zu haben. Die Zahlen verdeutlichen, dass das Internet bei der Partnersuche als digital-sozialer Begegnungsraum zu verstehen und Online-Dating als kulturelles Phänomen ernst zu nehmen ist. Dabei ist das Angebot vielseitig:

---

33 Vgl. Nathalie Eleyth, Beziehungen in Zeiten des Onlinedatings, in: gynäkologie + geburtshilfe (2020) 25/5, 26–29, hier: 27.

34 Siehe dazu URL: https://de.statista.com/statistik/daten/studie/76504/umfrage/anzahl-der-nutzer-von-online-dating-boersen-seit-2003/ (abgerufen am 27.04.2020) und URL: https://de.statista.com/infografik/9192/anteil-der-bevoelkerung-der-fuer-dating-services-im-internet-zahlt/ (abgerufen am 27.04.2020).

35 Das ergab eine Umfrage von Parship, belegt bei: Eike Wenzel/Oliver Dziemba, #wir. Wie die Digitalisierung unseren Alltag verändert, 2014, 42.

Einige Plattformen richten sich allgemein an erwachsene Frauen und Männer, andere Anbieter adressieren spezifische Zielgruppen (ältere Menschen, Menschen mit Handicaps, Alleinerziehende, LGBTQIA+[36] u.a.); es existieren kostenfreie wie kostenpflichtige Angebote. Circa 2,5 Millionen[37] Menschen in Deutschland suchen online nach unverbindlichen, sexuellen Kontakten (sogenanntes casual dating/adult dating)[38].

Online-Dating bietet einen niedrigschwelligen und diskreten Zugang zu einer Vielzahl von kontaktsuchenden Menschen. Diese können nach einer Partnerin oder einem Partner zielgerichtet nach präferierten Merkmalen oder sexuellen Vorlieben suchen. Insbesondere für schüchterne Menschen ist die computervermittelte Interaktion Chance und Ermutigung, Kontakt zu einer anderen Person aufzunehmen. Für sexuelle Minderheiten kann die online-basierte Partnerinnen- und Partnersuche so in einem geschützten (diskriminierungsfreien Peergroup-) Raum stattfinden, der neben der Anonymität respektive Pseudonymität in der internetbasierten Kommunikation auch eine identitätsstützende Sozialfunktion ermöglicht.

Die internetgestützte Partnersuche ist nicht strukturell limitiert und erweitert Partnerwahlopportunitäten enorm, die außerhalb des Netzes aufgrund unterschiedlicher Lebensmittelpunkte, Arbeitszeiten und differierender Freizeitgestaltung nicht bestünden. Unabhängig von Zeit und Raum können Interessierte Kontakt aufnehmen und diesen auch ohne Erklärung

36 LGBTQIA+ (engl.) steht für Lesbian, Gay, Bisexual, Transgender, Queer/Questioning, Intersexed, Asexual und andere Personen, die sich der queeren Community zugehörig fühlen.

37 Siehe dazu URL: https://de.statista.com/outlook/373/137/casual-dating/deutschland (abgerufen am 27.04.2020).

38 Casual Dating (auch c-dating oder adult dating): Online-Dating mit dem Ziel der erotischen Kontaktsuche.

beenden. Für große Bevölkerungsgruppen liegen die Chancen für einen erfolgreichen Kontakt im Online-Dating höher als in der Offline-Kontaktsuche.

Insbesondere mobile Dating-Apps können durch Filter und (algorithmische) Vorsortierung den Nutzenden ein personalisiertes Angebot offerieren und gleichzeitig grenzenlose Verfügbarkeit von Partnerinnen und Partnern suggerieren.

Freiheitsgewinne

Die internetgestützte partnerschaftliche Suche kann also unabhängig von Zeit und Ort stattfinden und erlaubt den (zielgerichteten) Zugang zu einer heterogenen Nutzendengruppe. Das bietet für viele Menschen Freiheitsgewinne jenseits der Routinen des Kennenlernens der analogen Welt: Menschen haben Beziehungspartnerinnen und -partner auf dem digitalen Weg gefunden, denen sie aufgrund ihrer gewohnten Alltagsabläufe, ihres zurückhaltenden Naturells oder ihrer Einbindung in einen bestimmten sozial-geographischen Raum nie begegnet wären. In Online-Kanälen entstehen Begegnungen und Beziehungen zwischen Menschen. Diese Erfahrungen und diese Chance sind aus evangelischer Perspektive zu würdigen.

Herausforderungen: Menschenbild und Optionenvielfalt

Gleichzeitig wird Online-Dating für das Menschenbild kritisiert, das es vermittelt. Die Körper-Armut des Online-Datings mache Menschen zu Objekten: Vor dem Hintergrund einer Konsum- und Shoppingmentalität werde das digitale Gegenüber in der kapitalistischen Logik einer Ware betrachtet, bewertet und als ein Bündel von Eigenschaften analysiert.

Die Partnerwahl „verkomme" zu einem hochgradig wettbewerbsorientierten Markt. Die Soziologin Eva Illouz analysiert, dass das Übermaß an Wahlmöglichkeiten kognitive Veränderungen in der Bildung romantischer Gefühle auslöse und die Art der Festlegung auf einen Partner oder eine Partnerin verändere. Die Möglichkeit von Gelegenheitssex beeinflusse zudem die Fähigkeit, sich dauerhaft zu binden (Eva Illouz 2011).

Der digitale „Partnermarkt" suggeriert, dass jederzeit eine bessere Option verfügbar sei. Online-Partnervermittlungen stellen ihren Nutzenden umfangreiche Persönlichkeitstests und nach eigener Angabe wissenschaftlich entwickelte Fragebögen zur Verfügung, um auf der Basis der analysierten partnerschaftlichen Eigenschaften, des Kommunikationsstils und Alltagsverhaltens mithilfe eines Matchingverfahrens die „passgenauen Gegenstücke (zu) präsentieren"[39].

Die Digitalisierung verstärkt die kapitalistische Logik im Liebes- und Sexualleben von Menschen. Aus evangelischer Perspektive ist dies kritisch zu gewichten. Das biblische Menschenbild steht erstens in Spannung zu einer kapitalistischen Marktlogik, die Menschen ebenso wie Sexualität als Konsumgut betrachtet. Es steht zweitens in Spannung zu den Versuchen, sich über kumulative Sexualität bzw. ostentatives Sexualkapital zu definieren.

Herausforderung: Verstärkungen des Analogen

Es fällt auf: Interaktionen auf Online-Dating-Plattformen folgen klassischen analogen Geschlechtsstereotypen und ver-

39 URL: https://www.parship.de/ratgeber/tipps/parship-fragebogen/ (abgerufen am 27.04.2020).

stärken diese über Datingstrategien und die Gestaltung von Nutzendenprofilen.

Auch andere Verhaltensweisen der analogen Welt setzen sich in der virtuellen Welt fort: Resonanzlosigkeit, geschönte Selbstdarstellungen, Täuschung durch Fake-Profile, Betrug (online dating scam/online romance scam[40]) und Grenzverletzungen wie unaufgefordertes Sexting[41] und sexualisierte Gewalt. Die Anonymisierung/Pseudonymisierung im Rahmen der digitalen Kommunikationswege leistet normverletzenden Handlungen Vorschub.[42]

Herausforderung: Komplexe Aushandlungsprozesse

Den Einzelnen stehen nicht nur mehr Kontaktmöglichkeiten offen, sondern auch mehr Formen des partnerschaftlichen Umgangs als früher. Vor dem Hintergrund ihrer Einbindung in die digitale Welt müssen Paare eigene Regeln für ihre Beziehung aushandeln. Wann ist der Zeitpunkt gekommen, sich auf die feste Bindung einzulassen und sich von der Dating-Plattform abzumelden? Ist es legitim, trotz Partnerschaft online mit anderen Menschen zu flirten oder Cybersexualität zu erleben? Was ist ein Online-Seitensprung und wann beginnt digitale Untreue?[43]

---

40 Online dating scam (auch: online romance/love scam): Betrugsmethode auf Online-Partnerbörsen oder in sozialen Netzwerken, welche unter Vorspiegelung einer falschen Identität und/oder mit vorgetäuschter Liebe Opfer emotional abhängig macht, um finanzielle Zuwendungen zu erhalten.

41 Sexting steht für die Kommunikation über sexuelle Inhalte („Dirty Talk") über mobile Messengerdienste, die der gegenseitigen Erregung dienen soll. Nicht-konsensuelles Sexting ist als sexualisierte Grenzverletzung zu werten.

42 Zur Bedeutung der Anonymität im Kontext des Cyber-Harassment siehe auch den 2020 publizierten Mädchenbericht des Kinderhilfswerks Plan International, Free to be online. Girl's and young women's experiences of online harassment, 26, URL: https://www.plan.de/fileadmin/website/05._Ueber_uns/Maedchenberichte/Maedchenbericht_2020/Free_to_be_online_report_englisch_FINAL.pdf (zuletzt aufgerufen am 12.11.2020).

43 Vgl. dazu Nathalie Eleyth, In Zeiten der Computerliebe, in: gynäkologie + geburtshilfe (2020), 25/6, 34–37, hier: 36.

Jesus hat das siebente Gebot radikalisiert. Das verweist darauf, dass Untreue nicht erst mit dem körperlich-sexuellen Kontakt zu einer anderen Person beginnt. Auch sexuelles Begehren, welches sich digital-kommunikativ äußert, kann dem Vertrauen zwischen Partnerinnen und Partnern und somit dem Beziehungsleben schaden. Ob Online-Flirtmöglichkeiten hier zu qualitativ neuen sozial- und sexualethischen Herausforderungen führen, mag bezweifelt werden (die Romanliteratur ist voll von virtuellen und über Distanzen aufrechterhaltenen außerehelichen Liebesbeziehungen), die quantitative Steigerung von Vielfalt und Anzahl der Angebote führt jedoch zu erhöhten Ansprüchen an die Entscheidungskompetenz der einzelnen Person.

Individuen und Paaren für diese Aushandlungsprozesse Orientierung zu geben, ist Aufgabe evangelischer Sexualethik, die dabei Freiheitsgewinn und Freiheitgefährdung im digitalen Raum jeweils zu berücksichtigen hat. Kann beispielsweise ein casual dating als intime und lustvolle Begegnung gewürdigt werden, solange Konsens, Gleichheit und Achtung vor der sexuellen Selbstbestimmung als unverzichtbare Kriterien verantwortlicher Sexualität gegeben sind? Diese und ähnliche Fragen gilt es unter Einschluss der spezifischen Wirksamkeit digitaler Medien sexualethisch zu beantworten.

Sexualität ist eine gute Gabe Gottes. Ohne verantwortliche Gestaltung und Kultivierung kann sie destruktive Züge annehmen. Dabei ist zu bedenken: Auch ein institutioneller Schutzraum kann die verantwortliche Gestaltung von Partnerschaft und Sexualität nicht garantieren.

Ghosting

Ein anderes Phänomen der digitalisierten Gesellschaft ist „ghosting". Ghosting („zum Geist werden") bezeichnet den plötzlichen Kontaktabbruch zu einer Person ohne vorangehende Erklärung. Ein Ghosting-Opfer kann weder über soziale Medien noch über Telefon z. B. aufgrund von Sperrung/Blockierung mehr einen Kontakt herstellen. Menschen „ghosten" eine andere Person häufig in der Kennenlernphase, aber auch in längerfristigen Beziehungen ist Ghosting bedauerlicherweise ein Teil der Umgangskultur geworden.

Die sogenannte „geghostete" Person soll durch die Aufhebung jeglicher Kommunikation realisieren, dass ein weiterer Kontakt unerwünscht ist. Dieser Kontakt- und Beziehungsabbruch „aus dem Nichts" hinterlässt Menschen stark verunsichert und verletzt sie in ihrem Selbstbild. In vielen Forenbeiträgen und Zeitungsartikeln berichten Frauen wie Männer darüber, dass ihre Partnerinnen bzw. Partner durch Ghosting die Beziehung beendet haben und sie anhaltend unter der Ohnmachtserfahrung leiden.

Die technischen Sicherungen und Blockierungsmöglichkeiten innerhalb sozialer Medien, bei Messengerdiensten und Apps erleichtern das Ghosting. Gleichzeitig tragen diese Möglichkeiten dazu bei, dass man unangenehme Kommunikation beenden oder sich vor nicht konsensuellem Sexting und digitaler Gewalt schützen kann.

Medienethisch ist auch hier festzustellen, dass das Internet die analogen Möglichkeiten von Kontaktabbruch erweitert und radikalisiert. Sozialethisch ist hier genau wie im analogen Raum an den einzelnen Menschen zu appellieren, sich konfliktfähig und empathisch im Umgang mit Gesprächs- und Beziehungspartnerinnern und -partnern zu zeigen. Angesichts der gesteigerten und zugleich problematischen Freiheitsmöglichkeiten ist auf die Weisheitsregel aus Matthäus 7,12 zu verweisen: „Alles nun, was ihr wollt, dass euch die Leute tun sollen, das tut ihnen auch!"

Online-Pornographie

Das Internet ist voller Pornographie; die Nachfrage ist groß. Pornographische Webseiten machen circa zehn Prozent der Top-50-Sites aus, ihr Anteil am Datenverkehr ist wahrscheinlich deutlich höher; je nach Bezugsgröße ist von einem Porno-Anteil von fünf Prozent bis etwa 30 Prozent an Websites oder Datenverkehr auszugehen. Damit sind sie ähnlich weit verbreitet wie Newsportale, soziale Netzwerke oder Webmailer (Richard Joos 2017).

Forschende aus den Bereichen der Medien- und Sexualwissenschaft legen dar, dass die digitale Pornographie die sexuelle Aktivität mit der höchsten Nutzungsintensität im digitalen Kontext ist, da sie für eine wesentliche Zahl von Menschen zur regelmäßigen Masturbation gehört (Nicola Döring 2019).

Freiheitsgewinn und Herausforderungen

Pornographie wird in der Öffentlichkeit wie auch fachwissenschaftlich kontrovers diskutiert. Aktuell fragen medienwissenschaftlich Forschende beispielsweise kritisch, ob und inwiefern Mainstream-Pornographie stereotypere Darstellungen (re-) produziert als andere Medien. Digitale pornographische Medien sind permanent verfügbar; der Zugang ist kostenlos und setzt oft keinen Altersbeweis voraus, obwohl sie teilweise drastische pornographische Darstellungen vorhalten (z. B. aus dem BDSM[44]-Spektrum). All das fordert nicht nur den rechtlichen Jugendschutz heraus, sondern tangiert medienpsychologische, sexualpädagogische wie sexualethische Fragen.

Einige Wirkungsstudien beleuchten negative Effekte des Pornographiekonsums, von promiskuitivem Verhalten über einseitige Geschlechterrollenbilder bis hin zu feindlich-sexistischen Sichtweisen auf Menschen, unrealistischen Körperbildern, sexueller Unzufriedenheit oder gar Aggressivität.

Parallel dazu benennen andere Studien Chancen der Pornographienutzung: Diese könne zum einen sexuelle Hemmungen abbauen helfen und die Qualität des eigenen Sexuallebens steigern, indem sie das eigene sexuelle Ausdrucksspektrum und Wissen erweitert. Des Weiteren bewirkte die Digitalisierung sowohl eine Popularisierung als auch Diversifizierung des Pornographiemarkts, zum Beispiel durch die Ausbreitung der Amateur-Pornographie. Filmproduktionen mit feministischem Anspruch ebenso wie Queer-Pornographie etablieren sich seit einigen Jahren jenseits heteronormativer Darstellungen mit tradierten Genderkonstruktionen. Die Pluralität der pornographischen Darstellungsformen kann dazu beitragen, die Stigmatisierung sexueller Minderheiten abzubauen und Minderheitsidentitäten zu stärken.

Einen problematischen Umgang mit pornographischem Material im Sinne einer exzessiven Nutzung, die sich negativ auf

---

44 BDSM: Sammelbezeichnung für Bondage und Discipline, Dominance und Submission, Sadism und Masochism.

partnerschaftliche Sexualität oder die Gestaltung des Alltagslebens auswirkt, pflegen nur eine minimale Anzahl an Pornographienutzenden.

Die skizzierten Veränderungen zeigen, dass Pornographie im digitalen Raum genutzt, erfragt und auf neue Weise sozial angeeignet wird. Risiken und Chancen für eine Bewährung der von Gott geschenkten Freiheit liegen auch hier dicht beieinander. Diese Risiken und Chancen in ihrer jeweils konkreten Ausgestaltung zu gewichten, ist Aufgabe einer zu entwickelnden evangelischen Sexualethik.

In der gegenwärtigen Ethik geht es in Bezug auf Online-Pornographie neben dem Kinder- und Jugendmedienschutz vor allem um die Frage nach fairer Pornographie, also nach ethischen Standards in der Mainstream-Pornoindustrie. Die sogenannte Fair Porn-Perspektive kritisiert nicht nur stereotypisierende wie diskriminierende Darstellungen von sexuellen Minderheiten, „Black, Indigenous and People of Color" (BIPoC[45]) sowie prekäre Genderkonstruktionen, sondern fokussiert ebenso auf sichere Arbeitsbedingungen, gerechte Entlohnung sowie Mitspracherechte der Darstellenden.

Von der Pornographie zu unterscheiden ist die Darstellung von sexualisierter Gewalt gegen Kinder in Form von Foto- und Videoaufzeichnungen. Diese Aufzeichnungen als „Kinderpornographie" zu bezeichnen, verharmlost die sexualisierte Gewalt und sexualwirtschaftliche Ausbeutung von Kindern zu kommerziellen Zwecken. Solche Medieninhalte sind durch

45 Selbstbezeichnung Schwarzer Menschen (Black/B), Indigener Menschen (Indigenous/I) und Menschen of Color (People of Color/PoC).

die Digitalisierung einfacher zugänglich als zuvor. Kriminelle organisieren sich in Netzwerken und nutzen das Internet als Distributionskanal für Missbrauchsbilder und Organisationsplattform. Während Massenplattformen wie soziale Medien inzwischen eng mit Strafverfolgungsbehörden zusammenarbeiten und im großen Stil Software und Menschen einsetzen, um die Verbreitung dieser Inhalte zu verhindern, haben sich weniger leicht zugängliche Bereiche des Internets als Umschlagplätze etabliert. Den Ermittlungsbehörden zufolge spielen insbesondere versteckte Seiten im Anonymisierungsnetzwerk Tor, in der Öffentlichkeit häufig als „Darknet" bezeichnet, und verschlüsselte Direktkommunikation eine große Rolle. Die Kompetenzen von Polizei und Geheimdiensten zur digitalen Überwachung von verdächtigen Personen und Netzwerken werden

Darknet

Das sogenannte „Darknet" ist ein Teil des Internets, das über einen besonderen Browser zugänglich ist und durch verschlüsselte, anonymisierte Peer-to-Peer-Verbindungen Kontakte herstellt, welche abgeschlossene Netzwerke ausbilden können, wobei die Identität der Akteurinnen und Akteure von außenstehenden Dritten nicht nachverfolgt werden kann. Diese Form der Anonymität ist für das Herstellen einer Gegen-Öffentlichkeit in Ländern mit einer strikten Zensur und Überwachung des Netzes, wie etwa in China und im Iran, für die Stärkung der Meinungsfreiheit und für gefährliche journalistische Arbeiten unabdingbar. Es ist in bestimmten Kontexten nahezu die einzige Möglichkeit, regierungskritische Informationen zu verbreiten. Zugleich können in den anonymisierten, abgeschlossenen Bereichen auch Tauschnetzwerke für z. B. verbotene oder nicht lizensierte Inhalte verbreitet werden. Nach Schätzungen lassen sich knapp zwei Drittel der Aktivitäten im Darknet als illegal einschätzen, neben der Abwicklung von Waffen- und Drogengeschäften wird das Darknet auch zur Verbreitung von sexualisierter Gewalt gegen Kinder genutzt. Dieser Sachverhalt macht die Problematik der Vision eines Netzes ohne Zensur und Überwachung deutlich.

seit den 2000er Jahren deshalb kontinuierlich ausgeweitet. Es wird jedoch weiter debattiert, ob diese Befugnisse ausgebaut werden sollen, etwa durch eine grundsätzliche Schwächung von Verschlüsselungsmechanismen für private Kommunikation. Bürger- und Menschenrechtsorganisationen wenden dagegen ein, dass dies nicht nur die Sicherheit der Kommunikation von Kriminellen, sondern aller Menschen schwächen würde – auch die von Medienschaffenden und Oppositionellen in diktatorischen Regimen (vgl. hierzu die Ausführung im neunten Gebot).

Cybersexualität

Sexuelle Dienstleistungen

Nicht nur private, sexuelle Beziehungen werden über das Internet angebahnt. Die Digitalisierung verändert auch den Markt mit bezahlten sexuellen Dienstleistungen[46]: Prostitutive Sexualität wird im Internet vermarktet (Internetpräsenzen und Social-Media-Profile von Bordellen oder Escort-Services).

Zudem ist durch die digitale Transformation eine neue Form der Sexarbeit ohne Körperkontakt entstanden: kostenpflichtige Strip- und Sex-Shows vor der Webcam etwa.

Im Zuge der Corona-Pandemie mussten Bordelle zeitweise schließen. Währenddessen hat sich gezeigt, wie Sexarbeitende digitale Räume nutzen, um das Prostitutionsverbot zu umgehen, online um Kundschaft zu werben oder in den Bereich des Webcam-Sex zu wechseln.

46 Vgl. dazu Nathalie Eleyth, In Zeiten der Computerliebe, 35.

Diese Form der Sexarbeit gilt nicht als Prostitution, da es zu keiner direkten Begegnung zwischen Sexarbeitenden und Nutzenden kommt. Gleichwohl ist der Übergang zur Prostitution fließend, da mehrheitlich weibliche CamSex-Anbieterinnen sogenannte User-Treffs organisieren und die sexuelle Begegnung dokumentieren und kommerzialisieren.

Ethisch bedenklich ist hier weniger die Mikroebene, also die Darstellung von sexuellen Handlungen vor der Kamera oder die sexuelle, computervermittelte Interaktion zwischen mehrheitlich weiblicher Anbieterin und männlichem Nutzer, solange Freiwilligkeit, Konsensprinzip und ein lebensdienlicher Körperumgang gewahrt werden. Vielmehr ist die auf der Makroebene angesiedelte digitale Dokumentation der Sexarbeit zu problematisieren, da die Verwertungsrechte des Bildmaterials bei den Betreibenden der CamSex-Plattform liegen, dieses Material häufig zu Werbezwecken genutzt wird und eine mögliche ungewollte Weiterverbreitung der hochpersönlichen Bildaufnahmen nicht ausgeschlossen werden kann.

Medientechnik

Digitale Medientechniken eröffnen distanzierte, körperarme Formen der sexuellen Interaktion ebenso wie neue Formen der Autoerotik. Paare können beispielsweise mittels „Teledildonik" ungeachtet einer großen räumlichen Distanz miteinander sexuell interagieren.

Die von den Anwendenden angelegten Sexspielzeuge werden über eine Computersoftware gesteuert. Die Nutzenden können sich über Videochat beobachten, und die Bewegungen bzw.

Kontraktionen des/der Anderen werden auf das eigene Sexspielzeug übertragen.

Erotisch-sexuelles Verhalten ohne Partnerbezug im Kontext immersiver Virtual-Reality-Pornographie kann eine harmlose Variante des Lustgewinns sein. Die Nutzung wird fragwürdig, wenn ein dysfunktionaler Gebrauch, beispielsweise in Form einer Abhängigkeit, dazu führt, dass Nutzende in ihren sozialen und psychischen Anforderungen beeinträchtigt werden und intensive sexuelle Erlebnisse nur noch in der virtuellen Welt möglich scheinen. In Liebesbeziehungen bestünde so die Gefahr der Abkoppelung von realen Partnerinnen und Partnern.

Sexroboter

Roboter sind Schlüsselprodukte der Digitalisierung. Die Sexindustrie gibt erhebliche Summen für die Forschung zu künstlicher Intelligenz und Robotik aus, weil es einen zunehmend großen Markt für Sexroboter gibt. Hiermit sind Hardware-Roboter gemeint, nicht Software-Roboter, sogenannte Sex-Spam-Bots oder Adult-Chatbot-Systeme, die wie menschliche Chatter agieren, intelligente Dialoge führen können und gezielt für eine erotische Kommunikation programmiert wurden.

In Europa gibt es bereits Bordelle, in denen Sexroboter, ergo humanoide Puppen mit künstlicher Intelligenz, „arbeiten“. Aus der zunehmenden Verbreitung der Roboter ergeben sich ethische wie rechtliche Fragen, die vor allem in dem zukunftsorientierten Fachgebiet „responsible robotics“ reflektiert werden.

Zukunftsforschende sehen positive wie negative Effekte der Etablierung von Sexrobotern. So kann die Nutzung von Sexrobotern Menschen ohne Chance auf eine Intimbeziehung in die Lage versetzen, ihre Sexualität auszuleben. Auch Beziehungen zu anthropomorphen Robotern zum Schutz vor Isolation werden diskutiert.

Die jüngste Version der Sexroboter besitzt die Fähigkeit, Unterhaltungen zu führen, verfügt über ein steuerbares Temperaturkontrollsystem, eingebaute Sensorik und Interaktionsverhalten. Ferner können Nutzende zwischen unterschiedlichen Charaktereigenschaften wählen: So existieren beispielsweise humanoide, meist als weiblich zu identifizierende Puppen, die zur sexuellen Interaktion „nein“ sagen, sich gleichzeitig realiter nicht wehren können. In derartigen Fällen ist die kritische Rückfrage berechtigt, inwieweit die Programmierung solcher Roboter zur Stabilisierung einer „rape culture“[47] beiträgt.

Hoch umstritten ist die Nutzung fetischisierter Roboter, an denen Menschen vor dem Hintergrund der Katharsistheorie (sexualisierte) Gewaltphantasien ausleben können, ebenso wie die Nutzung kindlicher Roboter zum Ausleben pädosexueller Neigungen.

Aus evangelischer Sicht ist festzuhalten: Die Verwendung digitaler Medien mit sogenannter künstlicher Intelligenz kann zwar Sexualfunktionen ersetzen, jedoch keine personale Be-

---

47 Rape Culture (dt.: „Vergewaltigungskultur“) bezeichnet ein soziales Umfeld innerhalb einer Gesellschaft, in dem sexualisierte Gewalt verharmlost respektive normalisiert wird.

ziehung. Liebe und (sexuelle) Beziehungen leben vom Reiz des Verschiedenen, der Dialektik aus Vertrautem und Neuem, von überraschenden Reaktionen und Spontaneität. Ein zentraler Reiz der Sexualität ist deren Nicht-Verfügbarkeit. Von daher ist nicht zu erwarten, dass der technologische Fortschritt dazu führt, dass rein selbstbezogene Sexualität in größerem Ausmaß zunimmt. Gleichzeitig ist anzuerkennen, dass bestimmte Personengruppen von der Entwicklung und Nutzung von Sexrobotern profitieren können.

Es zeigt sich aus medien- und technikethischer Sicht, dass auch die Möglichkeiten digitaler Technologie, hier insbesondere die Robotik, im Blick auf Partnerschaft und Sexualität Freiheitsgewinne und -risiken mit sich tragen. Diese sexualethisch aufgeworfenen Fragen sind nicht gänzlich neu, bedürfen jedoch einer aktualisierten Konkretisierung, wenn sie Anwendenden und Entwickelnden von digitaler Sextechnologie Orientierungshilfen geben wollen.

e) Konsequenzen

Die Digitalisierung schreitet auch in den hoch persönlichen Bereichen der Lebensgestaltung voran, in Beziehungen und Sexualleben. Digitale Technologie wird in komplexen Kontexten genutzt und führt zu ambivalenten Wirkungen. Vereinsamung, Verrohung oder problematische Pornographisierung bezeichnen Gefährdungen der Freiheit. Auf der anderen Seite stehen Chancen, Einschränkungen und Probleme im Offline-Leben durch Digitaltechniken zu mildern und zu einem selbstbestimmten sexualitätsfreundlichen Leben zu verhelfen. Aus dem Dargelegten ergeben sich folgende Konsequenzen für das Handeln von Kirche und Diakonie:

Bildung

Es ist eine wesentliche Aufgabe der evangelischen Kirche, sich insbesondere in den von ihr verantworteten Bildungsbereichen (Religionsunterricht, kirchliche Jugendarbeit, Erwachsenenbildung u.a.) für ein umfassendes Bildungsverständnis zu engagieren, das kognitive, ethische und alltagspraktische Orientierungen auch für den Umgang mit digitalen Medien umfasst. Speziell Jugendliche sind dazu zu befähigen, eigenverantwortlich zu handeln und den Nächsten zu achten. In diesem Sinne sind sie dazu zu ermutigen, Beziehungen in einem verantwortungsvollen Miteinander einzugehen und sich entsprechende Sozial- und Sexualkompetenzen anzueignen.

Die evangelische Kirche möchte Menschen auf Basis eines lebensdienlichen Zugangs zu Sexualität in ihrer verantwortlichen sexualethischen Urteilsbildung begleiten und dabei die eigenen Perspektiven zum Verständnis verantwortungsvoller Sexualität in der pluralen Gesellschaft der digitalisierten Welt zur Diskussion stellen.

Kinder- und Jugendmedienschutz

Wie auch bisher will sich die evangelische Kirche für einen verbesserten Medienschutz für Kinder- und Jugendliche auf Plattformen und Geräten einsetzen und eine Diskussion über die Verantwortung von Domainbetreibenden und Providern fördern. Zur Verantwortung dieser Betreibenden gehört es, keine Angebote einzustellen, die es Menschen ohne Altersvalidierung ermöglicht, pornographisches Material zu konsumieren. Die Landesanstalten für Medien der Bundesländer kritisieren, dass digitale Pornoanbietende, speziell mit Sitz im Ausland, bisher kaum verpflichtet werden können, dass Alter ihrer Kundschaft zu kontrollieren, was unter Wahrung des Datenschutzes möglich werden sollte. Die Politik sollte daher ihren Einfluss ausüben, damit die Provider die Pornoanbietenden dazu zwingen, eine wirksame Alterskontrolle zu garantieren, oder die Seiten abschalten.

In gleicher Weise ist es aktuell und künftig ein wichtiges Aufgabenfeld für die kirchliche Jugendarbeit, Heranwachsende ab der Pubertät bei der pornographiespezifischen Medienkompetenzbildung zu begleiten und zu unterstützen. Mitarbeitende von Diakonie und Kirche benötigen Kompetenzen, junge Menschen zu befähigen, sich bewusst für oder gegen die Nutzung bestimmter Pornographien zu entscheiden, den Realitätsgrad pornographischer Inszenierungen zu beurteilen, das eigene Nutzungsverhalten vernünftig zu regulieren und möglicherweise auftretende Probleme frühzeitig zu erkennen. Insbesondere Kinder und Jugendliche dürfen mit ihren Pornographieerfahrungen nicht allein gelassen werden.

Profilierung evangelischer Sexualethik vor dem Hintergrund der Herausforderung des Digitalen

In der Perspektive des christlichen Glaubens ist deutlich, dass technische Surrogate wie intelligente Sexroboter, virtuelle Beziehungen und solipsistischer Pornographiekonsum wechselseitige Liebe, Lust und Leidenschaft nicht ersetzen können. Menschliche Beziehungen, gerade im Intimbereich, sind immer von Unverfügbarkeit, Freiwilligkeit und wechselseitiger Begegnung geprägt. Die von Gott geschenkte Freiheit bewährt sich auch hier, wie im ersten und zweiten Gebot aufgerufen, in der Achtung des Anderen. Online-Dating kann für viele Menschen einen guten Zugang zu solchen Begegnungen eröffnen, gleichzeitig sind manche Formen der Online-Kontakte von der Gefahr bedroht, menschliche Beziehungen zu verdinglichen.

Hinsichtlich neu gewonnener Freiheitsräume durch die Digitalisierung erinnert evangelische Ethik an die Kriterien der Lebensdienlichkeit und Lebenszufriedenheit bei sexuellen Begegnungen, die immer für alle Beteiligten gelten müssen. Zur sexualethischen Bildung der Kirche gehört vorrangig, für den sorgsamen Umgang mit anderen Menschen zu werben und eine asymmetrische Selbstdurchsetzung von Individuen ohne Rücksicht auf das Gegenüber als verfehlt zu bewerten.

2.8 Gerechte Teilhabe am digitalen Wirtschaften ermöglichen

Achtes Gebot: „Du sollst nicht stehlen.“ (Ex 20,15)

a) Einleitung

„Interested in data?“, schrieb jemand, der sich John Doe nannte. „We are very interested“, antwortete jemand von der Süddeutschen Zeitung. Dieser kurze Mail-Austausch war der Anfang. Digital übermittelte John Doe einige Dokumente. Diese Dokumente überzeugten die Redaktion von Qualität und Echtheit des angebotenen Materials. So bauten die Journalisten den Kontakt aus. Schnell war klar: Die enorme Datenfülle von letztlich elf Millionen Dokumenten über Personen und Unternehmen in allen Kontinenten würden sie nur in Kooperation mit dem International Consortium of Investigative Journalists (ICIJ) auswerten können. Schließlich waren an dieser Auswertung digital vernetzt rund 400 Fachjournalistinnen und -journalisten aus 80 Ländern beteiligt. Am 3. April 2016 veröffentlichten Medien die Panama Papers. Das sorgte für weltweites Aufsehen. Die juristische und politische Aufarbeitung dieser Dokumente ist bis heute nicht abgeschlossen. Sie machten das enorme, grenzenlose Ausmaß eines Schattenfinanznetzwerks deutlich, das wohlhabenden Menschen und Unternehmen ermöglicht, Beträge in Billionenhöhe der Besteuerung zu entziehen beziehungsweise deren Herkunft aus illegalen Geschäften zu verschleiern. Sowohl dieses Schattennetzwerk als auch dessen Aufdeckung waren nur durch digitale Vernetzung und Kooperation möglich.

b) Bibelauslegung: Das Diebstahlverbot schützt vor Existenzverlust

Das achte Wort des Dekalogs spricht zunächst in den Kontext einer subsistenzwirtschaftlichen Agrargesellschaft von Ackerbau und Viehzucht. Knappheit ist die Regel. Durch den Diebstahl von Vieh, Werkzeug oder Kleidung kann der Verlust das Überleben des Einzelnen wie des Sippenverbands bedrohen. Deswegen kann der Diebstahl auch weitere gewaltsame Konflikte auslösen. Der verbotene Diebstahl bezieht sich auf beweglichen Besitz und wird in der Regel vom geduldeten Mundraub unterschieden (z. B. Dtn 23,25 f.). Das Verbot von Diebstahl soll Überleben und friedliche Koexistenz sicherstellen: Neben einer individualethischen hat es daher auch eine starke sozialethische Komponente. In der biblischen Tradition steht es zudem in engem Zusammenhang damit, die materielle Teilhabe vor allem der Armen zu sichern. Das prophetische Zeugnis weitet den Blick darauf, wie Menschen Güter verteilen und mit Ungleichheit überhaupt umgehen (Jer 7,9; Hos 4,3). Besonders der

Umgang mit Land (Jes 5,8) und das Verhältnis von Armut und Reichtum spielen in diesem Zusammenhang eine besondere Rolle (Amos). Im Neuen Testament bezieht sich Jesus selbstverständlich auf das Diebstahlsverbot (Mk 10,19 par), gleichzeitig rücken die Armen auch praktisch in den Mittelpunkt der Aufmerksamkeit (Mt 25 u.ö.).

c) Gerechte Teilhabe macht Freiheit möglich: Besitz, Wirtschaft und Arbeit

Das Verständnis von Diebstahl ist – im Hinblick auf die gerechte Verteilung von Gütern –traditionell und systematisch eng mit dem Thema des Eigentums verknüpft. Stehlen lässt sich nur, was den exklusiven Nutzungs- oder Zugangsrechten anderer unterliegt: Nach der Befreiung aus der Sklaverei war das Manna in der Wüste (Ex 16) – gleichsam als freies Gut – für alle in gleicher Weise verfügbar und ausreichend vorhanden. Es ließ sich – außer für den Sabbat – nicht ansammeln, ein Diebstahl wäre sinnlos. In ähnlicher Weise gibt Gott auch die Güter der Schöpfung biblisch allen Geschöpfen und so auch allen Menschen in gleicher Weise, auch wenn diese Güter nach dem Sündenfall erarbeitet werden müssen (Gen 1,29; Gen 9; Ps 104,10–28 u.ö.). „Gottes Gaben – Begabungen im persönlichen Sinne, aber auch Güter im wirtschaftlichen Sinn – sollen zum Nutzen aller gemehrt werden und damit letztlich Wohlstand und Teilhabe aller ermöglichen“[48], so heißt es in der EKD-Denkschrift „Unternehmerisches Handeln in evangelischer Perspektive“. Das private Eigentum ist in diesem Sinne eine pragmatische Vorkehrung, um eine klare Verantwortlichkeit zu ermöglichen und Streit zu

48 Kirchenamt der EKD (Hg.): Unternehmerisches Handeln in evangelischer Perspektive. Eine Denkschrift des Rates der Evangelischen Kirche in Deutschland, 2008.

vermeiden. Wie Menschen Güter verteilen, muss jedoch grundsätzlich am Gemeinwohl orientiert sein. Dies steht in der Tradition Martin Luthers, der – etwa in seiner Schrift zur Leisniger Kastenordnung – den als „Beruf“, als Dienst an den Nächsten verstandenen eigenen Erwerb verbindet mit der kommunitären Sorge für die, denen solcher Erwerb nicht möglich ist. Diebstahl versteht Luther in der Vorrede zur Armenpostille vor allem auch als ein Problem, das verursacht wird durch die mangelnde Fürsorge der Wohlhabenden. Auch moderne Sozialstatistik bestätigt diese Einsicht: Ist gesellschaftliche Verteilung so organisiert, dass sie Armut minimiert, kommt dies letztlich allen in der Gesellschaft zugute – auch den Bessergestellten: Die Kriminalität ist geringer, die Gesundheit besser und die allgemeinen Bildungs- und Zufriedenheitsniveaus höher. Das achte Gebot, das auf Vermeidung von Diebstahl zielt, bleibt individualethisch gültig, seine Wirkung entfaltet es aber auf der strukturellen Ebene.

Im Gegensatz zu feudalen Gesellschaften der Vergangenheit hat die moderne Arbeitsgesellschaft Produktivität und Verteilung institutionell verbunden: Durch den Arbeitsvertrag werden Erzeugung und Verteilung, Arbeit und Lohn gekoppelt. Damit ist eine normative Basis gefunden für die zurechenbare Verteilung von Eigentum. Erarbeitetes Eigentum ermöglicht so Wohlergehen und individuelle Freiheit, kann aber auch zu problematischer Exklusivität führen – dies bringt die Parole „Eigentum ist Diebstahl“ des französischen Philosophen Pierre-Joseph Proudhon zum Ausdruck. Die Einsicht in diese Gefahr und diese Chance von Eigentum sind in Deutschland im Konzept der „sozialen Marktwirtschaft“ aufgenommen. Dieser wohlfahrtsstaatliche Kompromiss hat sich in der hocharbeitsteiligen globalisierten Moderne im Laufe gesellschaftlicher

Konflikte herausgebildet. Die soziale Marktwirtschaft sichert einerseits politisch das Recht auf Privateigentum und die Institutionalisierung von effizienzorientierten Märkten. Andererseits soll soziale Marktwirtschaft verhindern, dass einige Wenige Eigentum exklusiv anhäufen, während breite Gesellschaftsschichten verarmen und im Extremfall kriminell werden. Tatsächlich hat dies dazu beigetragen, dass Diebstahlsdelikte seit Jahrzehnten stetig abnehmen. Kennzeichnend für die soziale Marktwirtschaft sind Aushandlungsmechanismen angemessener Entlohnung von Arbeit und ein Sozialversicherungs-, Gesundheits- und Steuersystem, das auch nach transparenten Regeln umverteilt und die öffentlichen Institutionen sowie die Absicherung von Lebensrisiken finanziert. Welches Verhältnis von exklusiver Verfügbarkeit und allgemeinem Zugang zur Nutzung von Gütern und Dienstleistungen gerecht und angemessen ist, bleibt dabei umstritten. Dies äußert sich nicht nur in Tarifkonflikten, sondern auch in Debatten darüber, welche Höhe der Grundsicherungen angemessen ist oder wie große Vermögen besteuert werden sollen.

In solchen Debatten steht aber eins kaum grundsätzlich infrage: das exklusive Anrecht auf etwas durch Privateigentum. Das gilt auch für das Eigentum an sehr großen Vermögen und auch in Bezug auf Land, Wasser, Bodenschätze und andere natürliche Ressourcen.

Neue Freiheitsräume können entstehen, wenn Menschen natürliche Ressourcen, Klimastabilität oder Biodiversität als Gemeingüter verstehen. Sogenannte Allmenden oder Commons gehören allen gemeinsam und alle tragen für sie gemeinsam Verantwortung. Wer die Gesellschaft so sieht – und sie damit anders als mit dem Modell des Homo oeconomicus versteht –, traut demokratisch legitimierten Organisationen zu, gemeinsam Regeln für Zugang und Nutzung regionaler und globaler Gemeingüter zu entwickeln, diese umzusetzen und ihre Einhaltung zu überwachen. Die Digitalisierung kann eine entscheidende Rolle spielen. Das ist erstens dann der Fall, wenn alle Betroffenen direkt oder durch demokratisch eingesetzte und kontrollierte Institutionen vernetzt und gemeinsam Nutzungsregeln entwickeln. Zweitens helfen digitale Technologien bei deren Umsetzung und Kontrolle. Das gilt besonders auch dann, wenn Menschen Wissen und Daten nutzen wollen, die selbst als Gemeingüter anerkannt sind – etwa Forschungsergebnisse, Sprache, Kunst oder kulturelles Wissen. Gemeinsam und nach gemeinsam entwickelten Regeln nutzen, schützen und entwickeln Menschen dieses Wissen weiter. Das Open-Source-, Copyleft[49]- und Wikipedia-Prinzip sind bekannte und erprobte Beispiele dafür.

d) Digitalisierung ermöglicht Teilhabe – und gefährdet Teilhabe

Die Digitalisierung verändert die gesamte wirtschaftliche Wertschöpfungskette in Industrie, Handel und Dienstleistungen grundlegend: Just-in-time-Logistik, vernetzte Fabriken, Blockchain, elektronische Spekulation und Hochgeschwindigkeitshandel, Crowd- und Cloudworking oder Ressourcenoptimierung sind nur einige Phänomene. Digitalisierung verändert bestehende Strukturen von Wirtschaft und Wert-

49 Copyleft ist eine freie Software, welche die Nutzerrechte über kommerzielle Interessen des Softwareentwicklers stellt und darauf abzielt, dass die kostenlose Weitergabe und Weiterentwicklung der Verbesserung der Software und der höheren Marktdurchdringung dient. Der Urheber der Software behält die Urheberrechte, allerdings gewährt er eine Lizenz ohne Exklusivrecht an Personen für den Vertrieb und die Modifikation der Software.

Crowd- und Cloudworking

Als Crowd-/Cloudwork bezeichnet man über Plattformen vergebene und digital erledigte Arbeiten, die sehr unterschiedliche Formen und Vertragsregelungen umfassen können. Das Spektrum reicht von hoch qualifizierten Arbeiten von Spezialisten und Spezialistinnen etwa im Programmierbereich, die in ihrer Arbeitszeitgestaltung weitgehend souverän und monetär abgesichert sind, bis hin zur Übernahme sehr kleinschrittiger Arbeiten, wo im Prinzip am Bildschirm eine Art von Akkordarbeit getätigt wird, etwa Verschlagwortung von Bildern, die noch nicht von Programmen erkannt und zugeordnet werden können. Diese Arbeit wird in der Regel sehr gering pro „Click" (daher oft auch Click-work) vergütet.

schöpfung in einem permanenten Prozess, der an Innovationsgeschwindigkeit und Wucht gewinnt. Zu beobachten ist dies etwa anhand der großen, international tätigen Technologiekonzerne wie Google oder Apple, Amazon oder Uber: Sie vermitteln Güter und Dienstleistungen; nach dem Prinzip der Plattformökonomie treten sie zwischen Verbrauchende und Anbietende oder Unternehmen und Beschäftigte. Damit können diese Plattformen für ganze Branchen disruptiv wirken. Strukturelle Veränderungen sind schon heute deutlich zu erkennen, nicht nur in der Industrie, sondern auch und gerade in konsumnahen Dienstleistungsbereichen wie Banken, Versicherungen, Handel und Logistik. Dies ist nicht nur ein vorübergehender Trend, sondern ein epochaler Veränderungsprozess, der die Grundfesten unseres Zusammenlebens und unserer Zusammenarbeit verändert. Dieser Veränderungsprozess ist ein globaler, der auch die Frage nach der gerechten Teilhabe neu stellt. Denn wohlfahrtsstaatliche Kompromisse wie die soziale Marktwirtschaft wirken in nationalstaatlichen Grenzen. Digitale Marktführerschaft aber wirkt über Grenzen hinweg: In der digitalen Welt können hochproblematische Verteilungsregimes das Wirtschaften international bestimmen. Dass Nationalstaaten gleichwohl hohen Einfluss erringen können, zeigt etwa das Beispiel Chinas, dessen digitale Politik und Wirtschaft trotz autoritärer, Menschenrechte nicht achtender Strukturen weltweit hohe Wirksamkeit entfaltet.

Ein Charakteristikum der Digitalisierung ist die intelligente Vernetzung von Mensch, Maschine und Objekt. Das betrifft Wissensarbeit, Produktionsarbeit wie Dienstleistungen und damit die Entwicklung von der Industrie- zur Wissensgesellschaft. In diesem Prozess gewinnt die Organisation von Informationen immer mehr Bedeutung. Trotzdem bleibt die Frage des Zugangs zu diesen Informationen eine zentrale Herausforderung. Der Zugang zu digitalen Netzen ist in vielen Bereichen wesentliche Voraussetzung demokratischer Kontrolle und gesellschaftlicher Teilhabe. In den Anfangstagen des Netzes dominierte die Utopie des uneingeschränkten Zugangs zu Wissen und Kultur. Diese Sicht ist heute häufig realistischeren Betrachtungen gewichen. Daten und Informationen werden längst auch als wirtschaftliche Güter gesehen. Manche Geschäftsmodelle basieren dabei auf Exklusivität, andere auf freier Nutzung und Vernetzung. Auch kreative Leistungen bringen zunehmend digitale Ergebnisse hervor – ob in Wissenschaft, Journalismus, bildender Kunst oder Musik. Mit der Online-Enzyklopädie Wikipedia hat sich das größte, kollektiv gepflegte digitale Gemeingut der Welt etabliert. Mit Creative Commons[50] wurde eine Lizenz für Kulturgüter geschaffen, die explizit auf freies Teilen statt auf Zugangskontrolle ausgerich-

50 Creative Commons ist eine Non-Profit-Organisation, die durch vorgefertigte Lizenzverträge Urheber bei der Freigabe rechtlich geschützter Inhalte unterstützt.

tet ist. Mit den Konzepten von open access, open data und open source[51] haben sich zudem auf freiwilliger Basis Alternativen zur Idee des geistigen Eigentums etabliert. Gleichzeitig sind der Schutz und die Wertschätzung immaterieller Güter grundsätzlich zu sichern: So müssen etwa die Rechte von Schreibenden, Medien- und Kunstschaffenden sowie Verlagsrechte auch im Netz grundsätzlich gewahrt bleiben. Das bezeichnet die bisher kaum gelöste Herausforderung: Die unterschiedlichen Ansätze der Freigabe und der Sicherung geistigen Eigentums im Netz müssen ausbalanciert werden.

Mit der Entwicklung hin zu einer Wissensgesellschaft gewinnt Bildung an Bedeutung. Digital qualifizierte Fachkräfte werden zunehmend gebraucht. Das fordert Unternehmen wie Beschäftigte. Auch die Bildungspolitik muss sich dieser Herausforderung stellen – von der Vermittlung digitaler Kompetenzen in Schule und Ausbildung bis zur permanenten Weiterbildung im Berufsleben, von Bildungsinstitutionen, die innovative Qualifizierung ermöglichen, bis zu Arbeitsumgebungen, die lernfreundlich ausgestaltet sind. Nicht nur akademisch Hochqualifizierte dürfen dabei im Fokus stehen. Auch das Erfahrungswissen Älterer wird gebraucht, auch sie können sich für die digitale Welt weiterqualifizieren. Die Digitalisierung kann auch für die rund eine Million Menschen in Deutschland eine Chance sein, die seit Einführung der Grundsicherung für Arbeitsuchende 2005 ununterbrochen im Leistungsbezug sind. Nicht alle von ihnen stehen bisherigen Bildungsangeboten offen gegenüber. Digitalisierung kann ihre Lage zwar weiter zementieren – kann ihnen jedoch gerade auch neue Teilhabe-

51 Offener Zugang; offene Daten, die von jedermann uneingeschränkt genutzt und weiterverarbeitet werden dürfen, sowie offener Quellcode, der in der Regel kostenlos genutzt werden darf.

möglichkeiten eröffnen, etwa mit digitalen Anwendungen, die Bildungsanforderungen senken. Bildung muss es allen möglich machen, mit sich wandelnden Anforderungen in der Arbeitswelt Schritt zu halten. Bildung ist indes auch im emanzipatorisch-freiheitlichen Sinn unverzichtbar, um die sich verändernden Strukturen und Funktionen in Wirtschaft und Gesellschaft erfassen und durchschauen, eigene wie gemeinsame Handlungsspielräume erkennen, erkämpfen und nutzen zu können. Bildung ist wesentliche Voraussetzung und Hebelpunkt zum Öffnen neuer Freiheitsräume in der Digitalisierung.

Die Digitalisierung bietet große Chancen, die viele im Alltag als Freiheitsgewinn erleben und nutzen. Diese Chancen lassen sich weiter steigern, wenn es gelingt, dass auch durch Digitalisierung neu entstehendes Eigentum (z. B. durch Data-Mining[52], die systematische Auswertung großer Datenmengen) zum Nutzen aller gemehrt und damit Wohlstand und Teilhabe aller ermöglicht wird. Daher gilt es ein doppeltes Ungleichgewicht in den Blick zu nehmen, das zwischen Anbietenden und Nutzenden droht: Plattformbetreiber oder andere große Organisationen, die auf Basis von Daten wirtschaften, können einerseits in einem umfassenden Sinn Daten über viele Nutzende sammeln und zu vorher nicht bestimmbaren Zwecken analysieren, diese Ergebnisse können sie entweder selbst nutzen oder an Dritte verkaufen. Und sie können andererseits diese Daten selbst und Informationen darüber, welche Daten in welcher Weise analysiert werden, als Geschäftsgeheimnis, also eigentumsähnlich, vor Nutzenden, Konkurrenz und Öffentlichkeit verbergen. Aus persönlichen Daten zu einer ge-

52 Data-Mining: Prozess zur Identifizierung von spezifischen Datenmustern in großen Datensätzen.

winnorientierten Verhaltensbeeinflussung zu kommen: das ist kurzgefasst das Geschäftsmodell vieler Plattformen. Dies begründet und verstärkt eine massive Machtasymmetrie zwischen großen Wirtschaftsorganisationen einerseits – gleich, ob privatwirtschaftlich oder letztlich durch einen autoritären Staat gelenkt – und den einzelnen Nutzenden andererseits, die einer verborgenen Beeinflussung ausgesetzt sind, die durch ihre eigenen Daten erst möglich wird. Je größer die Organisation, ihre technischen und wirtschaftlichen Möglichkeiten, je umfassender das erhobene und zu analysierende Datenwissen und je ausgefeilter die Analyse diversifizierter Datenmengen sind, desto stärker kommt diese Asymmetrie zum Tragen. Direkte Netzwerk- und indirekte Feedbackeffekte führen zu Monopolbildungen im Bereich von Digitalunternehmen: Wer die meisten Kontaktmöglichkeiten bietet, das breiteste Angebot hat, die größte Nachfragekapazität vereint, kann immer mehr Zulauf bekommen. Konkurrierende Anbieter fallen in eine Nische oder verschwinden ganz vom Markt. So kann Google beispielsweise bei Suchanfragen in Europa einen Marktanteil von 90 Prozent halten und Facebook rund 75 Prozent der Social-Media-Kommunikation in Deutschland beherrschen. Denn die Nutzenden profitieren ebenfalls von den Netzwerkeffekten. Vieles scheint vordergründig kostenfrei. Viele Menschen erleben darin einen Zuwachs an Freiheit. Freiheit wird allerdings eingeschränkt, wenn die Nutzung der Daten dazu führt, dass Werbeeinnahmen im Netz immer stärker auf wenige große Akteure konzentriert werden, die dadurch eine entsprechende Macht erhalten, Informationen zu lenken: Im Ergebnis teilen sich Google und Facebook inzwischen mehr als die Hälfte der Onlinewerbeumsätze, mit steigender Tendenz speziell in dem teurer werdenden Markt für personalisierte Werbung. Diese Unternehmen bevorteilen zudem oft Produkte aus ihrer Unternehmensfamilie oder präsentieren diese bisweilen intransparent. So wird der Marktzugang für neue Wettbewerber weiter erschwert. Um Freiheit und Teilhabe aller zu sichern, muss missbräuchliches Verhalten von marktbeherrschenden Plattformen verhindert werden. Denn einige große Unternehmen der digitalen Wirtschaft können durch ihr Geschäftsmodell auch auf die politische Willensbildung Einfluss nehmen: Sie können Aufmerksamkeit lenken und somit Einfluss darauf nehmen, welche Nachrichten kommuniziert werden, Suchergebnisse steuern oder politisch unliebsame Meinungen löschen. Aufgrund ihrer globalen Aufstellung ist, wenn nicht international, so doch zumindest auf EU-Ebene, eine Plattformregulierung notwendig, die verschiedene Verhaltenspflichten festlegt, insbesondere ein Selbstbegünstigungsverbot. Deutschland muss in und mit Europa Formen der Regulierung finden zwischen dem US-Modell mit wirtschaftlich starken Unternehmen, die eine Monopolstellung im Digitalbereich anstreben, und dem chinesischen Modell, das aus technologischer Rückständigkeit durch Abschottung seines riesigen Binnenmarkts chinesische globale Player entwickeln und sich der technologischen Abhängigkeit von den USA entziehen konnte. Denn aufgrund der Tendenz zur Monopolbildung in der IT-Wirtschaft scheint eine Selbstregulierung des Marktes nicht zu greifen. Europas Chance liegt in eigenständigen soziotechnischen Entwicklungen, etwa Open-Source-basierten Betriebssystemen, Servern und Plattformen. Digitale Technologien nehmen zunehmend den Charakter von Infrastrukturen an, vergleichbar der Versorgung mit Mobilität, Elektrizität und Wasser. Deshalb muss Struktur und Funktionsweise dieser digitalen Infrastrukturen einer demokratisch-politischen Kontrolle unterliegen, die am Schutz persönlicher Daten orientiert ist.

Als gesellschaftliche Informationsinfrastruktur verstanden, bietet Digitalisierung auch die Möglichkeit, problematische gesellschaftliche Prozesse wie die Externalisierung von sozialen Kosten und Umweltkosten zu identifizieren und ihr entgegenzuwirken. Als Basis für neue Strukturen, Prozesse und Institutionen muss sich ein neues Bewusstsein für die grundlegende Bedeutung des Datenschutzes entwickeln. Mit der Datenschutz-Grundverordnung (DSGVO) hat die Europäische Union hier einen wesentlichen Meilenstein gesetzt, auch wenn es große Gestaltungsaufgaben bleiben, die geltenden Regeln effektiv durchzusetzen und weiter zu entwickeln. Die Digitalisierung mehrt den Nutzen der Gaben Gottes für alle, ermöglicht Freiheit und Teilhabe, wenn sie dazu beiträgt, das Leben zu verbessern und Regionen zu entwickeln, die bisher keinen oder kaum Anteil am globalen Wohlstand haben.

Die stärkere und teilautonome Vernetzung von digitalen Endgeräten, Produkten und Maschinen wird auch verändern, wie wir arbeiten. Digitalisierung steigert Effizienz – für Unternehmen kann sie so Kosten und Ressourcenverbrauch senken sowie flexibler machen: Sie können schneller auf Veränderungen am Markt reagieren. Veränderte Arbeitssysteme, Organisation und Gestaltung von Arbeit können Beschäftigten im Rahmen kontrollierter, betrieblicher Regeln und Zielvorgaben mehr Entscheidungsfreiheit geben, ihnen Überblick verschaffen und selbstbestimmte Flexibilität ermöglichen. All dies geschieht allerdings nicht von selbst, gerade wenn der Bedarf an Flexibilität und Mobilität, damit auch an daran angepasster sozialer Absicherung steigt. Die Verhandlungen zwischen Sozialpartnern gewinnen deshalb gerade durch die Digitalisierung noch an Bedeutung: Nur in Aushandlungsprozessen können die neu eröffneten Freiheitsräume zum Nutzen aller ausgestaltet werden. Aushandlungen sind nötig zwischen der digitalisierten Wirtschaft und der Sozial- und Entwicklungs-, Umwelt- und Klimapolitik, die diese Wirtschaft ermöglichen und begleiten. Viele auszuhandelnde Fragen stehen dabei in einer Linie mit bereits bekannten Interessenkonflikten und Regelungsbedarfen. Zwischen den drei Polen des Marktes, den Unternehmen, den Beschäftigten und der Kundschaft, zählt strukturelle Angebots- oder Nachfragemacht. Für die Mehrheit der Menschen wird diese Macht durch Entwicklungen der Verteilungs- oder Konjunkturlage bestimmt, auf die sie individuell nur geringen Einfluss haben. Es gilt, solche wirtschaftliche Macht einzuhegen und die Risiken abzusichern, die die Einzelnen nicht schultern können. Das umfasst daher auch die Absicherung oder Stärkung Schwächerer im Markt und deren Schutz vor Exklusion. Mögen viele Konflikte nicht neu sein – manche Entwicklungen sind neu und machen auch rechtliche und soziale Innovationen nötig: Die Entwicklung der Informations- und Kommunikationstechnologien beschleunigt und verschärft die Durchgriffstiefe und Kontrolle von Vorgesetzten und Unternehmensleitungen; mobile Endgeräte machen Menschen ständig erreichbar und binden sie. Innovationen sind deshalb nötig in Bildung, in Wettbewerbs- und Arbeitsrecht, in der sozialen Sicherung und der Balance der Rollen von Produzierenden und Konsumierenden. Dabei kann es beispielsweise um Barrierefreiheit in digitalen Medien gehen, um ein Recht auf Nichterreichbarkeit oder um Netzneutralität.

e) Digitalisierung soll allen nutzen

Arbeiten wird vernetzter, globaler, flexibler. Das eröffnet viel Freiraum um den Alltag, die Arbeitswelt und die soziale

Sicherung zu gestalten. Neue Aushandlungen werden erforderlich sein, auch neue Aushandlungsmechanismen über den Betrieb, die Branche und Region, den nationalen Kontext hinaus. Flexibilisierung und mobile Arbeit, Agilität und temporäre Kooperation machen es dabei auch nötig, Solidarität neu zu fassen. Rechtliche Begriffe wie „Arbeitnehmer" und „Arbeitnehmerin", „Arbeitgeber" und „Arbeitgeberin" oder „Betrieb" erfassen nicht mehr vollständig die heutige Realität in der Arbeitswelt. Schutzrechte und Sicherungssysteme wirken nicht mehr überall und für alle. Freiheitsgewinn zum Nutzen aller liegt weder in unbegrenzter Verfügbarkeit und Regellosigkeit noch im strikten Klammern an bekannte Begriffe und Strukturen. Es gilt, im Wandel die neuen Freiheitsmöglichkeiten im Einzelnen zu entdecken – und auch zu erkämpfen.

Mobiles Arbeiten wird für immer mehr Beschäftigte möglich – gerade der jungen Generation ist Flexibilität und die Anpassung von Arbeitsort und Arbeitszeit nach persönlichen Bedürfnissen wichtig – und zwar in der festen Überzeugung, dass sich in der Arbeit 4.0 die Anforderungen ihres Unternehmens mit den eigenen Interessen in Einklang bringen lassen. Angesichts der Corona-Pandemie haben Arbeitgebende und Bildungsanbietende die dezentrale, digitalisierte Arbeitsorganisation rasch ausgeweitet – wie Homeoffice und Homeschooling zeigen. Erfahrungen damit und Impulse daraus haben vielerorts deutlich gemacht, dass dies möglich ist – zugleich aber Interdependenzen im System und Grenzen der Digitalisierung aufgezeigt: Bei aller Flexibilität bleiben die Multitasking-Möglichkeiten erwerbstätiger Eltern und pflegender Angehöriger begrenzt.

Auch am Beispiel der Plattformökonomie wird deutlich, dass neue Balancen nötig sind. Wer Leistungen oder Waren anbieten oder einkaufen will, findet geeignete Plattformen, die die Transaktionskosten mindern. Je nach Ausgestaltung können Plattformen zur Überführung informeller in reguläre sozialversicherungspflichtige Arbeit beitragen. Die Ausgestaltung der Plattformen kann jedoch auch dazu führen, dass Anbieter ihre Leistungen nicht in sozialversicherter Arbeit erbringen können. Über einige Plattformen wird ein neuer Typ freiberuflich Tätiger koordiniert, deren Arbeit nicht durch Sozialversicherungssysteme erfasst und von den meisten als Nebentätigkeit mit zeitlichem Gestaltungsspielraum betrachtet wird. Diese Cloud- und Crowdworker kennen weder die Regeln, nach denen Aufträge vermittelt werden, noch die Daten, die über sie gespeichert werden, und wissen auch nicht, wie diese Daten genutzt werden. Angesichts der meist transnationalen Organisation der Plattformen stoßen Schutzrechte und Sicherungssysteme, die die Schwächsten im System schützen sollen, oft an Grenzen ihrer Wirksamkeit. Nur eine zumindest europäische, wenn nicht gar internationale Regulierung kann diese Schutzlücke füllen und die notwendige soziale Absicherung und den Schutz vor Ausbeutung der – im Marktzusammenhang strukturell unterlegenen – Dienstanbietenden genauso gewährleisten wie die Wahlfreiheit und Transparenz, die nötig ist, um die Tätigkeit als gut zu charakterisieren. Das heißt zugleich, dass Europa über die „vier Freiheiten" für den Verkehr von Waren, Personen, Dienstleistungen und Kapital hinaus gefordert ist: Europa ist gefordert, neben dem „Sozialen Dialog" auch soziale Mindestsicherungen zu koordinieren oder zu regeln und ein System des Finanzausgleichs zu entwickeln. Das EU-Programm „Sure" zur Finanzierung von Kurzarbeit in der

Pandemie-Krise und die Diskussion über eine Arbeitslosenrückversicherung auf EU-Ebene sind erste Schritte in diese Richtung. Die europäische Datenschutzgrundverordnung hat gezeigt, dass Europa durchaus regulatorisch Maßstäbe setzen kann. Zugleich muss sich Europa für die Etablierung internationaler Regelungsinstanzen einsetzen.

Weit über den Bereich Plattformen hinaus verändert der digitale Wandel die Arbeitswelt. Das hat bereits die EKD-Denkschrift „Solidarität und Selbstbestimmung" beschrieben: „Neue Profile bilden sich heraus, Eigenverantwortung nimmt zu, Belastungen wandeln sich. Andere, neuartige Leistungsanforderungen ziehen in die Arbeitswelt ein: Zentrale Anforderungen sind Selbstständigkeit, psychische Präsenz, Interaktionsfähigkeit und Darstellungskompetenz."[53] Ein höheres Maß an Selbstbestimmung und mehr Raum für kreatives Arbeiten steht der Gefahr von Überforderung im permanenten Leistungsdruck gegenüber. Zudem ist zu beobachten, wie sich der Arbeitsmarkt polarisiert: Einerseits sind hohe Qualifikationen gefragt. Daneben gibt es aber auch eine stabile oder gar steigende Arbeitskräftenachfrage in Bereichen, die wenig akademische Fachkenntnisse oder vorwiegend personenorientierte Fertigkeiten voraussetzen. Dort sind Tätigkeiten entweder nach wie vor nicht automatisierbar (z. B. im Friseurhandwerk) oder die Automatisierung ist wegen der niedrigen Lohnkosten unrentabel (z. B. Einzelhandel, Logistik). Die meisten Arbeitsplätze gehen demgegenüber im Bereich mittlerer Qualifikationen verloren, wo es nach wie vor eine Viel-

53 Evangelische Kirche in Deutschland, Solidarität und Selbstbestimmung im Wandel der Arbeitswelt. Eine Denkschrift des Rates der Evangelischen Kirche in Deutschland (EKD) zu Arbeit, Sozialpartnerschaften und Gewerkschaften, 2015, 62.

zahl von Tätigkeiten gibt, die mit hoher Wahrscheinlichkeit automatisiert werden können (z. B. Banken und Versicherungen). Die Informationstechnologien tragen mit einem hohen Bedarf an Expertise und Fachkräften (Informatik, Technik, Softwareentwicklung, Projektmanagement) darüber hinaus selbst zur Polarisierung bei. Dennoch sind die Entwicklungen in der Arbeitswelt gestaltbar: Während die Ungleichheit bei Löhnen und Einkommen über Jahrzehnte wuchs, ist dieser Anstieg jüngst zum Halten gekommen; zwischen 2015 und 2018 ist die Ungleichheit sogar leicht zurückgegangen. Dies scheint vor allem ein Erfolg des gesetzlichen Mindestlohnes zu sein, dessen hohe sozial- und wirtschaftspolitische Bedeutung dadurch eindrucksvoll belegt wird.

Arbeits- und Auftragsbeziehungen auf Augenhöhe, gerechter Lohn, Schutz bei der Arbeit, soziale Sicherung – die grundlegenden Rechte, von der Arbeit leben zu können und in der Arbeit leben zu können, bleiben auch in der digitalisierten Ökonomie gültig. Die EKD-Denkschrift „Solidarität und Selbstbestimmung im Wandel der Arbeitswelt" (2015) hat diese Rechte herausstellt: „Für die Sicherung der Menschenwürde unter den Bedingungen moderner, hoch technisierter Gesellschaften kommt einer menschengerechten Gestaltung der Arbeitsverhältnisse eine zentrale Rolle zu."[54] Viele Fragen sind dabei zu diskutieren: Können Arbeitsrecht und Schutzbestimmungen durch ständige Auslegung und Bestimmung auch in der gegenwärtigen und künftigen Realität weitertragen? Ist der bessere Weg, etwa den „Arbeitnehmer"-Begriff neu zu fassen, oder sollen Selbstständige, die noch nicht obligatorisch abgesichert sind, in die gesetzliche Renten-

54 EKD, Solidarität und Selbstbestimmung, a. a. O., 35.

versicherung einbezogen werden und Plattformbeschäftigte Mindestvergütungen, Koalitions- und Vertretungsrechte bekommen? Können Digitalsteuer und Grundeinkommen für mehr Gerechtigkeit sorgen, auch indem die Dividende der Digitalisierung allen zugutekommt und nicht mit Steuervermeidung im Rahmen des globalen Niedrigsteuerwettbewerbs abgeschöpft wird? – All das muss mit dem Ziel von Wohlstand und gerechter Teilhabe aller politisch und sozialpartnerschaftlich ausgehandelt werden, auch um die freiheitliche wie die korporative Seite des Wirtschaftens abzubilden. Wenn wir die Errungenschaften der „Sozialen Marktwirtschaft" in einem dynamisierten und internationaler werdenden Wettbewerb erhalten wollen, braucht es eine sozialpartnerschaftliche Verantwortung, die durch ebenfalls veränderte kollektive Regelungen ausgeübt wird.

Digitalisierung in Arbeit, Sozialpolitik und Wirtschaft fordert, den technologie- und angebotsgetriebenen Veränderungsprozess sinnvoll politisch zu gestalten. Dazu gehört es, die Wirtschafts- und Sozialpolitik konsequent anzupassen, kollektive Regelungen unter Verantwortungsübernahme der Sozialpartner zu finden sowie Unternehmenskulturen und individuelle Einstellungen zu beachten und zu entwickeln. Denn diese sind für notwendige und sinnvolle Veränderungen bei Arbeitszeit, Arbeitsort, Qualifizierung, Absicherung und Regulierung ebenso entscheidend wie gesetzliche Regelungen. Aus der Perspektive eines christlichen Verständnisses von Teilhabe, Wirtschaft und Beruf sind der Charakter der Arbeit als Dienst an den Nächsten, die Beteiligung aller unter menschenwürdigen Bedingungen und die Befähigung und Ermächtigung zu solchem Dienst wesentliche Kriterien.

f) Alle Menschen christlichen Glaubens und die Kirche als Arbeitgeberin tragen Verantwortung

In unserer Auslegung hat das achte Gebot nicht nur eine individualethische, sondern vor allem sozialethische Dimension. Auf der Linie dieser Auslegung setzt sich christliche Kirche auch unter Digitalisierungsbedingungen für eine gesellschaftliche Ordnung ein, die eine gerechte Teilhabe am arbeitsteilig erwirtschafteten Eigentum ermöglicht. Dabei wirkt und handelt die evangelische Kirche nicht allein als Organisation, sondern auch durch alle evangelischen Christinnen und Christen, die aus ihrem Glauben in ihrem Beruf verantwortlich handeln: handwerkliche Fachkräfte, Gewerbe Betreibende, die in christlicher Verantwortung die Grundsätze von Würde und menschengerechter Arbeit in ihren Betrieben leben, Arbeitnehmende, die ihre Arbeit als Aufgabe Gottes sehen, die sich für ihr Kollegium einsetzen und sich gewerkschaftlich engagieren, Gewerbe Betreibende, die ihre Verantwortung auch an ethischen Kriterien orientieren, Menschen, die sich in ihrer Gemeinde für fairen Handel, Gerechtigkeit vor Ort und in der Welt einsetzen, für Frieden und die Mitverantwortung für die Schöpfung, die diakonisch tätig sind.

Als Organisation wird die evangelische Kirche in diesen Entwicklungen entscheiden müssen, welche Rollen sie unter den Bedingungen digitalen Wandels spielen muss und welche sie spielen möchte. Als Arbeitgeberin werden sie und die diakonischen Unternehmen unter Maßgabe der oben entfalteten normativen Leitlinien zu klären haben, in welchem Maße und in welcher Form sie sich der neuen Instrumente bedienen – etwa als Plattformbetreiberin freiberuflich erbrachter diakonischer Dienstleistungen. Sowohl im eigenen Handeln als auch auf politischer Ebene schließt dies den Einsatz für soziale und ökologische Standards ein.

2.9 Unter digitalen Bedingungen Wahrhaftigkeit fördern

Neuntes Gebot: „Du sollst nicht falsch Zeugnis reden wider deinen Nächsten." (Ex 20,16)

a) Hinführung

Quälende zehn Minuten lang ziehen sich die Handyvideos. Sie zeigen George Floyds langsames Sterben. Ein Polizist bringt ihn ums Leben, in einem brutalen Einsatz. Er drückt Floyd das Knie auf den Hals, die Polizisten ignorieren Floyds Hilfeschreie. All das zeigen die Videos und dokumentieren schließlich Floyds nahen Tod. Diese Videos gingen um die Welt. Sie motivierten unzählige Menschen zu antirassistischen Demonstrationen und Aktionen, insbesondere in den USA, aber auch in vielen anderen Ländern. Die beteiligten Polizisten wurden suspendiert und sie müssen sich vor Gericht verantworten.

Heimlich filmten Klassenmitglieder eine Lehrerin im Unterricht. Sie provozierten ihre Lehrerin bewusst so, dass sie sich stark aufregte und schließlich einige Schulkinder beschimpfte, mit unglücklicher Wortwahl. Diese Szene wurde ins Netz gestellt. Daraufhin greifen die Eltern, Schulkinder und auch einige Mitglieder des Kollegiums die Lehrerin heftig an. Sie empfand sich als Opfer, das durch eine geschickte Regie zur Täterin gemacht wurde, und musste sich in psychotherapeutische Behandlung begeben.

b) Wahrhaftigkeit und Verlässlichkeit ermöglichen menschliches Zusammenleben

Das neunte Wort verbietet, falsch Zeugnis zu reden. Historisch bezieht es sich auf die zwischenmenschliche Kommunikation, ursprünglich auf Aussagen vor Gericht. Gerichtsprozesse fanden damals vor dem Stadttor statt, d. h. in der damaligen Form der Öffentlichkeit. In Israel galt eine beschuldigte Person in Prozessen dann als überführt, wenn zwei Zeugen übereinstimmend von seiner oder ihrer Schuld sprachen – im Hebräischen sind Zeugen somit zugleich Ankläger und spielen so eine Doppelrolle. Immer wieder appellieren die Texte der Bibel, keine falsche Zeugenaussage zu machen. Das sollte die Gefahr bändigen, das Zeugen Gerichtsverfahren manipulieren. Es sollte auf diese Weise verhindern, dass der zu Unrecht beschuldigte Nächste um sein Recht gebracht wurde. Denn genau das drohte, wenn Verfahren und Urteil den Ruf schädigten, Angeklagte ihr Eigentum oder sogar ihr Leben verloren – schließlich war die Todesstrafe seinerzeit üblich. Besonders häufig scheinen Fälle gewesen zu sein, bei denen durch Bestechungen ohnehin benachteiligte Gruppen um ihr Recht gebracht und ihnen die Grundlage ihrer Freiheit genommen wurde – dies legt eine Vielzahl prophetischer Warnungen nahe.

Recht bald haben Menschen den Geltungsbereich dieses Gebotes verallgemeinert: Es galt über die konkrete, öffentliche Ausgangssituation hinaus als allgemeine Grundregel der Kommunikation, die Wahrhaftigkeit und Verlässlichkeit sichern soll. Falschaussagen zerstören ein friedliches Zusammenleben, sie gefährden die Freiheit – insbesondere in der Extremsituation eines Gerichtsverfahrens – oder sogar das Leben eines zu Unrecht beschuldigten Menschen.

c) Kommunikative Freiheit als Anerkennung des Nächsten

In Martin Luthers Auslegung hat dieses Gebot eine klare Zielrichtung: Es geht um die Anerkennung des oder der Nächsten in der öffentlichen Sphäre, in der Sprache Luthers: um seine oder ihre „Ehre und den guten Ruf“. Diese sind genauso wichtig wie alle anderen lebensnotwendigen Güter. Luther hat die Bedeutung der „Ehre“ vor allem für die Lebensführung in der Öffentlichkeit stark betont, die ohne ein „ehrbares Ansehen“ letztlich nicht möglich sei. Angesichts der menschlichen Neigung, „dass jedermann lieber Böses als Gutes von dem Nächsten sagen höret, (...) ist (dies) eine feine, edle Tugend: (...) alles, was er über den Nächsten reden höret (so es nicht öffentlich böse ist)“[55], soll zum Positiven gewendet und so das Ansehen des oder der Nächsten möglichst geschützt werden.

Diese Ausrichtung auf die Anerkennung des Nächsten gilt in der alltäglichen Lebenswelt wie in der Öffentlichkeit. Sie ermöglicht Freiheit als wechselseitige Verständigung. Die Bibel bestimmt den Menschen als Wesen, das in Beziehungen lebt. Deshalb sollen alle die Personenwürde des oder der Nächsten wesentlich kommunikativ schützen, indem sie verlässlich, sachlich, fair und in einer anerkennenden Weise kommunizieren.

Kommunikation ist immer medial vermittelt: durch Sprache, Briefe, Bücher, Radio, Fernsehen und inzwischen auch digitale Medien. Eine Ethik öffentlicher Kommunikation muss diesen medialen Vermittlungen Rechnung tragen, indem sie nicht nur die einzelnen Akteure, sondern systemische Dynamiken und strukturelle Bedingungen in den Blick nimmt und fragt, inwiefern Freiheit unter diesen Bedingungen verantwortlich wahrgenommen werden kann und wo Freiheit bedroht ist. Der Siegeszug sozialer Medien hat eine neue Situation geschaffen,

55 Martin Luther, Der Große Katechismus, a.a.O., 624; 627; 632.

speziell für die alten Massenmedien Fernsehen, Zeitung und Radio: Diese hatten die Funktion, einen gemeinsamen gesellschaftlichen Referenzrahmen herzustellen – und gerade in dieser Funktion werden sie durch die neuen sozialen Medien herausgefordert wie nie zuvor. Als zentrale Bewährungsprobe der digitalen Öffentlichkeiten erweist sich die Vertrauensfrage: Wie ist es möglich, sich in einer Welt der pluralisierten Öffentlichkeiten, subjektiven Perspektiven und manipulativen Strategien auf einen Rahmen gemeinsam geteilter Regeln zu verständigen? Welche Bedeutung kommt hier Bildungsprozessen zu, die es den Einzelnen ermöglichen, sich einigermaßen verlässlich in der Welt der sozialen Medien zu orientieren?

d) Digitale Kommunikation fordert Vertrauen heraus

Digitale Medien verändern Kommunikation und Öffentlichkeit

Jede Kommunikations-Revolution hat die menschliche Kultur verändert – oft auch die Religionskultur: von der Einführung der Schrift über den Buchdruck bis hin zu den Massenmedien des 20. Jahrhunderts, „[d]enn ‚die Botschaft' jedes Mediums oder jeder Technik ist die Veränderung des Maßstabs, Tempos oder Schemas, die es der Situation des Menschen bringt"[56]. Seitdem digitale Medien gängig und alltäglich geworden sind, kommunizieren Menschen nicht nur deutlich mehr medial vermittelt und weniger von Angesicht zu Angesicht als im Zeitalter des Briefeschreibens und der Buch- und Zeitungslektüre. Die Kommunikationszusammenhänge sind auch qualitativ anders geprägt; neue Öffentlichkeiten haben sich herausgebildet.

56 Marshall McLuhan, Die magischen Kanäle. Understanding Media, 1995, 22 f.

Die Folgen sind ambivalent. Noch nie waren so viele Informationen frei zugänglich. Digitale Vernetzungen ermöglichen neue soziale Bewegungen. Informationen jenseits des Mainstreams können leichter und schneller publiziert werden als je zuvor. Autokratische und diktatorische Regime geraten zunehmend unter Legitimationsdruck. Zugleich ist kaum ein Schlagwort in der jüngeren Vergangenheit so präsent wie „Fake News". Etwa im Umfeld von Wahlen sorgen sich Menschen, dass Social Bots[57] und Trolle[58] sie oder andere manipulieren. Die Sorge, die Diskurskultur könnte verrohen, drückt etwa das Schlagwort „hate speech" aus. Hinter diesen Phänomenen steht eine grundlegende Neuordnung der Öffentlichkeiten: Sie werden diverser. Das beeinflusst auch private Beziehungen. Dieser Zugang zu einer enormen Vielfalt an Informationen, Meinungen, aber auch manipulativ gestreuten Gerüchten sowie dezidierten Fake News und Verschwörungsmythen verlangt von Nutzenden ein hohes Maß an Sach- und Orientierungswissen, insbesondere an ethischer Beurteilungskompetenz. Es sind Bildungsprozesse, zu denen die Kirche speziell im Religionsunterricht und in der kirchlichen Bildung beiträgt, in denen Menschen sich dieses Orientierungswissen aneignen können.

Das Netz ermächtigt Marginalisierte und populistische Stimmen

Öffentliche Kommunikation dient in der Mediengesellschaft nicht nur dem Ausdruck persönlicher Ansichten oder der Aus-

---

57 Social Bots: Softwaresysteme, die als menschenähnliche Akteure mit Menschen auf digitalen Plattformen kommunizieren.

58 Trolle: Internetnutzer*innen, die angestellt und bezahlt werden, um gezielt Kommunikation zu stören oder bestimmte Inhalte zu verbreiten. Der Begriff Troll leitet sich aus dem Englischen: „trolling with bait" ab, was eine bestimmte Angeltechnik bezeichnet. Der Internet-Troll „ködert" User, um sie zu provozieren oder um Kommunikationen innerhalb einer Community zu verstärken.

handlung eines politischen Konsenses, sondern zunächst immer auch der Herstellung eines gemeinsamen gesellschaftlichen Referenzrahmens. Dieser besteht sowohl aus Fakten über die Welt, die als allgemein anerkannt gelten, als auch aus einem Korridor, der markiert, welche Sichtweisen auf diese Fakten gesellschaftlich akzeptabel sind.

In der Moderne waren hauptsächlich die Massenmedien dafür zuständig, diesen Rahmen herzustellen. Mit welchen Vorgängen, Fakten und Fragen zu dieser Welt sich Gesellschaften beschäftigten und wie diese Themen aufbereitet wurden, welches Geschehen überhaupt zur Nachricht wurde – all das bestimmten durch Medienschaffende besetzte Redaktionen. Vor allem journalistisch tätige Personen und Medienschaffende waren es auch, die diese Nachrichten interpretierten, einordneten und deuteten. Sie hatten großen Einfluss darauf, welches Wissen als orthodox in den Kanon des gesellschaftlich als „Wahrheit" anerkannten einging und welche Deutungen als heterodox zurückgewiesen wurden oder gar nicht erst vorkamen. Die Binnenpluralität der Medienlandschaft sollte dafür sorgen, dass der Korridor der akzeptierten Meinungen nicht zu schmal wurde. Das sollte die Integrationskraft der medialen Wirklichkeit sicherstellen. Der Missbrauch dieser Medienmacht sollte durch eine ganze Reihe von Faktoren verhindert werden: redaktionelle Routinen, brancheninterne Selbstkontrollen, ein gewisses Maß an unabhängiger Kartellaufsicht und ein sich ausbalancierendes Gefüge der öffentlichen Meinungen.

Der Kreis der Medienmächtigen war jedoch relativ klein. Nur wenige konnten an der Herstellung eines für weite Teile der Gesellschaft verbindlichen Referenzrahmens mitwirken. Gerade deswegen glaubten die Menschen auch in der Blütezeit der Massenmedien nicht alles, was in der Zeitung oder in den 20-Uhr-Nachrichten berichtet wurde – an Stammtischen wurde auch schon damals schon über das gestritten, was heute als Fake News bekannt ist. Allerdings gab es kaum Möglichkeiten, diesen Dissens einer größeren Öffentlichkeit bekannt zu machen, ihn medial zu verstärken oder im Diskurs zu schärfen. Der explosionsartige Anstieg der internetbasierten Kommunikation änderte dies: Menschen jenseits der Medienprofession erlangen seit Mitte der 1990er Jahre Zugang zu den sich pluralisierenden digitalen Öffentlichkeiten. Seitdem kann fast jeder Mensch für potenziell globale Publika veröffentlichen.

Das hat ambivalente Konsequenzen: Die Kommunikationskultur des Netzes schafft Raum für relevante Gegenöffentlichkeiten. Dort können marginalisierte Gruppen ihre Identitäten und Ansprüche formulieren. Sichtweisen und Lebensrealitäten, die zuvor nur wenig öffentlich präsent waren, kommen so mittlerweile vernehmbar vor. Das zeigen etwa die Veröffentlichungen derer, die unter rassistischer Polizeigewalt oder sexuellen Übergriffen leiden. In Ländern mit einer strikten Zensur des Netzes, wie etwa in China oder im Iran, können auch verschlüsselte Kommunikationskanäle und die häufig als „Darknet“ bezeichneten versteckten Seiten im Netzwerk Tor[59] die Meinungsfreiheit stärken – trotz aller Problematik solcher Verfahren (vgl. hierzu auch die Ausführungen im siebten Wort). Die Abgeschlossenheit von Webseiten und Kommunikationskanälen ermöglicht es, Informationen weiterzugeben und Austausch zu organisieren, der andernfalls unterdrückt würde. Aktivistisch engagierte Personen des „Chaos Computer Club“ kritisieren ebenso wie die Menschenrechtsorganisation „Reporter ohne Grenzen“ eine

59 Tor: Netzwerk zur Anonymisierung von Verbindungsdaten.

QAnon

Ist der Name eines Verschwörungsmythos bzw. einer Verschwörungsbewegung ohne feste Struktur, die vornehmlich in den USA von rechtsextremen Personen und Medien mit einer grundsätzlichen Infragestellung der demokratischen Institutionen und Regelungsmechanismen getragen und vornehmlich im Internet verbreitet wird.

Wesentlicher Kerninhalt der Verschwörungsphantasien ist die Rede – vielfach mit rassistischer und antisemitischer Konnotation – bzw. der Glaube an eine geheime Elite, welche die USA bzw. die weltweite Politik und Wirtschaft im Geheimen kontrolliert und zu deren Protagonistinnen und Protagonisten berühmte Persönlichkeiten aus Politik, Unterhaltungsbranche, Wirtschaft und Medien zählen. Diese Personen werden moralisch vollkommen diskreditiert, indem ihnen z. B. satanistische, sadistische oder pädokriminelle Handlungen unterstellt werden. Die Suggestivkraft solcher Phantasien hat in den USA bereits zu einigen Gewalttaten geführt. In bestimmten Filterblasen des Netzes wird auf diese Weise ein allgemeines gesellschaftliches Unbehagen gerade in demokratisch verfassten Ländern radikalisiert, indem der Sturz der gesellschaftlichen Ordnung propagiert und Gewaltphantasien zur Erreichung dieses Ziels geschürt werden.

allein negative Sicht auf das Darknet. Viele journalistisch tätige Personen, Whistleblower oder andere, die sich schützen wollen und müssen, nutzen verschlüsselte Netzwerke, um zumindest eine begrenzte Öffentlichkeit zu eröffnen, wo diktatorische Herrschaftssysteme dies unwahrscheinlicher machen.

Die Entwicklungen des Netzes ermächtigten jedoch nicht nur die genannten marginalisierten Gruppen oder andere Akteure einer Gegenöffentlichkeit, sondern auch diejenigen, die an einer demokratischen Ordnung und einer Öffentlichkeit für alle kein Interesse haben oder sie gar gezielt (zer)stören wollen. Inzwischen wird immer deutlicher, dass gerade menschenfeindliche Gruppen die neuen Kommunikationsmöglichkeiten strategisch nutzen. Nicht selten zielen sie dabei darauf, eben jene Marginalisierten zum Schweigen zu bringen, die sich gerade erst ermächtigt haben. Außerdem verbreiten sie Verschwörungsmythen, stark gebündelt in Internetbewegungen wie etwa „QAnon", die den sogenannten Mainstream-Medien insgesamt unterstellen, Falschnachrichten zu verbreiten und mit dem Verweis auf die „Quelle: Internet" („Googeln Sie es doch!") abstruseste Behauptungen verbreiten.

Das Vertrauen in die massenmediale Berichterstattung schwindet

Mit den digitalen Medien hat die Vielfalt in der Öffentlichkeit zugenommen. Mehr Menschen unterschiedlichster Prägung beteiligen sich an öffentlicher Kommunikation. Gleichzeitig erleben wir, dass Menschen das Vertrauen in die traditionellen journalistischen Medien verlieren. Medienschaffende, einst Agentinnen und Agenten der Herstellung eines gesellschaftlichen Referenzrahmens aus anerkannten Fakten und Wächterinnen und Wächter über den Korridor der akzeptierten Sichtweisen auf diese Fakten, haben einerseits an Integrationskraft verloren. Andererseits versuchen auch sie, sich auf die Bedingungen der Formate digitaler Medien einzustellen.

Problematisch ist, dass die Redaktionen journalistischer Medien nach wie vor relativ homogen zusammengesetzt sind. So sind im deutschen Journalismus beispielsweise Menschen aus der oberen Mittelschicht überrepräsentiert. Die Kritik an der mangelnden Repräsentation anderer Perspektiven und Lebenserfahrungen in journalistischen Medien ist nicht neu. Die neue Sichtbarkeit unterschiedlicher Gruppen und die öffentliche Organisation vormals marginalisierter Ansprüche im Netz gibt dieser Kritik jedoch ein neues Gewicht.

Zum anderen haben auch Fehler in der Arbeit mit Fakten und der Umgang mit diesen Fehlern ein größeres Misstrauen in journalistische Medien geschürt.

Während die korrespondierenden Personen einiger weniger Medien lange Zeit das Monopol auf Informationen aus Krisengebieten hatten, haben Menschen heute oftmals viel mehr Möglichkeiten, sich selbst über die Situation vor Ort zu informieren. Live-Berichte von Betroffenen auf Youtube oder Twitter, Satellitenbilder oder Werkzeuge zur technischen Analyse von Bildmaterial erleichtern es, die Richtigkeit journalistischer Berichterstattung selbst zu überprüfen und gegebenenfalls zu kritisieren. Gleichzeitig müssten Nutzende diese Quellen eigentlich selbst auch auf ihre Verlässlichkeit kritisch prüfen, denn oft ist eine Qualitätskontrolle nicht sichergestellt. So sind auch die traditionellen journalistischen Medien einer nie da gewesenen Kontrolle und Infragestellung durch Individuen und alternative Medien ausgesetzt. Gleichzeitig verschärfen sich die Finanzierungsprobleme der traditionellen Medienhäuser. Einbrüche im analogen Anzeigengeschäft können durch Online-Werbung nicht ausreichend kompensiert werden, Abonnentenzahlen sinken. Nur zögerlich experimentieren Verlage mit digitalen Bezahlmöglichkeiten. Zur inhaltlichen Anfechtung gesellt sich deshalb der Trend zur fortgesetzten Konzentration im Medienmarkt: Lokalredaktionen werden ausgedünnt oder zusammengelegt; in immer mehr Regionen berichten wenige, nur noch von einem einzigen Verlag betriebene Redaktionen oder nur noch eine Redaktion. Tatsächlich sind es neuerdings Digitalkonzerne wie Facebook, Amazon und Google, die mit Förderprogrammen in Höhe von mehreren hundert Millionen Euro den Verlagen in Deutschland und Europa finanziell unter die Arme greifen. Dies wiederum schwächt die Legitimität der journalistischen Medien als kritische Wächterinnen. Auch wenn sie für die Ordnung gesellschaftlicher Diskurse weiterhin eine recht hohe Bedeutung haben, sehen sie sich wie selten zuvor in ihrer Glaubwürdigkeit hinterfragt.

Öffentliche Kommunikation wird persönlicher

Die Plattformen der sozialen Medien haben sich als wichtige Foren der digitalen Öffentlichkeit etabliert. Sie personalisieren Kommunikationsinhalte weitgehend und ordnen diese fluide: Nutzende entscheiden, mit welchen anderen Akteurinnen und Akteuren sie sich vernetzen und nehmen so Einfluss auf die Inhalte, die sie zu sehen bekommen. Ihre Kommunikationswelt ist individuell stärker fokussiert. Ihre algorithmisch sortierten Nachrichtenströme setzen sich immer neu aus unterschiedlichen Inhalten zusammen. Die entscheidende Frage für die Ordnung von Informationen lautet nicht mehr: Welche Information ist wichtig genug, um publiziert zu werden? Sondern: Welche Information ist subjektiv wichtig genug, damit eine konkrete Person sie zur Kenntnis nimmt?

Das erhöht zunächst einmal die Autonomie der Menschen in Bezug auf ihre Informations- und Kommunikationswelt. Die Entscheidung darüber, was für sie relevant ist, treffen Menschen in den sozialen Medien allerdings nur noch teilweise selbst. Es sind die Algorithmen der Plattformen, welche für sie sortieren – in der Regel, ohne dass Nutzende diese verstehen oder anpassen können.

Im Zuge des digitalen Kommunikationswandels verflüssigen sich zudem die Grenzen zwischen öffentlichen und privaten Sphären. In sozialen Medien stehen Links zu journalistischen

Texten neben Selfies und Nachrichtenvideos oder selbstgedrehten Katzenfilmen. Menschen in der Politik passen sich dem an und geben gleichzeitig Einblicke in den politischen Betrieb wie in ihr Privatleben. Anders als im professionellen Journalismus forciert, wird nur selten zwischen Meinung und Berichterstattung unterschieden.

Auf diese Weise sorgen die sozialen Medien dafür, dass die in der Öffentlichkeit vorherrschende Perspektive immer seltener eine allgemein-abstrahierende ist, sondern immer mehr eine subjektiv-persönliche. Tatsächlich gehört es zu den prägendsten Veränderungen der letzten Jahre, dass die traditionelle Vorstellung von Wahrheit an normativer Kraft eingebüßt hat. Sie wird herausgefordert durch die Betonung gleichberechtigter multipler Perspektiven, Rationalitäten und Wahrheitsansprüche. Die von intersubjektiven Kriterien losgelöste Leitdifferenz „meine Beobachtung/deine Beobachtung" hat im Zuge dessen an Bedeutung gewonnen. Reichweite und Autorität erreichen Öffentlichkeitsteilnehmende heute deshalb weniger durch Rollen und Status als durch gewachsenes Vertrauen bestimmter Gruppen.

Digitale Plattformen lenken Aufmerksamkeit, um zu verdienen

Mit den Social-Media-Plattformen befinden sich die zentralen Foren der digitalen Öffentlichkeit in der Hand weniger Konzerne, die die konkreten Funktionsmechanismen dieser Öffentlichkeit als Geschäftsgeheimnisse betrachten. Die individuellen Nutzenden können nur bedingt nachvollziehen, warum ihnen auf diesen Plattformen bestimmte Inhalte angezeigt werden, Journalismus und Wissenschaft tun sich auf der Makroebene schwer, die kollektiven Auswirkungen dieser Mechanismen nachzuvollziehen. Plattformunternehmen wie Facebook, Instagram, Google, Youtube und Twitter bestimmen mit den technischen Funktionen ihres Angebots auch, welche Möglichkeitsräume sie für ihre Nutzenden eröffnen und welche Aktivitäten sie begrenzen. Eine Ethik der Öffentlichkeit im Zeitalter der Digitalisierung muss deshalb vor allem die Architektur und Betreiber der medialen Infrastruktur in den Blick nehmen.

Bei aller Unterschiedlichkeit der genannten Dienste eint sie ihr Geschäftsmodell: Sie bieten hoch attraktive Dienstleistungen scheinbar kostenfrei und vermarkten im Gegenzug die Aufmerksamkeit ihrer Nutzenden. Qualifizierte Daten werden dann an Höchstbietende verkauft und dienen meist wiederum zu Marketingzwecken. Die Plattformen speichern jede noch so unbewusste Handlung in Datenform und analysieren sie. Es geht ihnen deshalb darum, dass ihre Nutzenden möglichst viel kommunizieren und möglichst lange auf der eigenen Plattform bleiben. Jeder Klick oder Wisch auf der Plattform füttert das Datenprofil und erzeugt Spuren, die vermarktet werden können. Teil der Systemarchitektur der dominanten Plattformen ist also, Kommunikation zu steuern, nämlich zu stimulieren und auf der eigenen Plattform zu halten. Nicht umsonst hat sich in den sozialen Medien die Figur der Influencerin bzw. des Influencers etabliert. Diese in unterschiedlichen Bereichen zu findenden Medienpersönlichkeiten sind bei ihrer Zielgruppe mit extrem hoher Glaubwürdigkeit ausgestattet. Vor allem Jugendliche haben hohes Vertrauen in die Lebens- und Konsumempfehlungen ihrer jeweils präferierten Influence-Persönlichkeit.

Es liegt in der Logik dieses datenkapitalistischen Geschäftsmodells, dass die Filter- und Sortiermechanismen der Plattformen die Verbreitung von emotionalen und skandalisierenden

Inhalten begünstigen: Wenn ihre Algorithmen Relevanz zuschreiben, priorisieren sie dabei ganz besonders die Interaktionsrate, die ein Inhalt zu verzeichnen hat. Priorisiert werden damit Inhalte, die pro Blick die meisten Reaktionen auslösen: ein Like, ein zorniges Gesicht, ein Kommentar oder eine Weiterverbreitung. In der automatisierten Öffentlichkeit stehen in der Regel nicht die Inhalte an erster Stelle, die wahrhaftig sind oder dem Gemeinwohl dienen, sondern Inhalte, die die größte Reaktion oder Interaktion auslösen. Es wird eine Aufmerksamkeitsspirale in Gang gesetzt, die auf schnelle, unmittelbare und quantifizierbare Wirkungen setzt. Auch wenn dieser mediale Mechanismus nicht neu ist, wird er doch durch die digitalen Medien beschleunigt und intensiviert.

Digitale Kommunikation beschleunigt, emotionalisiert und quantifiziert

Die Priorisierung emotionalisierter Inhalte führt dazu, dass das Internet zum Ort einer „großen Gereiztheit" und „kollektiven Erregung" wird, nicht zuletzt weil Nutzende – scheinbare und wirkliche – Skandale allgegenwärtig kommunizieren und so zu einer „Reputationskrise"[60] beitragen können. Je stärker ein Beitrag emotionalisiert, popularisiert, skandalisiert und dadurch Empörung hervorruft, desto größer ist die Wahrscheinlichkeit, dass er schnell und massenhaft im Netz verbreitet wird. Leidtragende sind besonders Personen des öffentlichen Lebens.

Neben der Emotionalisierung der digitalen Kommunikation ist ihre Kontextunabhängigkeit kennzeichnend: Digital geben Nutzende Informationen ohne vollständige Information über

60 Bernhard Pörksen, Die große Gereiztheit. Wege aus der kollektiven Erregung, 2018, 156.

den Ursprungskontext weiter. So scheinen die Informationen eindeutig und evident, obwohl sie häufig jedoch stark verzerrt sind. Aussagen oder Verhaltensweisen sind in der Regel stark kontextabhängig, wird dieser Kontext aber durch Schnappschüsse oder etwa in Memen ausgeblendet, können Rezipierende die entsprechende Information kaum adäquat einordnen. Dies trägt dazu bei, dass Menschen im Netz überproportional viele falsche Nachrichten verbreiten und weiterleiten. Es ist nicht zuletzt eine günstige Voraussetzung für diejenigen, die durch gezielte Manipulationen und Fake News die öffentliche Meinung in ihrem Sinn beeinflussen wollen.

Ferner ist die Sprache im Netz relativ leicht und einfach. Die Verwendung von Zeichen, Abkürzungen, Emojis oder Ähnlichem verstärkt dies noch einmal. Hinzu kommt die Kürze von Botschaften. Indem digitale Kommunikation wesentlich auf Schnelligkeit angelegt ist, wird die Informationsverbreitung und -verarbeitung beschleunigt, was die Möglichkeiten einer schnellen Recherche und Suche von Informationen erleichtert. Auch für bestimmte Formen der Kommunikation wie kurzfristige Verabredungen, Warnungen, Aufrufe etc. ist dieser Modus angemessen. Andere Formen der Kommunikation hingegen geraten im Netz ins Hintertreffen, insbesondere solche, die auf einer umfassenderen, auch zeitintensiven Analyse und einer komplexen, oft konsensorientierten Suche nach Lösungen beruhen. Allerdings sind Gegenbewegungen feststellbar: So haben journalistische Medien im Netz angefangen, multimedial oder datengestützt digital zu erzählen, so vermehrt Hintergründe zu beleuchten und auch komplexe Zusammenhänge zu erklären.

Schließlich ist digitale Kommunikation durch die Logik des Quantifizierens bestimmt. Auch ohne Netzkommunikation haben Menschen sich schon immer miteinander gemessen, verglichen, Rankings aufgestellt und mit Sternen oder Ähnlichem bewertet. Das digitale Netz hat dies vereinfacht, intensiviert und so zu einer massenhaften Verbreitung des wechselseitigen Bewertens im Netz geführt. Es erhält dadurch eine scheinbar nicht zu hinterfragende Plausibilität. Beim Selbst- und vor allem beim Fremdvermessen sind die Kriterien, nach denen bewertet und eingeordnet wird, nicht immer klar. Beides führt zu neuen Formen der Verhaltenssteuerung, da der Logik des Quantifizierens in der Regel ein allgemeiner Trend zur Optimierung zugrunde liegt. Messen und Vergleichen stärken vermutlich die Logik des Wettbewerbs und damit das Konkurrenzverhalten im Unterschied zur Kooperation. Scheinbar objektivierbare Informationen, in der Regel in mathematischer Form ausgedrückt, suggerieren eine hohe Eindeutigkeit, die oft allerdings nur vorgetäuscht ist. Die Daten, die das „metrische Wir" (Steffen Mau 2017) konstituieren, machen auf ihre Art sichtbar, wie Menschen einander einschätzen oder anerkennen und sich auf diese Art Anerkennung zubilligen oder verweigern.

Massenhaft durchdringt die metrische Logik die Kommunikation. Das führt dazu, dass auch Unvergleichbares in die Logik der Bewertung und Vergleichbarkeit einbezogen wird. Angesichts der scheinbaren Eindeutigkeit und der Überzeugungskraft quantitativer Daten, gerade in der mathematisierten und oft graphischen Darstellung, werden qualitative Unterschiede tendenziell ausgeblendet und spielen in der öffentlichen Kommunikation eine geringere Rolle. Der Erwerb von Kompetenzen für einen reflektierten Umgang mit der metrischen Logik, wie sie durch den digitalen Wandel stark befördert wird, sollte eine bedeutendere Rolle in künftigen Bildungsprozessen spielen.

Digitale Technik erleichtert politische Manipulation

Die Entwicklung digitaler Techniken macht es für viele leichter, zu manipulieren und Desinformationen zu produzieren. Das vertieft das Misstrauen in Akteurinnen und Akteure der digitalen Öffentlichkeit. Während die Manipulation von Bildern lange Zeit aufwendig und anspruchsvoll war, können heute fast alle Menschen mit Computerzugang Bilder professionell bearbeiten. Bereits in der analogen Bilderwelt kann die gezielte Auswahl des Ausschnittes von einem Bild dieses komplett dekontextualisieren. Das macht es möglich, Bilder in einem anderen als ihrem tatsächlichen Entstehungszusammenhang zu zeigen. Der Begriff „deepfakes" bezeichnet eine Entwicklung, die diesen Effekt digital noch verstärken dürfte: Mithilfe von Computergraphik und immer besser trainierten neuronalen Netzwerken lassen sich auch Bewegtbilder und Stimmen von real existierenden Personen für die Augen und Ohren von Laien täuschend echt fälschen.

Dass Desinformation ein prägendes Phänomen unserer Zeit geworden ist, lässt sich jedoch nicht nur über die technischen Möglichkeiten der Digitalisierung erklären. Es gibt kein umstrittenes Thema, zu dem es keine Vielzahl scheinbar wissenschaftlich geprüfter Studien gäbe, die in naiver Betrachtung zu komplett gegenteiligen Schlüssen kommen. Ein fragwürdiger Umgang mit der Anerkennung von Fakten hat sich bis in höchste Kreise etabliert, wie das Beispiel des US-Präsidenten Donald Trump zeigt. Er hatte den bis dahin für Falschnachrichten verwendeten Begriff der „Fake News" auf jegliche ihm unliebsame Nachrichten angewendet und dadurch pervertiert. Seine Beraterin Kellyanne Conway prägte den Begriff der „alternativen Fakten" für eine propagandistisch genehme Darstellung der Wirklichkeit. Trumps mehrjähriger Chefstratege Steve Bannon etablierte zudem eine Strategie, die er „flooding the zone“ nannte: Mediale Manipulation muss gar nicht mehr darauf zielen, bestimmte Gruppen zu überzeugen. Stattdessen genüge es, die Öffentlichkeit mit so vielen und oft wiederholten falschen Informationen zu fluten, dass es für viele Menschen schwer werde, Fakten und Falschinformationen auseinanderzuhalten. Wissenschaftliche Erkenntnisse oder die Vertrauenswürdigkeit bestimmter Akteurinnen und Akteure immer wieder infrage zu stellen, soll dazu führen, dass Menschen nicht mehr wissen, was und wem sie glauben können. In Deutschland ist es eine etablierte Strategie insbesondere rechtsextremer Akteurinnen und Akteure, mit falschen oder aus dem Kontext gerissenen Zitaten und Bildern Stimmung zu machen.

e) Thesen und Forderungen

Qualitätsjournalismus ist nötig

Angesichts dieser Herausforderung ist unabhängiger Qualitätsjournalismus dringend nötig. Gerade nach den erwähnten Medienskandalen muss der Journalismus Vertrauen zurückzugewinnen suchen. Ein Schlüssel dazu liegt in der Transparenz der eigenen Arbeitsweise, der Offenlegung möglicher Einflussfaktoren sowie in einem nachvollziehbaren Umgang mit Quellen. Nicht der Status oder der exklusive (und im Zweifel unüberprüfbare) Zugang zu Informationen verleiht einem Medium Autorität, sondern die intersubjektive Nachvollziehbarkeit der thematisierten Fakten und der daraus gezogenen Schlüsse.

Dass die Digitalisierung die Krise des Journalismus nicht nur verstärkt, sondern auch Abhilfe schaffen kann, zeigen viele Beispiele: In digitalen Formaten können Faktenchecks zeitnah und fortlaufend aktualisiert bereitgestellt werden. Das Vertrauen in journalistische Arbeit kann durch ergänzende Formate gestärkt werden, die den Entstehungsprozess konkreter Medienprodukte und auch den Umgang mit Fehlern transparent machen. Wenn Medien verdeutlichen, woher Informationen stammen, indem sie Originaldokumente verlinken oder öffentlich machen, ermöglichen sie es den Menschen, sich selbst ins Bild zu setzen und Informationen zu überprüfen. Das kann Vertrauen schaffen. Es entwickelt sich das neue Genre des Datenjournalismus. Dieser kann dabei helfen, komplexe Zusammenhänge nachvollziehbar zu machen und gerade auch die verdunkelten Funktionsmechanismen der digitalen Öffentlichkeit faktenbasiert zu beleuchten.

Die Macht digitaler Netzwerke muss kontrolliert und begrenzt werden

Das Leitbild einer digitalen Öffentlichkeit, die allen Menschen einfache Zugänge zu Informationen, Wissen, Kultur und Diskursen ermöglicht, sollte weiter gestärkt werden.

Soziale Netzwerke sind zu zentralen Foren digitaler Öffentlichkeit geworden. Deshalb ist es unerlässlich, dass der Gesetzgeber auf zivilgesellschaftliche Initiative hin die Macht dieser Netzwerke demokratisch kontrolliert und dort begrenzt, wo sich Monopole entwickeln. Insbesondere sollte die Nutzendenautonomie über Nachrichtenfeeds gestärkt werden.

Zum anderen sollten Nutzende durch ihr Verhalten, Empfehlungen oder Spenden diejenigen Akteurinnen und Akteure stärken, die sich einem emanzipatorischen Ideal verpflichtet sehen. Die gemeinnützige Wikipedia ist eine riesige Enzyklopädie, die fast allen Menschen mit Internetanschluss frei zugänglich ist – nicht nur als Konsumentinnen und Konsumenten, sondern unter bestimmten Bedingungen auch als Produzierende. Die Informationsfreiheits- und Open-Data-Bewegung arbeitet an öffentlichem Zugang zu vormals verschlossenem Wissen über Gesellschaft, Staat und Institutionen. Der offene Quellcode von Open-Source-Technologien ermöglicht Unabhängigkeit von großen Herstellern und eine bessere öffentliche Kontrolle. Mit der Creative-Commons-Lizenz haben Netzaktivistinnen und -aktivisten schließlich eine Möglichkeit der Lizenzierung von Kulturgütern geschaffen, die auf freie Teilhabe ausgelegt ist statt auf Exklusivität.

f) Evangelische Kirche muss mit gutem Beispiel vorangehen

Grundsätzlich sind individuelle Christinnen und Christen, besonders aber die Institutionen und Funktionstragenden der evangelischen Kirche verpflichtet, durch ihr eigenes Kommunikationsverhalten dazu beizutragen, eine nachhaltigere und vertrauenswürdigere Öffentlichkeit zu schaffen. Dazu gehört es, in Anlehnung an die Impulse Martin Luthers, dort vertraulich mit privaten Informationen umzugehen und diese zu schützen, wo es aus seelsorglichen Gründen notwendig ist. Dazu gehört auch, ein möglichst hohes Maß an Transparenz zu sichern, wo Öffentlichkeit nötig ist. Dabei sind neben dem Sachbezug ebenso der Sozialbezug jeder Kommunikation, die „Nächstenorientierung“ im Sinn der Anerkennung, zu beachten wie die Frage nach einer Legitimation zum Sprechen. Da durch die digitale Kommunikation die Rollen von Sendenden und Empfangenden austauschbar geworden und nahezu alle Teilnehmenden zu öffentlichen Kommunikatorinnen und

Kommunikatoren geworden sind, stellt sich das Problem einer Legitimation öffentlichen Redens in neuer Weise, gerade auch für kirchliche Akteurinnen und Akteure (vgl. drittes Gebot). Menschen christlichen Glaubens können sich in der netzpolitischen Bewegung engagieren, die evangelische Kirche kann durch Kooperationen mit netzpolitischen Organisationen die netzpolitische Bewegung unterstützen und zugleich an den Erfahrungen dieser Bewegung partizipieren.

Des Weiteren können die Kirchen durch ihre Präsenz im Netz auf problematische Mechanismen der digitalen Kommunikation aufmerksam machen. Bestimmte Formen der Herabwürdigung Anderer im Sinn gruppenbezogener Menschenfeindlichkeit oder die Weitergabe falscher Informationen müssen publik gemacht und entlarvt werden – so exemplarisch das Ziel des von der Evangelischen Akademie zu Berlin mit entwickelten und geförderten Projekts „Netzteufel“[61].

Schließlich hat die evangelische Kirche ihre Kapazitäten im Bereich der Kinder- und Jugendbildung sowie der Erwachsenenbildung in den Dienst von digitaler Aufklärung, Medienbildung und Digital Literacy[62] (Kate Ott) zu stellen. Die Organisation Kirche könnte ihre nicht zu unterschätzende Marktmacht auf dem IT-Markt stärker nutzen, indem sie etwa hohe Standards des Datenschutzes einfordert und alternative Messengerdienste unterstützt. So könnte sie dazu beitragen, eine Infrastruktur für die digitale Öffentlichkeit zu etablieren, die einer offeneren, verlässlicheren und der Anerkennung des oder der Nächsten dienenden Kommunikation dient.

---

61 URL: https://www.netzteufel.eaberlin.de/.

62 Digital Literacy lässt sich im Deutschen mit „digitaler Kompetenz“ wiedergeben.

2.10 Beim Begehren im digitalen Raum Rücksicht nehmen

Zehntes Gebot: „Du sollst nicht begehren deines Nächsten Haus. Du sollst nicht begehren deines Nächsten Frau, Knecht, Magd, Rind, Esel noch alles, was dein Nächster hat." (Ex 20,17)

a) Hinführung

Mit 16 hat Diana sich eine Kamera samt Stativ geschnappt, ist mit ihrem Hund Lilo in den Wald spaziert und hat Selfies und Videos gemacht. Diese hat sie dann ins Netz gestellt. Ihre ersten Themen waren: das tägliche Schuloutfit, die Einkäufe aus dem Drogeriemarkt. Diana ist damit eine von vielen, die unbefangen und neugierig die Möglichkeiten der sozialen Medien für sich entdecken. Mit Instagram, Youtube, TikTok oder SnapChat sind virtuelle Marktplätze entstanden, auf denen Userinnen und User die unterschiedlichsten Tipps und Angebote posten, teilen, kommentieren, weiterleiten und liken können. Posts wie die von Diana und kommerzielle Angebote sind dabei kaum zu unterscheiden.

Heute ist Diana zur Löwen 23 Jahre alt und mit ca. 700.000 Followern auf Instagram eine der erfolgreichsten deutschen Influencerinnen. Sie wirbt mit ihrer Bekanntheit und persönlichen Glaubwürdigkeit für Dienstleistungen und Produkte. Je mehr Nutzende ihr folgen, umso höher steigt ihr Marktwert. Diana zur Löwen hat zur richtigen Zeit am richtigen Ort die unternehmerische Freiheit, die diese neue Form der Präsentation möglich macht, für sich genutzt und entwickelt. Sie ist dabei selbst zur Marke geworden. Ihre Auftraggeberinnen und Auftraggeber sind Anbietende von Waren und Dienstleistungen,

Influencer*in

Influencer*in (engl. to influence: „beeinflussen") sind Personen in den sozialen Medien (vor allem Instagram, TikTok, Youtube), die regelmäßig Inhalte in Form von Bildern, Webvideos, Audios oder Texten zu unterschiedlichen Themenbereichen (Kosmetik, Fitness, Ernährung, Mode, Lifestyle, Reisen, Politik u. a.) produzieren. Durch das Abonnement des Influencer-Accounts informieren sich „Follower" über die von ihnen favorisierten Themengebiete.

Mitunter gewähren Influencer*innen ihrer virtuellen Community Einblicke in ihre privaten Lebens- und Konsumgewohnheiten. Durch die persönliche wie extrovertiert-unterhaltsame Gestaltung ihres Contents gelingt es ihnen, eine emotionale Nähe zu ihren Followern aufzubauen. Durch diese Form ihrer Präsenz im digitalen Raum erzielen sie hohe Reichweiten und können Einfluss auf ihr Netzwerk ausüben: zum einen als Multiplikatorinnen und Multiplikatoren von Meinungen, zum anderen durch Produktwerbung.

Unternehmen fragen gezielt Influencer*innen an, um sie für die Vermarktung ihrer Produkte zu gewinnen und über sie eine spezifische Zielgruppe zu erreichen. Dieses sogenannte Influencer-Marketing kann besonders erfolgreich genutzt werden, weil die Permanenz der digitalen Präsenz im Alltagsleben der Follower dafür sorgt, dass Influencer*innen als authentisch und vertrauenswürdig angesehen werden – gerade auch im Mikro-Influencer-Bereich (10.000–100.000 Follower). Durch Produktplatzierungen sind – eine große Anzahl an Followern vorausgesetzt – pro Post Einnahmen im vier- bis siebenstelligen Bereich möglich. Die erfolgreichsten Influencer in Deutschland haben eine reichweitenstarke Community im hohen einstelligen oder zweistelligen Millionenbereich (*lisaandlena* mit über 15,5 Millionen Followern auf Instagram).

Auch prominente Persönlichkeiten aus Sport, Politik oder der Film- und Musikbranche werden aufgrund ihrer großen Reichweite und ihrer Vorbildfunktion als Influencer*innen angefragt. Mit dieser Tätigkeit verbindet sich vielfach Kritik: sowohl wegen der Nichtkenntlichmachung von Werbung und dem käuflichen Erwerb von Followern/Likes als auch aufgrund der Selbstinszenierung und dem Vortäuschen eines luxuriösen Lebensstils, der nicht der tatsächlichen Lebensrealität entspricht.

die über diesen digitalen Weg ihr Marketingportfolio zielgruppenspezifisch erweitern. Neben den Werbebeiträgen, die entsprechend gekennzeichnet sind, thematisiert die Studentin der Betriebswirtschaftslehre auch gesellschaftliche Themen und weckt damit das politische Interesse ihrer Generation. Etwa 600.000 Userinnen und User haben ihren Youtube-Kanal abonniert. Sie präsentiert dort eine Themenvielfalt, die von Partnerschaftssuche und Lifestyle bis zu Europawahl und Aussteigerinnen und Aussteigern aus der rechten Szene reicht.

Diana zur Löwen kombiniert genussvollen Konsum neuer Produkte und kritische, politische Wahrnehmung. Das ist kennzeichnend für die digitale Welt: Scheinbar Widersprüchliches ist gleichzeitig sichtbar und vernetzt möglich.

b) Bibelauslegung: Die Ambivalenz des Begehrens

Die zentralen hebräischen Begriffe, die wir mit „Begehren" übersetzen, umfassen eine Vielfalt an Vorstellungen und Bedeutungen. Nicht erst das zehnte Wort lässt diese Vorstellungen anklingen, sondern auch schon die vorausgehenden: Begehren kann beleben und motivieren, es kann aber auch zu Ehebruch führen oder zum Diebstahl verleiten. Begehren spiegelt einen inneren grundlegend menschlichen Prozess wider, der damit beginnt, etwas zu sehen, das Lust auslöst. Problematisch wird Begehren nach biblischem Verständnis erst dann, wenn es zu dem Verlangen führt, das Begehrte ohne Rücksicht auf andere für sich zu wollen, und wenn Menschen entsprechend handeln. Deshalb ist zwischen angemessenem und unangemessenem Begehren zu unterscheiden. In der Frage nach dem Begehren geht es entsprechend sowohl um das Selbstverhältnis als auch um das Verhältnis zu anderen Menschen.

Wer das zehnte Wort so versteht, stößt somit auf eine der existenziellen Fragen unseres Lebens: Wer ist mein Nächster oder meine Nächste, wem bin ich der oder die Nächste? Damit untrennbar verbunden ist die Frage: Wer bin ich? Aus christlicher und jüdischer Perspektive gehört zur Identität des Menschen auch die Verantwortung und Freiheit, die in der Gottesbeziehung begründet ist und damit eine grundlegende Bestimmung beschreibt. Identität ist kein statisches Konzept. Identität entsteht in der Dynamik, in der Menschen in den Beziehungen zu Gott, den Nächsten und sich selbst handeln. Besonders der Begegnung mit der oder dem Nächsten kommt dabei eine entscheidende Rolle zu. Der Mensch ist ein Sehnsuchtswesen, von Gott geschaffen mit all seinen Emotionen, seinen Wünschen und Begierden. Die hebräische Bibel beschreibt den Menschen als eine Seele (nefesch), eine Einheit aus Geist und Körper (Gen 1,27 und Gen 2,7). Die Sehnsucht und die Begierden der Seele werden in der hebräischen Bibel als Kehle, Atem und Lebensenergie bezeichnet (Jes 5,14). Diese Seele (nefesch) sehnt sich nach Schönheit, nach Beziehungen, nach Kreativität, nach Sexualität und nach Gott selbst. Mit der „nefesch" verbunden sind aber auch Gefühle wie Hass, Liebe, Trauer und Freude. Die Seele kann also auch eine leidende Seele sein, wie wir in den Klagepsalmen sehen. Sie ist erschrocken, verzweifelt, unruhig, schwach oder verzagt – kann genauso mitleiden und weinen wie jauchzen und jubeln. Hier liegt nach dem biblischen Zeugnis die Sehnsucht und das Begehren des Menschen. Und dieses Begehren ist nicht einfach und schon gar nicht dauerhaft zu stillen. Vielmehr gehört es zur Existenz, nach Leben zu dürsten. Dieses Begehren spielt auch im Neuen Testament eine zentrale Rolle: Laut Jesus (Mt 5) und Paulus (Röm 1 und 7) bestimmt menschliches Begehren das Leben. Gleichzeitig kann das Begehren aber auch in unangemessene Begierde umschlagen und Leben zerstören. Die Frage „Was verlangt mein Herz?“ stellt also eine Grundfrage der menschlichen Existenz dar.

Das zehnte Wort erweitert die Perspektive der anderen Worte. Denn es problematisiert nicht nur illegale Vorgehensweisen wie Diebstahl oder Betrug, sondern auch illegitime Machenschaften, die Andere benachteiligen, ohne rechtlich sanktionierbar zu sein. Was geschützt werden soll, sind das angemessene Begehren und die Lebensgrundlage der Nächsten und ihrer Familien. Mit diesem Gebot soll festgeschrieben werden, dass in jeder wirtschaftlichen Transaktion immer auch die Lebensgrundlage der Anderen zu schützen ist. Falsches Begehren im Sinn des zehnten Wortes im Dekalog meint das „Haben-Wollen“ im Verbund mit illegitimen Machenschaften, sich das Begehrte anzueignen.

Im Neuen Testament werden darüber hinaus die anthropologischen Grundlagen des „Begehrens“ angesprochen (Röm 7,7). Paulus verknüpft im Brief an die Gemeinde in Rom das Aufkommen der Begierde mit dem entsprechenden Verbot des Dekalogs und mit der Macht der Sünde. Allerdings kennt Paulus auch ein positives Begehren, etwa nach Christus oder den Geschwistern im Glauben (Phil 1,23; 1 Thess 2,17). Sündig wird das Begehren erst dadurch, dass der Mensch seinen Willen dafür einsetzt, etwas anzustreben, was ihn von Gottes Liebe, dadurch von den Nächsten und letztlich auch von sich selbst trennt. In der späteren christlichen Tradition – etwa bei Augustin – wird dies zum Kriterium angemessenen Begehrens: Ist das Begehren noch mit der Gottesgemeinschaft und damit auch mit der Liebe zum Nächsten vereinbar?

Auch wenn biblische Texte also Sehnsucht nach Leben, Freude an Gutem, Verlangen oder Lust würdigen, richten sie das praktisch werdende Begehren so aus, dass die Lebensgrundlagen der Nächsten und damit auch ihre Freiheit zu legitimem Begehren geschützt sind.

Das zehnte Wort zielt im Zusammenhang des menschlichen Miteinanders dann darauf, ungleiche Macht nicht auszunutzen, um andere auf legale, aber illegitime Weise um das Lebensnotwendige oder auch ihre Lebensfreude zu bringen.

c) Die Freiheit des Begehrens und das Begehren der Freiheit

Die Freiheit des Begehrens hat viel damit zu tun, dass Menschen die Möglichkeit haben müssen, für lebensnotwendige und -förderliche Existenzbedingungen zu sorgen. In christlicher Sicht orientiert die Ausrichtung am Gebot der Gottes-, Nächsten- und Selbstliebe das menschliche Begehren und befreit es dadurch vom unheilvollen Kreisen um sich selbst und zum dankbaren Dienst an Gottes Geschöpfen (These II, Barmer Theologische Erklärung). Die negative Freiheit vom falschen Begehren kann so zur positiven Freiheit führen, das Begehren nach materiellem Auskommen, Gemeinschaft, Freude und einem für Erfüllung offenen Leben so zu verfolgen, dass dies mit der gleichen Freiheit aller anderen Menschen vereinbar ist.

Insofern ist es auch nicht notwendig problematisch, Anerkennung zu suchen, Wohlstand zu erstreben und zu konsumieren: Das Streben nach Wertschätzung, Erfolg, Leistung, Wachstum und immer Neuem bleibt auch im digitalen Zeitalter die Grundlage unseres wirtschaftlichen Handelns und kann damit Grundlage von ökonomischem und sozialem Wohlstand sein.

Sosehr das Begehren zu den wichtigen Antrieben unseres Lebens gehört, sowenig lässt sich doch seine Ambivalenz ausblenden. In der Moderne hat der Anthropologe René Girard aufgezeigt, wie ein Kreislauf des Begehrens aus Rivalität, Neid und Eifersucht entsteht und wie sich das Begehren darin in nackte Gier verwandeln kann, mit zerstörerischen Folgen in dieser Welt. Dabei ahmen Menschen das Begehren des oder der Anderen nach. So entstehen Rivalität und Aufstachelungsdynamik. Begehren kann zu Gier, Machtstreben, Neid oder Betrug werden. Deshalb ist Begehren ambivalent. Das hat sich im digitalen Zeitalter im Grundsatz nicht verändert. Diese Ambivalenz zeigt sich jedoch in neuen, effizienteren Formen und vor allem in beschleunigten Prozessen. Aus protestantischer Sicht geht es darum, problematisches Begehren, das mit digitalen Möglichkeiten verändert und teilweise verstärkt werden kann, in seinen potenziell selbst-, freiheits- und gemeinschaftszerstörenden sowie ökologisch schädlichen Auswirkungen sichtbar zu machen, damit Menschen darüber diskutieren und sich frei über angemessene Formen und Verantwortlichkeiten des Begehrens austauschen können.

Konkret und grundsätzlich gesagt: Begehren wird problematisch, wo es das Begehren der Anderen missachten lässt. Rücksichtsloses Begehren nimmt die Anderen nicht als Mitmenschen und Kooperationspartnerin oder -partner wahr, sondern als bloßes Mittel oder als Hindernis. Oder rücksichtsloses Begehren ignoriert die Anderen gleich ganz, wie dies beispielsweise im Fall ausgebeuteter Textilarbeitender in asiatischen Ländern geschieht. Leicht wird deren Rolle dabei übersehen, in einer durch Digitalisierung gekennzeichneten globalen Handelswelt Kleidung zu Niedrigstpreisen bereitzustellen.

Angesichts der bunten und faszinierenden Oberfläche der Konsumwelten ist deshalb immer auch nach der „Unterseite“ dieses Bereichs zu fragen, konkret nach den Produktions-, Handels- und Vertriebsbedingungen, die die Menschen und die natürliche Umwelt bedrohen können. Kritisch lässt sich festhalten, dass die neue, globalisierte und individualisierte Welt der Waren und Dienstleistungen mit ihren günstigen Preisen auch zu einer Entwertung des inneren Werts der Waren führen kann. Als Beispiel seien einige Aspekte aus der Textilbranche genannt: Knapp 40 Prozent der in Deutschland gekauften Kleidung wird einer Befragung zufolge selten oder nie getragen. Trotzdem werden pro Person im Jahresschnitt 60 neue Kleidungsstücke gekauft. Unter hohem Aufwand an Energie, Wasser und Arbeit produzieren Menschen auf den Werkbänken der Welt Kleidungsstücke und transportieren sie um die Welt, damit dieselben Produkte am Ende weggeworfen und nicht einmal vernünftig recycelt werden können. Deshalb ist der Ruf laut geworden nach einer Wende von „Fast“ oder sogar „Ultrafast Fashion“ hin zu höherwertigen Textilien und einem nachhaltigen Gebrauch. Insbesondere Jugendliche haben diesen Ruf vernommen, achten entsprechend auch in ihrem eigenen Konsum auf ökologische Standards und treten damit für ein angemessenes Begehren ein.

Weil die Befriedigung und Organisation unseres Begehrens auch unter digitalen Bedingungen in den Zusammenhängen von Konsumwirtschaft und Identitätskultur geschieht, ist es sinnvoll, diese Zusammenhänge in den Blick zu nehmen.

d) Unter digitalen Bedingungen begehren, sich konstruieren und konsumieren

Die globale und digitalisierte Dienstleistungs- und Handelswirtschaft wird durch bestimmte Charakteristika gekennzeichnet: Erstens hat die Geschwindigkeit zugenommen. Auch momentane Bedürfnisse können schneller gestillt werden. Zweitens können Unternehmen Adressatinnen und Adressaten bestimmter Angebote durch Werbung in einem Maße zielgenau auswählen und ansteuern, das im Marketing früherer Jahrzehnte unbekannt war. Drittens verbindet die digitale Überbrückung des physischen Raumes Produzierende, Anbietende und Konsumentinnen und Konsumenten einerseits, rückt sie aber faktisch auseinander, weil etwa problematische Produktionsverhältnisse unsichtbar bleiben (vgl. die Ausführungen zum fünften Gebot). Viertens wirkt sich diese digitale Überbrückung auch auf das Selbstverhältnis aus. Denn in den Angeboten der Social Media, den damit verbundenen interaktiven und partizipativen Praxen, begehren Menschen nicht nur das, was sie nicht haben. Vielmehr wirken diese Praxen durch die Darstellungs- und Rückmeldungsmöglichkeiten auch auf die Identitätsbildung. Ein auf Facebook oder TikTok veröffentlichter Clip kann zu Likes and Hates aus der ganzen Welt führen – oder völlig ignoriert werden: Die kommerziell zur Verfügung gestellte digitale Welt ist insofern Diskursraum und Identitätsmaschine zugleich.

Bedürfnisse und Bedarfe können schneller befriedigt werden

Die digitalen Kanäle des Kontakts von Handel und Konsumierenden werden mehr. Damit sind Angebote der Befriedigung von Konsumwünschen ständig und leichter zugänglich: Ganz gleich, ob es Sonntag, früher Morgen, später Abend oder Nacht ist: eine Bestellung im Onlineshop ist immer möglich, Ladenschlusszeiten gibt es ebenso wenig wie die Konfrontation mit gereiztem Verkaufspersonal.

Die Möglichkeiten von Logistik und Zustellung zu niedrigen Preisen haben zugenommen. Das sorgt dafür, dass das Bestellte innerhalb kürzester Zeit nach Hause geliefert und bei Nichtgefallen oft auch kostenfrei zurückgesandt werden kann. So hat sich ein Konsumkomfort etabliert, der dort, wo er existiert, extrem hohe Attraktivität entfaltet und einen kometenhaften Aufstieg derjenigen Konzerne ermöglicht hat, die diese Art des Handels perfektioniert haben. Preisvergleichsportale und Testagenturen im Netz ermöglichen eine umfängliche Information und scheinen in vielen Fällen die Beratung durch kostenintensives Personal ersetzen zu können. Zudem hat sich durch entsprechende Portale auch die Zweit- und Drittnutzung von Waren erhöht. Das kann die Nachhaltigkeit des Konsums stützen. Gleichwohl zeigen sich auch problematische Seiten dieser Entwicklung, die zu unangemessenen Formen des Begehrens führen können: Die scheinbar universelle Verfügbarkeit setzt etablierte lokale Handelsunternehmen erheblichem Druck aus. Das kann dazu führen, dass diese Unternehmen die in diesem Segment tätigen Menschen stärker belasten und heilsame Rhythmen von Arbeit und Freizeit aufgelöst werden (vgl. die Erläuterungen zum vierten Gebot). Zudem setzt diese Form des Handels eine preisgünstige Logistik voraus, die wiederum mit niedrigen Löhnen und einer Belastung der ökologischen Nachhaltigkeit einhergeht (vgl. die Ausführungen zum fünften Gebot). Schließlich trägt diese Form der Kommunikation dazu bei, dass Menschen sich zunehmend auch in anderen Bereichen nur als Kundschaft oder Konsumentinnen und Konsumenten selbst wahrnehmen, obwohl dies dort nicht angemessen ist: Zivilgesellschaft, Politik, aber auch die Kirchen können dann im Sinne einer „republic.com“ (Cass Sunstein) als bloße Dienstleistungsagenturen statt als Orte verantwortlichen Engagements erscheinen.

Das Marketing wird im Digitalen zielgenauer

Bereits in den Metropolen des späten 19. Jahrhunderts war das „Einkaufen“ vor allem für die begüterten Schichten mehr als der reine Erwerb von Waren zum (Über-)Leben. Dem damaligen Bummeln vor großen Fensterscheiben entspricht heute das Surfen im Netz, das – vor allem in den wohlhabenden Gesellschaften und Schichten weltweit – mit Tablet und Smartphone zu jeder Zeit und von jedem Ort möglich ist. In diesen Kontexten geht es nicht allein um den bloßen Erwerb des Lebensnotwendigen, sondern auch um Geltungsgüter mit Imaginations- oder Inszenierungswert. Besonders hier wird das Marketing für die Anbietenden essenziell. Weiterentwickelt und verfeinert hat sich seit den ersten großen Warenhäusern die wissenschaftliche psychologische Sicht auf Konsumgüter und das Konsumverhalten. Im digitalen Zeitalter schaut – um im Bild zu bleiben – das Schaufenster zurück und speichert ab, was sich die Konsumentinnen und Konsumenten auf ihren diversen digitalen Endgeräten wie intensiv anschauen, für gut befinden und am Ende kaufen. Handelnde können über soziale Netzwerke und direkte Kontaktpunkte auf den Onlineseiten und Applikationen sehr individuelle Daten auswerten. Das Ziel ist, den Userinnen und Usern zu jedem Zeitpunkt individuell für sie ausgewählte Informationen, Bilder, Videos und Angebote zukommen zu lassen. Einerseits stellt dies einen hoch komfortablen Service dar, der die Erlebnisqualität etwa des Einkaufens steigert. Andererseits birgt es auch Manipulationsgefahren.

Eine dieser Gefahren ist insbesondere das Lock-in: die exklusive Bindung der Konsumentinnen und Konsumenten an die je eigenen Hard- und Softwarewelten. Davon haben bisher vor allem große Unternehmen profitiert. Diese Unternehmen vereinen neben Marktmacht und Informationsfülle einen immer größeren Anteil des weltweiten Werbeetats auf sich. Dadurch werden sie immer mächtiger, Konsumentinnen und Konsumenten zu beeinflussen. Wo ein Anbieter mindestens ein Drittel des gesamten deutschen Onlinemarkts dominiert, können folgende Faktoren auf lange Sicht zum Ende des Wettbewerbs und zum Nachteil der Kundschaft werden: die hohe Bindungskraft für die Kundschaft durch den eigenen Pool von Kundendaten, die Attraktivität von Zusatzdiensten und neuen Technologien wie sprachgesteuerten Endgeräten, die Bevorzugung bzw. Benachteiligung einzelner Marktpartnerinnen und -partner und die Praxis gesteuerter Kundenbewertungen. Darüber hinaus experimentiert auch der stationäre Handel damit, über Gesichtserkennung die emotionale Reaktion auf Produkte oder Werbeangebote auszulesen. Die emotionale Reaktion kann die Unmittelbarkeit der Kaufentscheidung erhöhen, dabei rationale Überlegungen umgehen und so das Begehren in problematische Richtungen kanalisieren.

Die informierte Kaufentscheidung wird schwerer

In den globalen Lieferketten rücken Produzierende, Anbietende und Konsumierende auseinander. Dabei unterscheiden sich die gesetzlichen Rahmenbedingungen zwischen den Ländern, durch die sich die Lieferketten ziehen. In einer global agierenden Wirtschaft können Unternehmen diese Unterschiede zu ihrem Vorteil nutzen. Der oder die Nächste und seine oder ihre Familie, die es zu schützen gilt, lebt oft nicht in der unmittelbaren Nachbarschaft oder im eigenen Land. Bei einer gewissenhaften Kaufentscheidung, einer Urlaubsplanung oder einem Aktieninvestment müssen deshalb die Arbeits- und Lebensbedingungen oder auch die Steuergesetzgebung anderer Länder mit einbezogen werden. Das Handicap dabei: Die digitale Vernetzung macht genau diese Differenzen zunächst einmal unanschaulich und schwer nachvollziehbar, ist doch das Angebot nur einen Klick weit weg. Das angeführte Beispiel problematischen Textilhandels zeigt dies. Einige der großen internationalen Plattformunternehmen, die sich als Online-Einzelhandelsbörsen verstehen, sind bereits dadurch aufgefallen, dass sie in Europa verbotene Waren von meist asiatischen Händlern anbieten: Plagiate, Produkte von minderer technischer Qualität oder Waren, bei denen keine Umsatzsteuer an die öffentliche Hand abgeführt wird. Auch die Diskussion um die Vernichtung von Überhängen dürfte insbesondere diese Händler treffen. Bislang sehen sich die Kontrollbehörden wie der Zoll nicht in der Lage, den Schutz der Konsumentinnen und Konsumenten und der legal agierenden Wettbewerber vor solchen Warenströmen zu garantieren. Allerdings bieten digitale Technologien auch die Mittel, um hier mehr Transparenz zu ermöglichen (vgl. die Überlegungen zum fünften Gebot).

Soziale Medien ermöglichen Austausch – und Kampf um Anerkennung

Das Verhältnis von Nähe und Distanz, präsentisch wie medial, spielt auch für Fragen der personalen Identität eine Rolle. Die Anbieter der Social Media fördern auch im eigenen Interesse das Begehren danach, von einem Publikum medial anerkannt zu werden. Vor einem potenziell weltweiten Publikum sind die Chancen des Begehrens enorm erweitert – und damit auch dessen Gefahren.

Social-Media-Kanäle bieten Möglichkeiten, Ideen, Bilder, Emotionen, Gedanken, Erlebnisse, Pläne, Utopien und verschiedene Facetten des eigenen Ich darzustellen und Andere mit all dem wahrzunehmen, was ihnen wichtig ist. Menschen können soziale Medien als Ort des freien Austausches der Ideen erleben, als Orte der Wertschätzung, Anregung, Gemeinschaftsbildung und Kritik. Zugleich sind Social-Media-Kanäle Orte der Selbstpräsentation und des ständigen Kampfes um Anerkennung, Orte der Angst, übersehen zu werden und im Vergleich der Schönheit, Intelligenz oder Originalität mit anderen nicht mithalten zu können, ausgeschlossen zu sein.

Die Rede vom „kuratierten Leben"[63] weist auch darauf hin, dass viele Menschen ihre Identität und ihren Lebensstil in höherem Maße als früher selbst zu gestalten suchen und dabei die Bausteine Arbeit, Familie, Kultur, Glaube oder Freizeit in möglichst origineller und anerkennungsträchtiger Weise zu kombinieren trachten. Während dies einerseits viele Freiheits- und Gestaltungsmöglichkeiten bietet, drohen andererseits auch weniger attraktive Konsequenzen: etwa eine Art Zwang, sich selbst in ständig neuer Weise zu präsentieren.

Identitätsbildung wird dabei durch die Digitalisierung unabhängiger von physischen Beschränkungen. Rollenvorbilder lassen sich durch die neue Nähe der sozialen Medien genau beobachten und imitieren. Unterschiedliche Plattformen mit unterschiedlichen Profilen zu nutzen, ermöglicht zudem, mit Identitätsvariationen zu experimentieren und sich in unterschiedlichsten gesellschaftlichen Kontexten zu vernetzen.

---

63 Andreas Reckwitz, Die Gesellschaft der Singularitäten. Zum Strukturwandel der Moderne, 2017, 295–298.

Das fördert auch die Individualisierung, die viele als zentrales Element der Moderne betrachten. Die Angebote auf dem Identitätsmarkt sind dabei hochgradig ausdifferenziert: Jeder bzw. jede scheint alles werden zu können. Dies gilt umso mehr, als Social-Media-Plattformen im Zuge einer fortschreitenden Medialisierung zu Institutionen geworden sind, die prägen, wie Menschen die Wirklichkeit wahrnehmen, sozial handeln und ihre Identität bilden. Die digitale Welt ist somit ein endloser Strom von Identitätsangeboten. Der symbolische Baukasten hat rund um die Uhr geöffnet und ist global nutzbar. Anstelle von standardisierten Massenidentitäten können sich Menschen in sozialen Medien Netzwerkidentitäten basteln, die sich um Themen wie Marken, Personen und Produkte gruppieren, aber auch um Werte- und Ideologie-Communities. Klassische Institutionen wie Kirchen, Parteien, Gewerkschaften oder Vereine und die von ihnen angebotenen kollektiven Identitäten können dabei zunächst einmal an Binde- und Prägekraft verlieren – aber natürlich auch neue Möglichkeiten nutzen.

Digitalisierung erweitert damit die Möglichkeit des Wahrnehmens, der Kommunikation und des Wirkens – global, mobil, zwischen Menschen und Inhalten. Egal, wie Einzelne in diesem Raum agieren – ob mit vollständigem Namen, einem Statusfoto oder einem Passwortnamen (Nickname) –, es sind und bleiben Menschen, die in einem Verhältnis zueinander und zu einem Thema, einer Frage, einer Situation stehen. Zugleich ist festzuhalten, dass Menschen die eigene Personalität und Leiblichkeit anders erfahren, wenn sie online agieren. Auf der einen Seite festigt die Selbstdarstellung die personale Identität. Soziale Vergleiche sind wichtig dafür, ein eigenes Selbstwertgefühl zu schaffen. Sie ermöglichen in der digitalen Kommunikation ein ungeahnt hohes Maß an Selbstexpressivität. So entstehen neue

Möglichkeiten des Selbstmanagements, Möglichkeiten, die eigene Identität zu konstruieren und mit einer Mehrzahl von Identitäten zu ‚spielen'. Auf der anderen Seite gibt es auch Gefahren und Herausforderungen. Besagte Möglichkeiten können die Identitätsentwicklung auch schädigen, weil sie Begehrensstrukturen und Mechanismen des ‚Habenwollens' in Abgrenzung und im Vergleich zu anderen stärken. Die Möglichkeiten sozialer Vergleiche vervielfachen sich. Dies kann besonders bei jungen Menschen zu Einbußen des Selbstwertgefühls führen, weil das omnipräsente, digital verkörperte und oftmals optimierte Ideal nur schwer oder gar nicht zu erreichen ist. In diesem Zeitalter der digitalen Vernetzung kämpfen Menschen andauernd um Aufmerksamkeit und Anerkennung. Damit entstehen neue Herausforderungen. Die Angst, ausgeschlossen zu sein, ist die dominante Angst unserer Zeit. Das beschränkt die eigene Freiheit, das zu tun, was für die eigene Identitätsentwicklung zu tun ist. Dies führt zu den Fragen: In welcher Weise ermöglichen digitale Kommunikation und Identitätskonstruktion solidarische Formen der Vergemeinschaftung? Wie können Menschen das darin auf Rivalität und Distinktion gründende Verhältnis zum anderen gestalten?

e) Empfehlungen zum verantwortungsvollen Begehren in Angebot, Konsum und Selbstkonstruktion

Martin Luther zufolge ist ein Mensch lebenslang sowohl in Sünde verstrickt als auch gerecht. Das lässt sich sowohl auf konsumierende als auch auf produzierende oder dienstleistende Menschen anwenden: Mit Luther können wir wissen, dass moralische und religiöse Perfektionsansprüche Menschen überfordern. Aus diesem Grund sind isolierte moralische Forderungen an einzelne Akteurinnen und Akteure – Konsumentinnen und Konsumenten wie Produzierende – so wohlfeil wie problematisch. Diese Grundeinsicht gilt es mit Blick auf eine globale und vernetzte Welt neu zu durchdenken. Das soll verhindern, dass Menschen für etwas verantwortlich gemacht werden, das sie nicht beeinflussen können. Das Nachdenken soll auch verhindern, dass Moralisierung die Frage nach einer angemessenen Verantwortung des Begehrens ersetzt. Daher ist differenziert zu fragen, wem in welcher Weise im Kontext der Digitalisierung Verantwortung für die Gestaltung des Begehrens zukommt.

Transparenz erhöhen

Digitale Medien bieten erhebliche Chancen, den Diskurs über die Angemessenheit des Begehrens in der globalen Verflechtung zu fördern. Denn die globale Zugänglichkeit von Nachrichten und Bildern kann das Bewusstsein für nachhaltigen Konsum fördern, etwa wenn diese Nachrichten Transparenz herstellen über die Veränderungen des globalen Klimas und die Produktionsbedingungen in entfernten Orten (vgl. die Erwägungen zum fünften Gebot). Dem entspricht, dass immer mehr Verbraucherinnen und Verbraucher sich für die Herkunft von Lebensmitteln, die Herstellungsbedingungen von Textilien, die Löhne von Kaffee- und Milchbauern oder die Arbeitsbedingungen von Paketbotinnen und Paketboten interessieren. Sie wollen wissen, wie hoch der tatsächliche CO_2-Ausstoß beim Transport oder in der Herstellung von Fleisch ist. Vor diesem Hintergrund ist es möglich und auch sinnvoll, sich in digitalen Öffentlichkeiten dafür einzusetzen, dass Lieferketten transparent, Ausbeutung und Not sichtbar und alle Wettbewerbende auf ökofaire und soziale Arbeits-, Produktions- und Lieferbedingungen verpflichtet werden. Das muss im Wissen darum geschehen, dass individuelle Konsumentscheidungen auch strukturell bedingt sind.

Sinnbild der Digitalisierung ist das Smartphone. Mit jedem Kauf eines neuen Gerätes steigt der Bedarf an seltenen Erden, die überwiegend aus Konfliktregionen stammen. Das Wissen darum kann zur selbstreflexiven Frage anregen: Brauche ich jetzt wirklich ein neues Smartphone? Will ich mir mit dem Kauf etwas Gutes tun oder mein Image stärken? Bin ich mir der Produktionsweise und deren Konsequenzen bewusst? Habe ich Alternativen zum Kauf? Zugleich ist das Smartphone auch ein Beispiel dafür, dass neue Formen eines sozial verträglichen und umweltsensiblen Abbaus seltener Erden dazu beitragen können, die allgemeine Wohlfahrt in den Förderregionen zu heben. Das ist aber nur dann der Fall, wenn über einen kritischen Umgang der Abnehmerländer mit dem Rohstoffprivileg – also dem Recht als legitim anerkannter Regierungen, Bodenschätze ihrer Länder auszubeuten – staatliche Rechts- und Wohlfahrtsstrukturen geschaffen werden und der Reichtum tatsächlich den Bevölkerungen zugutekommt, statt Warlords und ihre Armeen zu nähren. Marktmächtige Akteurinnen und Akteure können diese Macht – etwa über internationale Handelsvereinbarungen – auch dazu nutzen, die Lebens- und Umweltbedingungen vor Ort positiv zu verändern.

Verantwortliches Marketing plausibilisieren

Das günstigste Mittel zur Bewahrung sozial marktwirtschaftlicher Freiheit von Produzierenden und Konsumierenden ist eine politische Rahmensetzung, die alle Wettbewerbenden auf gleiche Regeln verpflichtet. In den letzten Jahren haben die europäischen Staaten – anders als die USA und China – etliche Gesetze auf den Weg gebracht, um die ungesteuerte Nutzung von Konsumentinnen- wie Konsumenten-Daten einzuschränken und so eine partizipative und angemessene

Gestaltung des Begehrens zu ermöglichen. Die Europäische Datenschutz-Grundverordnung (DSGVO) ist eine der bekanntesten gesetzlichen Maßnahmen, die die Datennutzung regelt. Gleichwohl beschäftigt die Fachwelt, welchen Nutzen sie für die Verbraucherinnen und Verbraucher tatsächlich erbracht hat. Auch stellt sich die Frage, ob und wie die jeweiligen Datenschutzbehörden die europäischen Plattformen ebenso wie die deutschen Anbietenden auf die Einhaltung der gesetzlichen Vorschriften prüfen.

Von Bedeutung wird sein, dass Unternehmen oder von ihnen beauftragte Influencerinnen und Influencer ihre Werbebotschaften aufgrund gesetzlicher Verpflichtung und Kontrolle als Werbung kennzeichnen müssen. Vergleichsportale, die nicht selten schlichte Vertriebsportale sind, müssen ihren Nutzenden gegenüber transparent machen, wenn sie Informationsasymmetrien ausnutzen und zum Beispiel eigene Produkte oder Produkte ihrer Werbekundschaft leichter zugänglich und attraktiver platzieren als die der Wettbewerber oder andere leistungsfähige Angebote weglassen.

Verantwortungsfähigkeit von Verbrauchenden steigern

Nicht nur die Verantwortungsfähigkeit der Anbietenden, sondern auch die der Konsumierenden lässt sich steigern. Allerdings kann dies Konsumierende leicht mit einer Fülle an Informationen konfrontieren, die beim täglichen Einkauf überfordert. Das gilt, insofern es die Pflicht der Einkaufenden bleibt, sich zu informieren. Hier bieten klare Indikatorensysteme Abhilfe, die nach einsichtigen Kriterien formuliert sein müssen und durch die öffentliche Hand vorgehalten werden sollten. Hier ist etwa an aussagekräftige Labels zu denken, die durch öffentliche Agenturen überwacht werden und die soziale und ökologische Nachhaltigkeit eines Produkts unkompliziert erkennbar machen, indem sie Produktionsbedingungen, Lieferketten oder gesundheitliche Wirkungen leicht nachvollziehen lassen.

Produzierende und Konsumentinnen wie Konsumenten gestalten ihr Begehren zurzeit widersprüchlich. Viel wird insgesamt daran liegen, diese Widersprüche wahrzunehmen und im Sinne der Balance von Gütern zu bearbeiten. Die digital mögliche Transparenz von Produktions- und Kaufentscheidungen kann es erleichtern, diese Aufgabe zu erfüllen: Wenn ökosoziale Anreize und international abgestimmte, klare rechtliche Vorgaben an Produzierende und Konsumierende den Konsum, das Marketing und die Produktion bewusst steuern, kann dies die Freiheit eines Begehrens stützen, das eine gleiche Freiheit aller Menschen in Rücksicht auf die Mitgeschöpfe gewährleistet.

Verantwortliche relationale Identitäten fördern

Zu den zentralen Aufgaben von allen gehört heute, die eigenen Identitäten selbst zu verwalten. Das setzt nicht nur die Freiheit der eigenen Person voraus, sondern auch den Willen, diese Freiheit aktiv zu gestalten – gerade in Bezug auf die eigene relationale Identität. Fehlt es an Freiheit und Willen, kann es zu unerwünschten Identitätsausprägungen kommen: Denn im Internet wird kaum etwas vergessen, sondern alles weiterverarbeitet. Dies ist besonders im Kontext der neuen digitalen Anerkennungskämpfe und der Ideologisierung von Agilität wichtig. Emotionalisierung in den sozialen Medien durch Bewertungen wie Likes, Teilen etc. ist ein Machtfaktor. Er prägt, wie sich eine ganze Generation selbst versteht, Solidarität erfährt und Gemeinschaft bildet. Diese neuen Vergemeinschaftungen mit den Anderen können die eigene Identität stärken und neue Formen von Beziehungen jenseits der analogen Grenzen ermöglichen. Die Gemeinschaft ist jeweils selbstgewählt und orientiert sich „am Gleichen" oder am als „ähnlich" Empfundenen („Freunde"), die Teilnahme an ihr ist anonymisiert und unverbindlich möglich und nicht hierarchisch geprägt (Kompetenzen, Rollen). Daraus entstehen neue mediale Unterstützungsmöglichkeiten, die die in der Moderne verloren gegangene (Groß-)Familie bzw. die Sippe ersetzen können. Es können sich neue Solidargemeinschaften bilden. Ein Beispiel bieten die im Ausland lebenden koptischen Christinnen und Christen. Etwa zehn Prozent dieser Menschen leben seit der ägyptischen Revolution nicht mehr in Ägypten und haben sich innerhalb der digitalen Diaspora einen neuen Raum des Austauschs, der Glaubensgemeinschaft und der religiösen Identitätsbildung geschaffen. Das fördert hybride Identitäten, die bürgerliche und zivilgesellschaftliche Loyalitäten verbinden können, auch wenn mit der Gefahr einer Abschottung umgegangen werden muss.

Das Anerkennungsbegehren im digitalen Kontext verantwortlich zu gestalten, gehört insofern zu den Aufgaben der Bewährung der Freiheit, zu der Menschen in Bildungsprozessen befähigt und ermächtigt werden müssen. Die klassische analoge, die digital erweiterte (augmented) und die virtuelle Realität sind Momente *einer* sozialen Wirklichkeit. Diese Einsicht kann dazu verhelfen, realistische Selbst- und Fremdwahrnehmungen zu fördern. Eine solche verantwortliche Gestaltung des Anerkennungsbegehrens schließt ein, die Notwendigkeit des Schutzes auch der je eigenen Privatsphäre genauso zu verstehen wie die Grenzen eigener Perfektibilität wahrzunehmen und die Angewiesenheit und die Fragmentarität der je eigenen Identität einzusehen. Christinnen und Christen glauben, dass diese Fragmentarität in Gott aufgehoben ist. Dietrich Bonhoeffer hat diese Einsicht in der letzten Zeile seines berühmten Gedichts „Wer bin ich" zusammenfasst: „Wer ich auch bin, Du kennst mich, Dein bin ich, o Gott!"[64]

f) Kirchliche Arbeit bildet zu angemessenem Begehren

Kirchliche Arbeit kann im Kontext der Gestaltung des Begehrens unterschiedliche Rollen spielen: Kirchliche Gruppen und Organisationen setzen sich schon lange für die faire Gestaltung des globalen Handels ein und führen dieses Engagement auch unter digitalen Bedingungen weiter. Kirche sucht als zivilgesellschaftliche Akteurin auf der Grundlage ihrer Botschaft Diskurse über die angemessene Gestaltung des Begehrens zu fördern. Und kirchliche Organisationen stellen sich auf dem Markt der Möglichkeiten unserer globalisierten und digitalisierten Gesellschaften im Auftrag ihrer Botschaft selbst dem Wettbewerb um Aufmerksamkeit und müssen dabei ihrem eigenen Selbstverständnis entsprechen.

Schon Paulus wusste, dass der Glaube an Jesus Christus dort kommuniziert werden muss, wo die Menschen sich aufhalten und begegnen. Die Kirche nutzt dazu seit ihrem Bestehen die öffentlichen Kommunikationswege der jeweiligen Zeit. Gegenwärtig bedeutet dies, die Möglichkeiten der zielgruppenspezifischen Kommunikation unter anderem in den sozialen Medien zu erschließen und damit Kirche auch digital zu leben.

64 Dietrich Bonhoeffer, Widerstand und Ergebung. Briefe und Aufzeichnungen aus der Haft, hg. v. Eberhardt Bethge, 1978, 179.

Eine digitale Kirche kann und will im Netz selbst wirken (vgl. die Überlegungen zum zweiten und dritten Gebot). Youtube-Predigten, geistliche Blogs[65] oder Einladungen zum gemeinsamen digitalen Gebet sind Beispiele dafür, dass Kirche auch digital Gemeinschaft bilden und Evangelium leben und teilen kann. Das digitale Zeitalter zeichnet sich dadurch aus, dass es rund um die Uhr möglich ist, Informationen aus aller Welt, Angebote, Themen und Botschaften aller Art wahrnehmen zu können. In dieser Fülle der Informationen ist es eine der größten Herausforderungen, die Aufmerksamkeit der Öffentlichkeit zu erreichen, um mit den eigenen Inhalten und Angeboten wahrgenommen und identifiziert zu werden – und freie Entscheidung zu ermöglichen, die positive wie negative Religionsfreiheit, die Freiheit zur Religion wie die Freiheit von Religion, gleich ernst nimmt.

Es ist eine Bildungsaufgabe, sich beim Konsumieren in ethisch bewusstes Entscheiden einzuüben und die eigenen Identitäten im digitalen Kontext verantwortlich zu gestalten und zu verwalten. Diese Bildungsaufgabe liegt auch in der Verantwortung der Kirchen. Die Kirchen nehmen diese Verantwortung wahr im Rahmen des Schulunterrichts, der Akademiearbeit und nicht zuletzt auch im gemeindlichen Zusammenhang (EKD, Maße des Menschlichen 2003). Eine wichtige Rolle spielen dabei einerseits klassische Angebote im Kontext von Kinder-, Jugend- und Erwachsenenbildung, die den Prozess der Bildung je eigener Identitäten begleiten, andererseits Konsumentenbewegungen, die den „fairen Handel“ bzw. einen umweltbewussten Konsum fördern. Solche Aktionen – oft in enger Partnerschaft mit Kir-

65 Blog (auch Weblog): Zusammensetzung der englischen Begriffe „Web“ (world wide web) und „Log“ (Logbuch, Tagebuch). Es ist ein öffentlich einsehbares, meist auf einer Internetseite geführtes Tagebuch.

chengemeinden und kirchlichen Hilfswerken – verbinden politische Aufklärungsarbeit über problematische Strukturen des Welthandels mit exemplarischen Projekten, die gerechtere Handelsbedingungen verwirklichen sollen. Denn die Kirche ist herausgefordert, sowohl die digitalen Möglichkeiten für diese Aufgabe zu nutzen als auch die Gefährdungen und ethischen Fragestellungen durch die digitalen Veränderungen zu identifizieren und zu thematisieren.

3. Potenziale digitaler Technologien in Freiheit und Verantwortung nutzen

Digitale Technologien bieten unabsehbar reiche Potenziale der medialen Vernetzung – zwischen Menschen, zwischen Menschen und Gegenständen sowie zwischen verschiedenen Gegenständen selbst. Die Kombination aus binärem Zeichensystem, darauf basierenden Algorithmen und digitalen Geräten ermöglicht es, in allen Lebensbereichen digitale Daten zu gewinnen, mit anderen Daten zu verknüpfen, Ergebnisse darzustellen und Wirkungen zu erzeugen – global, in Echtzeit, mobil. Was die Folgen der vielfältigen Nutzung digitaler Technologien sein werden, zeichnet sich erst in Umrissen ab. Historisch bedeutet der digitale Wandel eine neue, grundlegende Veränderung der Welt des Menschen, ähnlich wie etwa die Erfindung der Schrift, des Buchdrucks oder der elektronischen Massenmedien. Diese innovativen Technologien eröffneten und eröffnen jeweils eine neue Qualität menschlicher Erfahrungen: Sie veränderten, wie Menschen die Welt interpretieren und soziales Leben ordnen.

Die Potenziale des Digitalen begeistern und ängstigen. Die Nutzung digitaler Technologien kann Freiheitsräume eröffnen und (oft schwer erkennbar) verschließen. Das weckt utopische Hoffnungen und apokalyptische Befürchtungen, die um Deutungshoheit ringen. Demgegenüber wird in dieser Stellungnahme die nüchterne Haltung eines biblischen Realismus eingenommen. Biblischer Realismus beinhaltet das Wissen: Alles menschliche Kulturschaffen einschließlich der Technikentwicklung ist weder eindeutig gut noch eindeutig böse, sondern zutiefst ambivalent. Biblischer Realismus meint zugleich den

Glauben daran, dass Gott alle Menschen zur verantwortlichen Gestaltung der Welt aufgerufen hat und ihnen Segen zusagt. Für diese Zusage steht der Regenbogen als bleibendes Symbol (vgl. Gen 1,20; 2,15; 9,12 ff.). Aus der Grundhaltung dieses biblischen Realismus heraus gilt es, die Potenziale des digitalen Wandels verantwortlich und sachlich abwägend zu nutzen, um unsere natürlichen Lebensgrundlagen nachhaltiger zu schützen, um soziale Verhältnisse zu humanisieren und gerechter zu machen.

Den digitalen Wandel in Freiheit und Verantwortung zu gestalten – das ist das zentrale Anliegen dieser Stellungnahme. Damit wird die Grundorientierung christlichen Lebens für den digitalen Wandel durchbuchstabiert, die Orientierung an einem Leben in Freiheit und Verantwortung vor Gott und den Menschen. Das Volk Israel hat seit jeher bis in die Gegenwart erfahren, dass die neu gewonnene Freiheit in Verantwortung vor Gott und dem Menschen stets neu zu bewähren ist. Ethische Orientierung hat Israel dabei in den Zehn Worten und im umfangreichen Korpus der Weisungen der Tora gefunden. Im Christentum haben sich die Zehn Worte, oft und nicht ganz korrekt als Gebote in einem moralistischen Sinne verstanden, zu einem traditionellen Kernbestand dessen entwickelt, was zu einer verantwortlichen Lebensführung und Sozialgestaltung anleitet. Sie nehmen nicht alle Lebensbereiche in den Blick, eröffnen aber exemplarisch Grundorientierungen dafür, wie wir die Freiheit im Leben bewähren können. Auch wenn die historische Distanz zwischen dem Entstehungskontext der Zehn Worte, den wirkmächtigen Auslegungen der Reformationszeit und der Gegenwart im Blick bleiben muss, so lassen sich gerade auch unter den Bedingungen des digitalen Wandels vielfältige Resonanzen der alten Texte aufzeigen. In der Auslegung der

Zehn Gebote findet diese Stellungnahme Kriterien dafür, das Potenzial digitaler Technologie in den verschiedenen Lebensbereichen und gesellschaftlichen Bereichen so auszuschöpfen, dass die gewonnenen Freiheitsspielräume genutzt und nicht verspielt werden.

Die Hinweise auf die fundamentale Differenz zwischen Gott und Welt bzw. Gott und Mensch (erstes und zweites Gebot) definieren das weite Feld, in dem die Potenziale des Digitalen freiheitswahrend genutzt werden können. Auf diesem weiten Feld zeigen sich die Chancen der Digitalisierung: Sie bietet neue Möglichkeiten zur grenzüberschreitenden Kommunikation und neue Freiheiten in der Identitätsbildung. Diese Potenziale gilt es wahrzunehmen und zu nutzen. Gleichzeitig beschreiben das erste und zweite Wort die Grenzen dieses weiten Feldes verantworteter Freiheit: Wo Weltliches – hier: digitale Technologien – als Heils- und Erlösungsbringer inszeniert wird, wo Utopien künstlicher digitaler Intelligenz die Grenzen zwischen Mensch und Maschine verwischen sollen, da wird die verantwortliche Freiheit verspielt und es entstehen neue Abhängigkeiten. Es geht um ein Plädoyer dafür, insoweit auf Digitalisierung zu verzichten, als sie zur Quasi-Religion wird und überwältigende Bildwelten produziert. Es geht um eine Kritik transhumanistischer Bestrebungen. Das Ziel ist, den digitalen Wandel als eine durch Menschen kulturell gestaltete und in aller Freiheit und Verantwortung vor Gott zu nutzende Technologie zu verstehen. Die Aufgabe von Diakonie und Kirche ist dabei, die unbedingte Anerkennung durch Gott erfahrbar zu machen.

Digitale Medien bieten ein großes Potenzial, über Gott, den persönlichen Glauben und religiöse Vorstellungen zu kommunizieren. Der „Kommunikation des Evangeliums“ werden vielfältige öffentliche Räume geöffnet. Das Internet und Social Media bieten dem allgemeinen Priestertum der Gläubigen weite Räume der individuellen, kollektiven und öffentlichen Kommunikation. Für den Einzelnen gilt es, sich auf diese Weise neue Räume spiritueller Erfahrungen zu erschließen. Die organisierte Kirche steht vor der Herausforderung, eine entsprechende Kommunikation des Evangeliums zu fördern und zugleich dem Missbrauch „des Namens Gottes" zu wehren (drittes Gebot).

Der Einsatz digitaler Technologie führt auch dazu, dass kulturell entwickelte Rhythmen der Zeit eingeebnet werden: Die Unterscheidungen zwischen Zeiten der Muße und der Arbeit, der Erholung und der Produktion, der Anerkennung durch Gott und des Tätigseins für Andere werden verwischt, etwa durch Mobile Office und weltweite, Zeitzonen übergreifende Kommunikation. Potenziale der digitalen Technologien in Freiheit verantwortlich zu gestalten heißt hier, auch unter digitalen Bedingungen einen lebens- und gemeinschaftsförderlichen Rhythmus von Arbeit und Freizeit zu finden. Die Kirchen sind herausgefordert, den religiösen Sinn dieses Rhythmus deutlich zu machen (viertes Gebot).

Der Impuls „Eltern zu ehren" (fünftes Gebot) kann unter den Bedingungen des digitalen Wandels als Aufruf verstanden werden, diese Technologien für eine gerechtere Gestaltung des Generationenverhältnisses zu nutzen. Konkret heißt das, die natürlichen Lebensgrundlagen für zukünftige Generationen nachhaltig zu sichern und digitale Technologie für eine angemessene sozialkulturelle Stärkung und pflegerische Betreuung der älteren Generation zu nutzen. Exemplarisch kommen hier ganz unterschiedliche Felder wie Instrumente in den Blick: Digital lässt sich Transparenz herstellen über die globale Verflechtung von Produktions- und Lieferketten; digitale Systeme können Ressourcen einsparen helfen, indem sie physische Mobilität verringern; digitale Assistenzsysteme können in der Pflege hilfreich sein. Kirche und Diakonie können digitale Möglichkeiten nutzen, damit Menschen ihre positive Freiheit zur Gemeinschaft der Generationen ausleben können und nachhaltiger leben können, ohne ihre Selbstbestimmung aufgeben zu müssen.

Das Potenzial digitaler Technologie sollte genutzt werden, Gewaltspiralen zu unterbrechen und Frieden zu sichern (sechstes Gebot). Zu digitaler Technologie gehören mittlerweile auch die Verletzlichkeit digitaler Infrastruktur, digitale Überwachung und autoregulative Waffensysteme. Auch unter diesen Bedingungen gilt es, Kriminalität, Terror und staatliche Gewaltausübung durch Gewaltunterbrechungen und Friedenssicherung einzudämmen. Das beinhaltet die deutliche Einschränkung des Gebrauchs autoregulativer, letaler Waffensysteme. Die evangelische Kirche steuert zum Diskurs das orientierende Leitbild des gerechten Friedens bei.

Digitale Medien bieten ein hohes Potenzial, zwischenmenschliche Beziehungen in unterschiedlichster Form und Intensität zu knüpfen. Angesichts dessen umschreibt das siebte Wort, die Ehe nicht zu brechen, ein weites Feld verantworteter Freiheit. Angesichts von Formen des Online-Dating, Ghosting, Online-Pornographie, Sexualität im Netz und Sexrobotern gilt es, in digitalen Medien und digitaler Vernetzung Beziehungen achtsam und lebensfördernd zu gestalten. Es ist eine wichtige Aufgabe kirchlicher Bildungsarbeit, die Aneignung einer Medienkompetenz zu ermöglichen, die zu einer solchen verantwortlichen Beziehungsgestaltung nötig ist.

Das achte Gebot fordert auf, nicht zu stehlen. Dahinter steht die Vorstellung, dass Eigentum einer menschenwürdigen Existenzsicherung und einem gerechten Miteinander dienen soll. Deshalb gilt es, das Potenzial digitaler Erstellung von Dienstleistungen und digitaler Produktionsweisen (Crowd- und Cloudworking, Datenhandel, digitaler Handel u.a.) so zu erschließen, dass Menschen in gerechter Weise die Teilhabe am gesellschaftlichen Leben ermöglicht wird. Dafür sind die nötigen kulturellen und rechtlichen Rahmenbedingungen zu schaffen, um Freiheit durch Teilhabe zu sichern, nicht zuletzt angesichts von starken Monopolisierungstendenzen im Bereich der großen Digitalunternehmen. Die evangelische Kirche als Organisation setzt sich politisch und mit ihrem eigenen Handeln dafür ein.

Im Fokus des neunten Gebotes steht eine Kultur der ehrlichen, achtungsvollen und vertrauenswürdigen Kommunikation im öffentlichen Raum. Digitale Medien haben für Personen wie für Organisationen und Institutionen die Möglichkeiten vervielfacht, öffentlich zu kommunizieren und an Diskursen teilzunehmen (insbesondere durch die genannten Social Media). Wenn Freiheit erhalten und erweitert werden soll, gilt es, von der Prägekraft der Kommunikationsstile durch digitale Medien zu wissen und sich nicht zu ehrverletzenden, unwahren, skandalisierenden Botschaften verleiten zu lassen, sondern die Medien in einer Kultur der Achtung der Menschenwürde und für innovative Formen der Partizipation an gesellschaftlichen Prozessen zu nutzen. Die evangelische Kirche will mit ihrem Kommunikationsverhalten hier mit gutem Beispiel vorangehen und setzt sich für Medienbildung in allen Bereichen ein.

„Begehren“ kann unterschiedlich verstanden werden. Dem zehnten Gebot geht es darum, Freiheit zu bewahren. Freiheit besteht darin, der lebensförderlichen Sehnsucht nach Ausbildung der eigenen Identität, nach sozialer Teilhabe wie auch nach dem Verfügenkönnen über Dinge und Waren nachzugehen, ohne dabei der Begierde nach Identitätsoptimierung, nach Instrumentalisierung Anderer für eigene Zwecke und nach maßlosem Konsum Raum zu geben. So gilt es, auch digitale Technologie für eine lebensförderliche Identitätsbildung, für ein soziales Miteinander und eine nachhaltige Gestaltung des Konsums einzusetzen. Genau dazu kann und soll kirchliche Bildungsarbeit verhelfen.

Die Ausführungen zur Entfaltung der Potenziale digitaler Technologie in Freiheit und Verantwortung leisten zur öffentlichen Digitalisierungsdebatte einen Beitrag aus evangelischer Perspektive. Zugleich sollen sie das Handeln der evangelischen Kirche und der Diakonie in ihren unterschiedlichen Sozialformen orientieren. Kirche und Diakonie sind herausgefordert, insbesondere auf den Feldern der religiösen Kommunikation im digitalen Raum, der digital vermittelten oder erweiterten Dienstleistungen der Diakonie, der digital unterstützten Gestaltung gemeinschaftlichen Lebens, der medialen Kommunikation in der Öffentlichkeit sowie der Bildungsarbeit zu einer verantwortlichen Nutzung digitaler Medien beizutragen. Dabei sollten Kirche und Diakonie auch für ihre eigene Arbeit die Potenziale digitaler Technologien erschließen. Welch vielfältige Möglichkeiten dabei bestehen, die lange Zeit nur wenig genutzt worden sind, haben gerade auch die positiven Erfahrungen seit der Corona-Pandemie gezeigt.

Für die Interpretation digitaler Technologien und ihrer Auswirkungen wurde bei den Zehn Worten der Tradition des Volkes Israel angesetzt – im Hören auf jüdische Erfahrungen, im Gespräch mit christlicher Theologie, anderen einschlägigen Wissenschaften und netzpolitischen Akteurinnen und Akteuren. Es ist ganz im Sinne dieser Ausarbeitungen, wenn über die Interpretationen des digitalen Wandels im Lichte der Zehn Worte auch umgekehrt die Zehn Gebote in ihrer grundlegenden Bedeutung für die von Digitalisierung geprägte Gegenwart neu gesehen werden.

Literaturverzeichnis

Arkin, Ronald C.: Vollautonome letale Waffensysteme und Kollateralopfer, in: Ethik und Militär 1 (2014), 3–12.

Bolz, Norbert: Das Wissen der Religion. Betrachtungen eines religiös Unmusikalischen, München 2008.

Bonhoeffer, Dietrich: Widerstand und Ergebung. Briefe und Aufzeichnungen aus der Haft, hg. v. Eberhardt Bethge, 19. Aufl., Gütersloh 1978.

Brecht, Bertolt: Kalendergeschichten, Hamburg 1953.

Crüsemann, Frank: Bewahrung der Freiheit: Das Thema des Dekalogs in sozialgeschichtlicher Perspektive, München 1983.

Dabrock, Peter et al.: Unverschämt schön. Sexualethik: evangelisch und lebensnah, Gütersloh 2015.

Döring, Nicola: Sexualität im Digitalzeitalter, in: Z Sexualforsch (2017) 30, 1–6.

Döring, Nicola: Sexuelle Aktivitäten im digitalen Kontext. Aktueller Forschungsstand und Handlungsempfehlungen für die Praxis, in: Psychotherapeut (2019) 64, 374–384.

Eleyth, Nathalie: Beziehungen in Zeiten des Onlinedatings, in: gynäkologie + geburtshilfe (2020) 25/5, 26–29.

Eleyth, Nathalie: In Zeiten der Computerliebe, in: gynäkologie + geburtshilfe (2020), 25/6, 34–37.

Evangelische Kirche in Deutschland (Hg.): „Geliehen ist der Stern, auf dem wir leben“. Die Agenda 2030 als Herausforderung für die Kirchen. Ein Impulspapier der Kammer der EKD für nachhaltige Entwicklung (EKD-Texte 130), Hannover 2018.

Evangelische Kirche in Deutschland (Hg.): Maße des Menschlichen. Evangelische Perspektiven zur Bildung in der Wissens- und Lerngesellschaft. Eine Denkschrift des Rates der Evangelischen Kirche in Deutschland, Hannover 2003.

Evangelische Kirche in Deutschland (Hg.): Solidarität und Selbstbestimmung im Wandel der Arbeitswelt. Eine Denkschrift des Rates der Evangelischen Kirche in Deutschland (EKD) zu Arbeit, Sozialpartnerschaften und Gewerkschaften, Gütersloh 2015.

Evangelische Kirche in Deutschland (Hg.): Unternehmerisches Handeln in evangelischer Perspektive. Eine Denkschrift des Rates der Evangelischen Kirche in Deutschland, Gütersloh 2008.

Evangelische Kirche in Deutschland (Hg.): Zwischen Autonomie und Angewiesenheit: Familie als verlässliche Gemeinschaft stärken. Eine Orientierungshilfe des Rates der Evangelischen Kirche in Deutschland, Gütersloh 2013.

Feustel, Robert: „Am Anfang war die Information“. Digitalisierung als Religion, Berlin 2018.

Friis, Cecilie / Nielsen, Jonas Ø. (Hg.): Telecoupling: Exploring Land-Use Change in a Globalised World, London 2019.

Harari, Yuval Noah: Homo Deus. Eine Geschichte von Morgen, München 2018.

Hoffmeister, Christian: Google Unser, Hamburg 2019.

Illouz, Eva: Warum Liebe weh tut. Eine soziologische Erklärung, Berlin 2011.

Joos, Richard: Wie funktioniert der Pornografiemarkt im Internet, in: Z Sexualforsch (2017) 30, 58–73.

Kunkel, Nicole: Mensch und hochautomatisierte Maschine, in: Aufschlüsse. Zeitschrift für spirituelle Impulse, (2020) 78, 17–20.

Luther, Martin: Der Große Katechismus, in: Die Bekenntnisschriften der evangelisch-lutherischen Kirche, hg. im Gedenkjahr der Augsburgischen Konfession 1930, 2. verb. Aufl., Göttingen 1952.

Mau, Steffen: Das metrische Wir. Über die Quantifizierung des Sozialen, Berlin 2017.

McLuhan, Marshall: Die magischen Kanäle. Understanding Media, 2. erw. Aufl., Dresden/Basel 1995.

Nachtwey, Oliver / Seidl, Timo: Die Ethik der Solution und der Geist des digitalen Kapitalismus, 2017 IFS WORKING PAPER #11, Institut für Sozialforschung, Frankfurt am Main 2017, online: http://www.ifs.uni-frankfurt.de/wp-content/uploads/IfS-WP-11.pdf.

Pelka, Arthur / Tigges, Stefan (Hg.): Das Drama nach dem Drama. Verwandlungen dramatischer Formen in Deutschland seit 1945, Bielefeld 2011.

Pörksen, Bernhard: Die große Gereiztheit. Wege aus der kollektiven Erregung, München 2018.

Reckwitz, Andreas: Die Gesellschaft der Singularitäten. Zum Strukturwandel der Moderne, Berlin 2017.

Schörnig, Niklas: Gewalt im Cyberraum – Ein politikwissenschaftlicher Blick auf Begriff und Phänomen des Cyberkrieges, in: ders./ Werkner, Ines-Jacqueline (Hg.), Cyberwar – die Digitalisierung der Kriegsführung. Fragen zur Gewalt, Wiesbaden 2019, 39–61.

Wenzel, Eike / Dziemba, Oliver: #wir. Wie die Digitalisierung unseren Alltag verändert, München 2014.

Kammer der EKD für soziale Ordnung

Mitglieder

- Christian Amsinck, Berlin
- Kerstin Andreae, Berlin (bis Juni 2020)
- Heike Baehrens MdB, Stuttgart
- Dr. Brigitte Bertelmann, Mainz
- Dr. Günter Breitenbach, Altdorf bei Nürnberg
- Ingo Dachwitz, Berlin
- Prof. Dr. Ute E. Eisen, Gießen
- Prof. Dr. Johannes Eurich, Heidelberg
- Edeltraud Glänzer, Hannover (Vorsitzende)
- Prof. Dr. Gustav A. Horn, Bad Belzig
- Prof. Dr. Traugott Jähnichen, Witten (stellv. Vorsitzender)
- Dr. Birgit Klostermeier, Göttingen
- Christine Lieberknecht MdL, Am Ettersberg
- Prof. Dr. Gesa Lindemann, Oldenburg
- Prof. Dr. Torsten Meireis, Berlin
- Prof. Dr. Ulrich Preis, Köln (bis Dezember 2019)
- Prof. Dr. Claudia Schulz, Ludwigsburg
- Thomas Stolle, Berlin
- Dieter Vierlbeck, München
- Thomas Voigt, Hamburg
- Prof. Dr. Gert G. Wagner, Berlin

Ständige Gäste

- Prof. Dr. Tobias Faix, Kassel
- Renate Fallbrüg, Hamburg
- Prof. Dr. Georg Lämmlin, Hannover (ab November 2019)

- Maria Loheide, Berlin
- OKR Joachim Ochel, Berlin
- Prof. Dr. Gerhard Wegner, Hannover (bis Oktober 2019)

Mitarbeit

- Nathalie Eleyth, Bochum
- Dr. Florian Höhne, Berlin

Geschäftsführung

- OKR Dr. Ralph Charbonnier, Hannover (bis September 2020)
- OKR Dr. Steffen Merle, Hannover (ab Dezember 2020)